浙江省高校哲学社会科学重点课题资助
浙江省高校哲学社会科学重点项目（2023GH045）

双循环经济发展新格局构建研究

王柏毅　王卓群　著

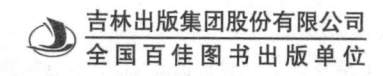

吉林出版集团股份有限公司
全国百佳图书出版单位

图书在版编目（CIP）数据

双循环经济发展新格局构建研究 / 王柏毅，王卓群著 . -- 长春：吉林出版集团股份有限公司，2024.6.
ISBN 978-7-5731-5270-1

Ⅰ . F124.5

中国国家版本馆 CIP 数据核字第 20249NZ469 号

SHUANG XUNHUAN JINGJI FAZHAN XIN GEJU GOUJIAN YANJIU
双循环经济发展新格局构建研究

著　　者	王柏毅　王卓群
责任编辑	杨　爽
装帧设计	寒　露

出　　版	吉林出版集团股份有限公司
发　　行	吉林出版集团社科图书有限公司
地　　址	吉林省长春市南关区福祉大路5788号　邮编：130118
印　　刷	河北万卷印刷有限公司
电　　话	0431-81629711（总编办）
抖 音 号	吉林出版集团社科图书有限公司　37009026326

开　　本	710 mm×1000 mm　1 / 16
印　　张	18
字　　数	240 千字
版　　次	2024 年 6 月第 1 版
印　　次	2024 年 6 月第 1 次印刷

书　　号	ISBN 978-7-5731-5270-1
定　　价	88.00 元

如有印装质量问题，请与市场营销中心联系调换。0431-81629729

前　言

　　中国经济发展进入新常态后，传统比较优势弱化。以习近平同志为核心的党中央以提高经济发展质量为目标，在《中共中央关于制定国民经济和社会发展第十三个五年规划的建议》中提出了"创新、协调、绿色、开放、共享"的新发展理念，要求我国持续推进供给侧结构性改革，提升供给体系质量和效率，发挥市场在资源配置中的决定性作用，充分释放经济高质量增长的潜能。中国共产党第十九次全国代表大会正式提出，我国经济已由高速增长阶段转向高质量发展阶段。这标志着我国所处的发展阶段已经逐渐从模仿和追赶阶段迈向自主创新和引领阶段。中国共产党第十九届中央委员会第五次全体会议审议通过《中共中央关于制定国民经济和社会发展第十四个五年规划和二〇三五年远景目标的建议》，明确提出我国要加快构建以国内大循环为主体、国内国际双循环相互促进的新发展格局。这是我国进入新发展阶段后，面对复杂多变的国内外形势作出的重大战略选择。

　　本书立足当前国际国内错综复杂的经济形势，深度剖析了双循环经济格局的时代背景与本质内涵，多角度、多侧面地阐述了双循环经济的理论价值和现实意义，并提出了相应的思路与实践举措，旨在帮助读者读懂中国经济趋势、把握宏观经济政策，使读者在时代脉搏的跳动中寻找机遇。

本书共七章，第一章系统地阐述了双循环经济发展新格局的提出背景、内涵、历史演进、理论基础和价值意蕴；第二章整体介绍了双循环经济发展新格局的构建思路，包括把握双循环经济发展新格局构建的基本理念、"内外兼修"构建经济发展新格局和多措并举打通"双循环"发展中的瓶颈；第三章专注内循环体系的构建，包括加快发展现代产业体系、优化收入分配体系、统筹推进现代流通体系建设、加快建设国内统一大市场、推动金融更好地服务实体经济等方面，目的是强化国内市场，促进国内经济的自给自足和自我循环；第四章探讨外循环体系的构建，着眼于提升经济的开放度，加强国际合作，主要内容包括构建更高水平开放型经济新体制、构建以境外产业园区为依托的对外援助新模式、推动亚太区域经济一体化，以及积极参与全球治理和公共品提供等；第五章将数字经济的发展与双循环经济发展新格局相结合，分析了数字经济如何成为双循环的新动能，以及相关的发展策略和实践；第六章针对国有企业在新发展格局中的角色进行深入探讨，包括其在构建新发展格局中的作用和国有企业的高质量发展路径；第七章总结了全书的主要观点和研究成果，同时展望了双循环经济发展新格局的未来走向。

希望本书能为政策制定者、学者和实践者提供有价值的参考和启示，共同推动构建更加开放、和谐和可持续的经济发展模式。由于笔者水平有限，书中难免存在不足之处，恳请广大读者批评指正。

目 录

第一章　双循环经济发展新格局概述 / 001

　　第一节　双循环经济发展新格局的提出背景 / 001
　　第二节　双循环经济发展新格局的内涵 / 013
　　第三节　双循环经济发展新格局的历史演进 / 021
　　第四节　双循环经济发展新格局的理论基础 / 026
　　第五节　双循环经济发展新格局的价值意蕴 / 036

第二章　双循环经济发展新格局的构建思路 / 044

　　第一节　把握双循环经济发展新格局构建的基本理念 / 044
　　第二节　"内外兼修"构建经济发展新格局 / 057
　　第三节　多措并举打通"双循环"发展中的瓶颈 / 071

第三章　构建立足内需的内循环体系 / 093

　　第一节　加快发展现代产业体系 / 093
　　第二节　优化收入分配体系，畅通国民经济分配环节 / 103
　　第三节　统筹推进现代流通体系建设 / 115
　　第四节　加快建设国内统一大市场，畅通市场循环 / 136
　　第五节　推动金融更好地服务实体经济 / 156

第四章　构建基于双向开放的外循环体系 / 164

第一节　构建更高水平开放型经济新体制 / 164
第二节　构建以境外产业园区为依托的对外援助新模式 / 183
第三节　推动亚太区域经济一体化 / 204
第四节　积极参与全球治理和公共品提供 / 216

第五章　数字经济：畅通双循环的新动能 / 227

第一节　数字经济概述 / 227
第二节　数字经济助力双循环新发展格局 / 236
第三节　数字经济发展策略 / 242

第六章　以国有企业作为双循环的微观引领 / 254

第一节　国有企业概述 / 254
第二节　国有企业在构建新发展格局中的作用 / 262
第三节　国有企业的高质量发展路径 / 266

第七章　总结和展望 / 271

第一节　总结 / 271
第二节　展望 / 274

参考文献 / 277

第一章 双循环经济发展新格局概述

加快构建以国内大循环为主体、国内国际双循环相互促进的新发展格局,是党中央根据我国的发展阶段、环境、条件变化,审时度势做出的重大决策,是事关我国发展全局的系统性、深层次变革,是立足当前、着眼长远的战略谋划。本章将详细解读双循环经济发展新格局的提出背景,对其内涵进行深入剖析,追溯我国双循环经济发展的历史演进,并探讨其背后的理论基础和价值意蕴。

第一节 双循环经济发展新格局的提出背景

双循环经济发展新格局的提出并非偶然,而是在特定的历史背景下出现的。如今,世界正经历着百年未有之大变局,涉及国际政治、经济、文化等多个层面的深刻调整,为国家间的互动带来了新的挑战和机遇。同时,我国也处于新的发展阶段,面临一系列内部和外部的挑战与机遇。这两大背景共同构成了双循环经济发展新格局提出的时代背景,为其赋予了深厚的历史和现实意义。

一、国际背景：世界百年未有之大变局

世界百年未有之大变局是对当前国际形势的准确描述，这一形势为我国在复杂的国际环境中找到了明确的方向。在世界百年未有之大变局的背景下，国际政治经济格局发生了深刻变化，各国间的力量对比和合作竞争关系都呈现出新的特点。这种变化不仅为各国带来了新的机遇，也带来了前所未有的挑战。为了更好地应对这些挑战，确保我国的长期稳定和持续发展，有必要构建一个与国际形势相适应的新发展格局，确保我国在变革中稳步前行，持续推进国家的现代化进程。

（一）世界百年未有之大变局的内涵

世界百年未有之大变局是一个描述国际格局深刻变化的概念，其核心含义在于国际主要行为体之间的力量对比正在经历重大的调整，这种调整导致了国际格局的大洗牌和国际秩序的大调整。世界百年未有之大变局的提出是对整个世界大势敏锐洞察和深入分析的结果，其显著的特征是，世界权力中心正在向非西方世界转移，特别是以中国为首的国家。中国和其他发展中国家正在群体性地崛起，这种崛起从根本上改变了当今世界的力量对比，标志着一个新的国际秩序的形成。这种转变不仅影响到了各国的经济和政治，也对全球的文化带来了深远的影响。

（二）世界百年未有之大变局的特征

为了更好地理解世界百年未有之大变局，本书从四个关键特征来揭示其深层次的内涵，如图1-1所示：

第一章 双循环经济发展新格局概述

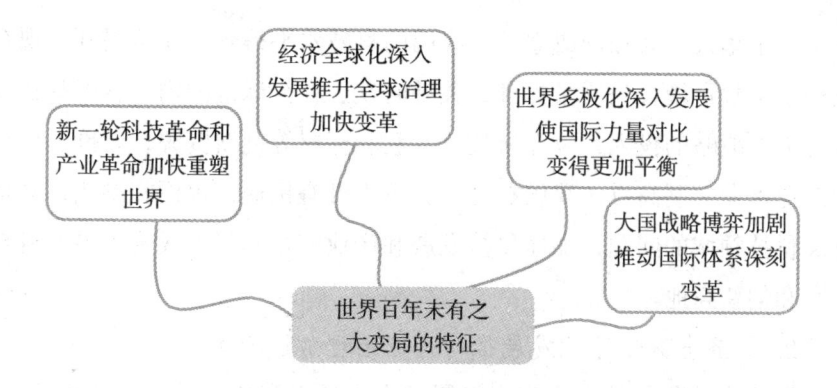

图 1-1 世界百年未有之大变局的特征

1. 新一轮科技革命和产业革命加快重塑世界

科技被誉为第一生产力，它与产业的发展共同构成了推动人类文明进步的不竭动力。回望近代的历史进程，每一次科技和产业革命都对世界的发展面貌和基本格局产生了深远的影响。从 16 世纪开始，人类社会进入了一个创新活跃的时期，这一时期的科技创新成果超越了前几千年的总和。从 18 世纪开始，世界经历了几次重大的科技革命，这些革命不仅推动了多次产业革命，解放了社会生产力，提高了人们的生活水平，而且从根本上改变了人类历史的发展轨迹。21 世纪，人类社会再次进入一个创新活跃期，新的科技和产业革命正在酝酿。这一轮革命的主要特点是多种颠覆性技术的涌现，科技成果转化速度的加快，以及产业组织和产业链垄断性的增强。这些变化将对全球创新版图和经济结构产生深远的影响，为世界带来无限的发展潜力和前所未有的不确定性。

科技和产业的变迁不仅仅是生产力和经济基础的变化，更是影响生产关系和上层建筑的重要因素。历史上，大国的兴衰和不同文明的起落都与这一逻辑紧密相连。例如，英国凭借第一次产业革命成为世界霸主，而美国则利用第二次产业革命的机遇，超越英国成为世界领导者。我国古人在多个领域取得了卓越的成就，长期处于世界领先地位。但近代以来，由于错失了多次科技和产业革命的机遇，我国的国际地位逐渐下滑。中华人民共和国成立后，我国的科技水平得到了显著提升，现在正处于从数量增长到质量提升的关键时期。在全球范围内，各国都在加大对创新战略的投入，争夺科技、专利和标准等创新资源，以抢占科技和产业革命的制高点。我国在这一竞争中既有机遇，也面临挑战，必须解决科技领域的问题，加速科技发展和产业转化，努力成为世界的科技中心和创新高地。

2. 经济全球化深入发展推动全球治理加快变革

经济全球化是社会生产力发展的客观要求和科技进步的必然结果。从15世纪的大航海时代开始，资本、劳动力、技术等各种生产要素以及商品、产业、信息等在全球范围内开始自由流动和布局。这种流动性和布局的自由度使区域内的联合和一体化程度逐步提升，世界的关联性和整体性也随之增强。冷战结束后，新一轮的经济全球化进程加速，为世界经济注入了强劲的动力。这种动力促进了商品的流通、贸易的繁荣、投资的便利、资本的重组、技术的发展和人员的大规模流动，全球产业链、价值链和供应链的形成包括了越来越多的国家。在这一进程中，各国和各地区的资源得到了更合理的配置，发展中国家与发达国家通过生产要素的流动和产业链的构建实现了联动发展，全球的生产力得到了更高程度的释放，世界整体的发展水平也显著提高。在这样的背景下，人类的交往变得更加深入和广泛，各国之间的联系和依存关系也变得更加紧密。

然而，经济全球化的深入发展也带来了一系列的挑战。全球气候变化、生态环境问题等全球性问题在全球范围内持续扩散，这些问题使全球治理的需求变得更加紧迫。为了应对这些挑战，完善全球经济治理，减少经济全球化的负面影响，并引导其朝着更加开放、包容、平衡和共赢的方向发展变得尤为重要。面对这种情况，中国展现了大国的责任和担当，提出了共商、共建、共享的全球治理观念，并创造性地提出了构建人类命运共同体的"中国方案"。同时，中国还积极推动"一带一路"

建设，为全球提供了一个广泛的国际合作平台，倡导全球经济治理和安全治理的兼顾，努力推动全球治理体系变得更加公正和合理。

3. 世界多极化深入发展使国际力量对比变得更加平衡

20世纪以来，世界历经了多次重大的政治和经济变革，世界权力中心发生转变，各大中心之间的力量差距开始缩小。这种变化意味着西方发达国家的主导地位逐渐减弱，而多极化的趋势逐渐显现。进入21世纪，特别是2008年国际金融经济危机后，这种多极化趋势在各个层面和领域都得到了进一步的加强，导致国际力量对比变得更加平衡。

在这一背景下，传统的发达国家与新兴经济体和广大发展中国家之间的差距开始缩小。新兴经济体和发展中国家的经济总量逐渐增长，它们在全球经济中的比重和对世界经济增长的贡献率都在持续上升，这种增长不仅仅是数字上的变化，更是国际经济版图逐渐全面均衡发展的明显标志。随着经济实力的增强，新兴经济体和发展中国家开始在国际货币基金组织和世界银行中争取更多的投票权，加强自己在联合国、金砖国家和二十国集团等多边框架下的影响力。同时，"南南合作"也得到了进一步的加强，为各发展中国家扩大共同利益和发展空间提供了新的机会。此外，地区合作机制，如东盟和非盟的作用也在持续增强，进一步推动了新兴经济体和发展中国家的整体国际影响，这种变化可以说是近代国际力量对比中具有革命性和历史性的转变。

4. 大国战略博弈加剧推动国际体系深刻变革

面对多极化的趋势，世界主要战略力量开始重新评估自己的定位、资源条件和战略方向。在一个充满不确定性和风险的全球环境中，各国都在寻求更好的应对变局、维护自己的利益和确保安全的方式。因此，大国之间的战略关系开始出现新的变化，合作的部分逐渐减少，而竞争的部分逐渐增加，这种竞争不仅仅是在经济领域，更多的是在重塑国际规则和制度上。在这种背景下，国际体系的变革变得更加深刻。从地缘战略的角度看，重心已经从欧洲转向了印度洋—亚洲—太平洋地区；从军事战略的角度看，新的竞争领域和技术维度，如太空、网络、海洋、极地等逐渐浮现。此外，国际规则的重构也围绕着联合国教科文组织、联合国人权理事会、世界贸易组织、世界银行、国际货币基金组织等进行。这些新的变化和挑战都在推动形成一个新的国际体系。

二、国内背景：我国进入新发展阶段

新发展阶段处于"两个大局"（实现中华民族伟大复兴的战略全局和世界百年未有之大变局）的交汇期，是我国全面建设社会主义现代化国家，向第二个百年奋斗目标迈进的阶段。在这一阶段，我国不仅积累了丰富的发展经验，还面临更为复杂的挑战和机遇。为了适应这一历史性转折，新的发展格局应运而生，旨在更好地调动全国各地的资源和力量，确保经济社会的持续、健康和高质量发展。

（一）新发展阶段的内涵

随着全面建成小康社会和第一个百年奋斗目标的完成，我国已经踏上全面建设社会主义现代化国家的新征程，这也标志着我国进入了新的发展阶段。这一新阶段，从2021年的"十四五"规划开始，直至2050年实现第二个百年奋斗目标为止，是中国现代化发展的关键时期。这一阶段不仅是社会主义初级阶段的一个特定时期，更是中国特色社会主义在经历了一系列伟大实践后，站在新的起点上的重要阶段。新发展阶段的核心要义在于它回答了关于我国发展的三大问题：正处于何种发展阶段、要实现什么样的发展以及应该如何发展。

新发展阶段立足的是我国的基本国情和具体实际。我国有着独特的文化传统、历史命运和基本国情，这些都为我国铺设了一条与众不同的发展道路。在这一新的发展阶段，不能脱离我国的实际情况，而应紧密结合我国长期处于的社会主义初级阶段、坚持中国共产党领导、坚持社会主义制度，把握住作为世界上最大发展中国家的身份。从时间维度看,新发展阶段的关键词是"新"。这意味着,与过去的发展阶段相比,新的发展阶段具有其特点和要求。这一阶段是在实现第一个百年奋斗目标的基础上,迈向第二个百年奋斗目标的关键时期。这一转变不仅标志着新的开始,也意味着新的挑战和机遇的出现。从发展维度看,新发展阶段的核心是"发展"。发展是一个持续的、不断变化的过程,随着发展环境和条件的不断变化,发展阶段也会随之演变。因此,要真正理解这一新的发展阶段,就必须紧紧围绕"发展"这一核心问题。实际上,发展问题本质上是如何实现现代化的问题。为了更好地理解我国的新发展阶段,需要将其置于中国共产党领导下全国人民进行的革命、发展和建设的大背景中,从而更好地理解实现中华民族伟大复兴的全过程和各项工作。

(二)新发展阶段的提出依据

我国进入新发展阶段这一战略判断,有着深刻的理论依据、历史依据和现实依据。

1. 理论依据

党在应用马克思主义基本原理解决中国实际问题的过程中,逐渐认识到社会主义的发展不仅是一个长期的历史过程,还是一个需要划分为不同历史阶段的过程。根据马克思主义基本原理,生产力的发展水平决定了生产关系,经济基础决定了上层建筑,这意味着特定的生产力发展水平会决定特定的社会发展阶段。新中国成立之初,社会主义的建设基于非常低的生产力水平。随着生产力水平的逐步提高,我国经历了具有不同特点的发展阶段。社会主义这一阶段可以进一步细分为两个子阶段:不发达的社会主义阶段和比较发达的社会主义阶段。后一个阶段可能需要用比前一个阶段更长的时间来实现。社会主义本质上是共产主义的初级阶段,而我国正处于社会主义的初级阶段,即不发达的阶段,国家所有的计划和决策都应该基于这一实际情况来制定。尽管中国仍然是世界上最大的发展中国家，但要全面实现社会主义现代化还需要相当长的时间。然而，经过中华人民共和国成立七十多年，特别是改革开放四十多年的发展，我国的发展水平已经取得了重大进步，即将迈入全球高收入国家的行列。这表明当前我国所处的新发展阶段，不仅是社会主义初级阶段中的一个阶段，而且是在几十年的积累后站在新起点上的一个阶段。

2. 历史依据

从历史依据看，新发展阶段代表了中国共产党领导下的人民从站起来、富起来到强起来的历史性跨越。中国共产党成立后，经过28年的艰苦斗争，成功建立了中华人民共和国，完成了新民主主义革命向社会主义革命的历史性转变。中华人民共和国成立后，中国共产党领导人民成功完成了社会主义改造，确立了社会主义基本制度，并大力推进社会主义经济文化建设，完成了从社会主义革命到社会主义建设的历史性跨越。进入历史新时期，党领导人民开展了改革开放，这一举措极大地激发了广大人民群众的积极性、主动性和创造性，成功开创了中国特色社会主义道路。这一道路使中国迅速地与时代接轨，完成了社会主义现代化进程中新的历史性跨越，为中华民族伟大复兴带来了光明的前景。进入新发展阶段意味着我国在全面建成小康社会的基础上，继续推进全面建设社会主义现代化国家的历史任务。这一新阶段不仅是对过去几十年取得的成果的积淀，也是对未来的规划和展望，它代表了一个新的起点，一个新的历史篇章，旨在进一步推动国家的全面发展和人民的全面繁荣。

3. 现实依据

我国已经具备了强大的物质基础，这为新的发展阶段提供了坚实的支撑，无论是经济、科技还是社会建设，我国都已经达到了一个新的高度。这种雄厚的物质基础为我国提供了更多的可能性和选择空间，使我国能够在新的发展阶段更好地规划自己的发展路径，实现更高的目标。

第一章 双循环经济发展新格局概述

新发展阶段提出的现实依据主要体现在以下四个方面,具体如图 1-2 所示:

- 超大规模市场优势和内需潜力
- 完备工业体系和强大供给能力
- 雄厚充裕的资源和要素条件
- 对外开放不断向更深层次拓展

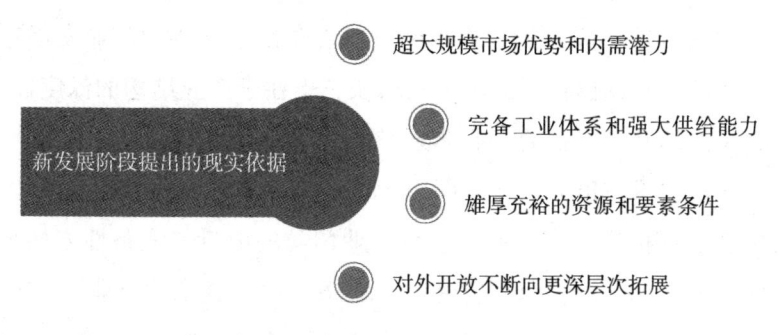

图 1-2 新发展阶段提出的现实依据

(1) 超大规模市场优势和内需潜力。我国超大规模市场优势和内需潜力主要体现在以下五方面:一是随着经济的稳步增长,国内的经济总量也在持续攀升,展现出了发展的质量和效益。自党的十八大以来,国家不断释放发展潜力,挖掘经济增长的内生动力,使我国的经济总量迅速跃升至世界第二。二是社会消费品零售总额强劲增长,使我国成为全球第二大消费市场。三是我国中等收入群体规模庞大,这一群体不仅带来了消费的量的扩张,更带来了消费的质的变革,体现为更加多样化和品质化的消费需求。四是新的经济模式,如网络经济和移动支付,也在这一阶段迅速崭露头角,为市场带来了新的投资和消费需求。五是自 2008 年金融危机以来,我国的对外贸易依存度经历了一个从上升到逐渐回落的过程。这种变化意味着国内消费正在逐渐成为经济增长的主要驱动力,内循环特征日益显现。这种以国内消费为主导的发展模式,不仅减少了我国对外部环境的依赖,而且为国家带来了更为稳健和可持续的增长动力。

经过多年的努力和积累,我国已经形成了以消费需求为主导的内向型发展态势。这种超大规模的市场优势,结合巨大的内需潜力,为国家的经济转型和高质量发展提供了坚实的基础。这种发展态势不仅为国家带来了短期的经济增长，更为未来的可持续发展奠定了坚实的基础。

（2）完备工业体系和强大供给能力。改革开放以来，我国经历了从农业大国到制造业大国的历史性跃升，展现出了独特的产业发展魅力，这一巨大转变不仅仅在于产量上的增长，更在于产业结构的深度优化和技术含量的提升。完备的产业体系和强大的供给能力为国家的持续发展提供了坚实支撑，也为构建以国内大循环为主体、国内国际双循环相互促进的新发展格局奠定了基础。从工业门类的数量与完备性方面来看，我国涵盖了41个大类、207个中类以及666个小类工业行业。[①] 在联合国所列出的全部产业分类中，我国已经全面涵盖，成为全球唯一一个工业门类齐全的国家。在产业规模方面，我国制造业的增加值持续展现出强劲的增长势头，稳定占据全球领先地位，这种增长不仅仅体现在总体规模上，更体现在各个细分领域的领先上。在全球众多主要工业品中，我国所生产的工业品种类与数量位列前茅，其中，许多产品的产量在全球遥遥领先，这一成就是我国制造业深度和广度的真实写照，充分展现了我国在全球产业链中的核心地位和强大的制造实力。在产业升级方面，我国更是展现出了前所未有的活力：传统产业正在经历深度转型，而战略性新兴产业则呈现出蓬勃发展的态势。随着新兴产业基础设施的完善，尤其是5G、大数据、人工智能等技术的广泛应用，我国的产业不仅在数量上有所增长，更在质量和技术上实现了跨越式发展。这标志着我国开始从"中国制造"向"中国智造"转变，为未来的高质量发展奠定了坚实基础。

（3）雄厚充裕的资源和要素条件。这主要体现在以下三方面：一是劳动力资源的优势。中国拥有庞大的劳动力资源，这一资源不仅在数量上具有明显的优势，而且在质量上也呈现出稳步提升的态势。每年都

[①] 王昌林：《新发展格局——国内大循环为主体 国内国际双循环相互促进》，中信出版社，2021，第13页。

第一章 双循环经济发展新格局概述

有大量的大学毕业生进入社会，为国家的发展注入新的活力。这些年轻人不仅具备专业知识，还带来了创新思维和活力。与此同时，高素质的专业人才队伍也在不断壮大，他们在各自的领域精耕细作，为国家的科技、经济和文化发展做出了重要贡献。这种从数量到质量的双重红利，为中国的持续发展提供了坚实的人力基础。二是技术供给的稳健。随着国家对科技创新的持续投入，我国的技术供给能力得到了显著提升。研发经费的持续增长反映了国家对科技创新的高度重视，这种投入不仅推动了国内的技术研发，还吸引了全球的顶尖人才和团队。在众多高技术产业领域，我国已经走在了世界的前列，这为我国的经济发展和国际竞争力提供了强大的技术支撑。三是基础设施的完备性。我国的基础设施建设在过去的几十年里取得了令人瞩目的成就，无论是公路、铁路、航空还是其他交通方式，都形成了一个高效、互联的大型网络。这种综合交通网络不仅为国内的经济循环提供了便捷的通道，还为国际贸易和投资创造了有利条件。这种基础设施的完备性和高效性，为我国的经济发展提供了坚实的物质基础。除交通基础设施外，我国还在通信、物流、水利和市政等领域进行了大量的建设，这些基础设施为国家的日常运转和长远发展提供了必要的支撑。特别是在数字化和信息化的大背景下，高效的通信网络和物流系统为各种创新业态的发展提供了有力保障。这些基础设施之间的紧密衔接和互联互通，为资源和要素的高效流转创造了条件，也为国家的经济和社会发展提供了强大的后盾。

（4）对外开放不断向更深层次拓展。我国始终坚持合作共赢的开放发展理念。在经济全球化的大背景下，我国不仅主动对标国际市场规则，而且不断完善开放型经济新体制。这种开放不仅是对外部市场的拓展，更是对内部资源和外部资源的高效整合。这种开放策略使中国在世界上迅速崭露头角，成为全球最大的外汇储备国，也在货物贸易和对外投资领域取得了显著的成绩。此外，我国在对外经济交往中，始终注重平衡和稳定。通过积极主动的调整，我国成功实现了经常项目顺差比重的持续下降,这不仅反映了我国经济在健康发展,也为国际市场的稳定做出了重要贡献。这种平衡的发展策略,使我国在全球经济中的地位更加稳固,也为我国与其他国家的合作创造了更多的机会。党的十八大以来,我国在对外开放方面展现了前所未有的活力。通过构建海陆内外联动、东西双向互济的开放格局,中国不仅推进了"一带一路"倡议,还积极搭建了对外开放的实验平台。这种多方位、多层次的开放策略,使我国在全球治理体系中的地位逐渐上升,从跟跑者逐步转变为领跑者,展现了中国的大国担当,也为我国新的发展格局创造了有利的外部条件。

(三)新发展阶段与新发展格局

进入新发展阶段,我国面临全新的发展环境和发展基础。为了适应高质量发展的主题,实现社会主义现代化强国的建设目标,以及全体人民共同富裕,构建新的发展格局成为必然选择。这个新的战略布局是为了适应发展条件的变化,使我国能够在新的发展阶段把握机遇、化解挑战。一方面,在新的发展阶段,改革与发展的内生性更为明显。与之前的发展阶段相比,新发展阶段所面临的有利外部条件正在逐渐减少,因此,要想把握住战略机遇,关键是要依赖自身的发展。这意味着我国需要将发展的重点转移到可持续的内部循环上,利用强大的国内市场为国家的发展提供坚实的基础。通过这种方式,可以稳定并推动国际的大循环,为全球经济增长提供更多的动力。另一方面,构建新的发展格局也能够更好地实现国家在新的发展阶段所设定的目标和任务。这需要坚持内外发展的双轮驱动,既要重视国内需求,也要注重对外开放。深化供给侧的改革,通过供给来促进需求,从而为可持续发展提供支撑。这样,不仅可以为实现社会主义现代化强国的战略目标创造有利条件,还能确保在新的发展阶段取得良好的开局。

第一章　双循环经济发展新格局概述

第二节　双循环经济发展新格局的内涵

加快构建以国内大循环为主体、国内国际双循环相互促进的新发展格局，是党中央针对国家发展设定的全新战略决策，它有丰富的科学内涵。要了解双循环经济发展新格局，关键在于把握新发展格局的基本概念和本质特征。

一、双循环经济发展新格局的基本概念

（一）国内循环的概念

国内循环是指社会再生产过程主要发生在国内，社会总产品的实现主要依靠国内的消费和投资完成。也就是说，生产、流通、分配和消费这四个环节主要在国内完成，只有这四个环节顺利完成，社会再生产才能实现，才能继续下一个阶段的生产。国内循环包括国内生产、国内流通、国内分配和国内消费四个过程，如图1-3所示：

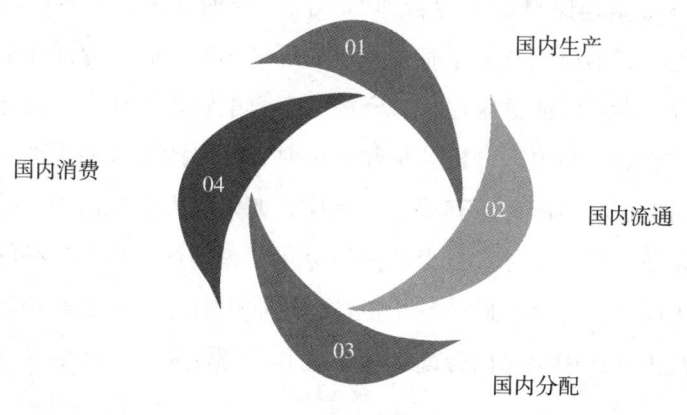

图1-3　国内循环的过程

国内生产主要是指产品从初始到完成的整个生产过程都在国内进行，这涵盖了从原材料的采集到其进一步的加工和制造。在这个过程中，劳动者通过自己的努力，并运用一定的技能对这些原材料进行加工和转化，从而创造出能够满足人们需求的产品。这种生产模式强调了一个国家或地区对其内部资源的充分利用，确保了生产活动的连续性和稳定性，这不仅有助于保持经济的自给自足，还可以减少我国对外部资源的依赖，降低外部风险。

国内流通指的是商品在国内市场中的流通和交换过程。这一过程确保了生产出的商品能够被有效地分配给消费者，从而满足他们的多样化需求。商品的交换不仅可以提高人民的生活质量，还能满足他们的特定和个性化需求。对于生产者而言，商品的流通至关重要。只有产品被成功销售，他们才能获得收入，进而支付工人的工资，维护和更新机器设备，以及购买新的原材料。这种收入和投资的良性循环确保了生产活动的连续性，为下一阶段的生产创造了条件。简而言之，国内流通不仅是经济活动中的关键环节，也是连接生产和消费、确保经济健康运行的桥梁。

国内分配是指在国内进行的资源、财富和收入的分配过程，这一过程的核心是确保财富得到合理的分配。分配的量是由生产活动决定的，分配方式本质上取决于有多少产品可供分配。收入分配作为分配的核心部分，对经济的健康增长、资源的有效配置以及社会的整体稳定具有深远的影响。当收入分配公平和合理时，可以激励人们更加努力地工作，从而促进社会的和谐和稳定。相反，如果收入分配出现不公平或不合理的现象，可能会导致社会的两极分化，这不仅会影响产品的正常销售，还可能会打击人们的劳动积极性，进而对社会的和谐和稳定产生不利影响。因此，确保国内分配的公平性和合理性是维护经济和社会稳定的关键。

国内消费指的是消费活动主要在国内进行。消费不仅是生产的终极目标，也是确保商品完成其使命的关键环节。只有当商品被使用或消费时，其内在的使用价值才能得以体现。现阶段，尽管人们的消费需求既来源于国内，也来源于国外，但在国内消费的背景下，重点是满足国内市场的消费者需求。这种消费模式确保了国内生产的商品能够在本国市场得到充分的流通，从而实现其价值。此外，强大的国内消费还可以推动经济增长，促进生产和就业，为国家经济的可持续发展提供稳定的支撑。

（二）国际循环的概念

国际循环是在全球经济一体化背景下形成的经济循环模式，它涉及跨界的生产、流通、分配和消费活动。随着世界贸易的增加，各国之间的联系变得更加紧密，相互依赖性也随之增强。在这种背景下，传统的国内经济循环模式已经扩展到全球范围，形成了国际循环，这意味着我国的商品和服务不仅在国内市场流通，还在世界市场流通。生产活动可能在一个国家进行，而相关的流通、分配和消费活动可能在其他国家进行，这种跨国的经济活动为各国提供了更广阔的市场和更多的资源，也使各国更加紧密地联系在一起。

国际生产是指生产活动超越了单一国家的界限，涉及多国的资源、原材料和设备。这种生产模式通常是由于某些资源或原材料在某个国家不可得或成本较高，因此需要从其他国家获取。例如，在国际加工过程中，某些零部件可能在一个国家生产，然后运输到另一个国家进行最终组装；国际开采则可能在一个国家开采矿产资源，然后将其出口到其他国家进行进一步加工；国际劳务是指劳动力跨国流动，为其他国家提供服务。这些都是国际生产的典型表现，它们体现了处于经济全球化时代，各国之间如何紧密合作、共同参与全球生产链，实现资源的最优配置和经济效益的最大化。

国际流通是指全球范围内商品和货币的流通过程，它是国际贸易的核心。与传统的国内流通不同，国际流通涉及跨国交易，这意味着商品和货币会在不同国家之间进行交换。这是一个双向的过程：一方面，本国的商品和服务可以被出口到外国市场，满足外部需求；另一方面，外国的商品和服务也可以进入本国市场，满足国内消费者的需求。这种双向交流使市场呈现出国际化的特征，各国的商品和服务在全球范围内流通，形成了一个互联互通的全球市场。这不仅促进了资源的最优配置，还加强了各国之间的经济联系和合作，推动了全球经济的发展和繁荣。

国际分配是在经济全球化背景下，各国根据自身的比较优势参与国际分工的过程。每个国家都会根据其资源、技术和其他优势，选择在全球产业链中的特定位置，这种分工使各国可以专注其最擅长的领域，从而提高整体的生产效率和经济效益。在这个过程中，那些具有更强垄断性优势的国家或企业往往能够在国际分工中获得更多的利益，这是因为他们在全球市场中的竞争地位更为有利，能够拥有更高的价格和更多的市场份额。国际分配是一个动态的过程，它反映了各国在全球经济中的地位和角色，以及各国如何根据自身的优势来分享全球经济的利益。

国际消费是在全球市场背景下发生的消费活动。随着世界市场的形成，消费已经不再局限于单一国家。各国的商品在全球范围内流通，为消费者提供了更广泛的选择。这种跨国界的商品流通不仅丰富了消费者的选择，还满足了他们多样化和不同层次的需求：无论是高端的奢侈品还是日常的生活用品，都可以在全球市场中找到。这种国际消费模式使消费者可以享受到全球各地的优质商品和服务，同时也为生产商、销售商提供了更大的市场和更多的机会。

二、双循环经济发展新格局的本质特征

双循环经济发展新格局不仅是一种经济发展模式，更是一种深刻的战略思考，它体现了经济发展的深度和广度。为了更好地理解这一新格局，需要从其本质特征入手。这些特征不仅揭示了双循环经济发展新格

局的核心价值,还为其未来的实施提供了明确的方向。具体来说,这一新格局主要体现在四个方面,即整体发展性、改革深化性、风险防范性和目标导向性,如图1-4所示:

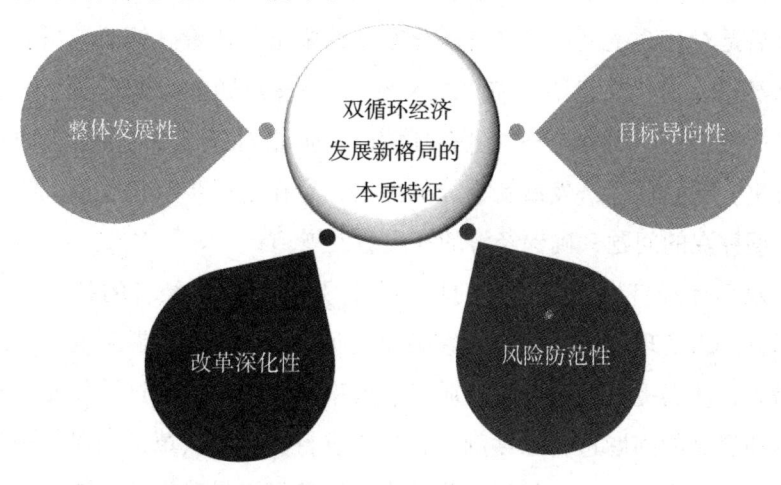

图1-4 双循环经济发展新格局的本质特征

(一)整体发展性

新发展理念下中国特色社会主义的发展突显了其整体性和系统性。双循环经济发展新格局作为这一理念的具体体现,也是一个整体性、系统性的发展框架。与那些仅针对特定行业或区域的发展战略不同,双循环经济发展新格局注重经济各个领域、层面和环节之间的互联互通,这是国民经济的一个有机"大循环",它的畅通和互联互通都依赖于国际和国内双循环之间的良性互动。因此,不能简单地将这一新发展格局应用于某一特定行业、区域或环节,否则可能会导致结构性失衡,甚至引发资源的重复配置和人为的区域分割等问题。简而言之,双循环经济发展新格局强调的是一个全面、系统的发展视角,旨在确保经济的各个部分都能够和谐、有序地发展。

(二）改革深化性

自改革开放以来，我国在各个领域都取得了显著的成就，这些成就的背后是对社会主义市场经济深化改革的坚定与执着。然而，当前的改革已经进入了"攻坚期"和"深水区"，许多难题如行业垄断、国企改革的缓慢进展、民营经济的生存环境以及企业创新能力的提升等问题仍待解决。双循环经济发展新格局的提出，意在进一步深化改革，解决这些长期存在的问题，确保经济的高质量发展。

双循环经济发展新格局的核心目标是确保国民经济的各个环节流畅运行。为实现这一目标，国家必须克服在发展过程中遇到的各种困难和障碍，从而提升经济活动的质量、效率和综合效益。这不仅要对现有体制和机制的问题进行深度剖析，还要进行深入的改革，确保各种制度更为科学、合理。完善的制度能够为经济发展提供稳定的框架，促进资源的高效配置，激发市场主体的创新活力。同时，深化改革也意味着要打破旧有的束缚，鼓励技术创新，推动产业升级，以适应新的市场需求和国际竞争环境。只有这样，才能确保国民经济在双循环经济发展新格局下持续、稳健地增长。总之，双循环经济发展新格局强调的改革深化性，旨在从更高的水平、层次和起点推进中国特色社会主义市场经济体制的改革，为未来的经济增长提供新的动力。

（三）风险防范性

在当前的国内外环境中，风险防范性成为双循环经济发展新格局的重要特征。国内面临的改革、发展和稳定任务日益繁重，民生、生态环境和公共安全领域的问题逐步凸显，这使发展与安全并列成为我国的当务之急。同时，国际形势的复杂性和安全风险的急剧增加，以及逆全球化的趋势，都使世界发展的不确定性和风险性加剧。在这种情况下，如何在安全与发展之间找到平衡，成了一个紧迫的议题。双循环经济发展新格局强调在推进经济发展的同时,必须充分考虑国家的安全大局。这需要坚持忧患意识和风险意识,确保在追求经济增长的过程中,不牺牲国家的长远利益和安全;意味着要辩证看待内需与外需、消费与投资、安全与发展的关系,确保国家经济的安全和稳定。

1. 处理好内需与外需的关系

要正确看待内需与外需的辩证关系。扩大内需能够确保国内市场的稳定和持续增长,这不仅可以为经济提供稳定的增长动力,还能够增强国民经济的韧性,使其更能够应对外部风险和挑战。扩大对外开放可以确保我国在全球经济中的地位和影响力,这可以帮助我国进一步融入全球经济,提高产业链和供应链的稳定性和竞争力。因此,要坚持内需与外需两手抓,确保它们之间的平衡和协同,这不仅可以增强国内循环的主导作用,稳定外贸外资基本盘,还能进一步提高产业链和供应链的稳定性和竞争力。这样的策略有助于提高国家经济的持续性、适应性和对抗各种风险的能力,确保经济的长期稳定和健康发展。

2. 处理好消费与投资的关系

要促进经济持续稳中向好,就要处理好消费与投资之间的动态平衡关系。尽管我国的消费率相对较低,总体消费水平有待提高,但这也意味着我国在消费领域仍具有巨大的潜力和空间。因此,要通过各种政策和措施刺激消费,提高人们的消费水平。与此同时,也要发挥投资在优化供给结构、推动技术进步和促进产业升级中的决定性作用,为投资创造有利的环境,扩大投资空间。通过正确引导消费、投资,做出有效的制度安排,可以稳定经济的基础,增强经济的韧性,有效抵御各种不确定性风险,确保经济的健康和稳定发展。

3. 处理好安全与发展的关系

安全不仅是发展的基础条件,而且是持续发展的关键保障。发展同样为安全提供了坚实的物质基础和社会支撑。在复杂多变的外部环境中,面对各种挑战,关键在于坚定不移地做好自己分内的事,树立底线思维。这意味着要确保国家的核心利益和人民的基本福祉，在追求发展的同时，始终不忘安全的底线，确保不发生对国家安全和社会稳定有重大影响的风险事件。这需要国家在发展中不断加强风险防范，既要及时识别和评估风险，也要采取有效措施化解和防范风险。只有这样，才能确保在追求经济增长的过程中，始终保持对安全的高度重视，确保发展与安全两者都得到充分的保障，为双循环经济发展新格局的顺利推进打下坚实基础。

（四）目标导向性

构建双循环经济发展新格局不仅是为了应对当前发展中不平衡和不充分的社会矛盾，更是为了确保经济在长期内持续、稳定地增长，最终实现中华民族伟大复兴，有着明确的目标导向。

第一，双循环经济发展新格局具有强烈的问题导向，它的形成与实施都是为了解决我国在经济发展中所产生的社会矛盾。随着中国特色社会主义进入新的发展阶段，我国的主要矛盾已转变为人民日益增长的美好生活需要和不平衡不充分的发展之间的矛盾。双循环经济发展新格局为了妥善解决这一社会矛盾，要求强调市场调节机制的核心作用，倡导政府制定更加科学、合理的宏观和微观经济策略，构建一个健康、稳定的国家经济体制，确保市场运作的效率和流畅性，保持市场主体的经济活力，政府的干预也要保持在一个合适的范围，既不过度，也不放任自流。这样，不仅能够有效地解决现实中的问题和矛盾，还能更好地满足人民群众的生活需求。

第二，双循环经济发展新格局是全面建设社会主义现代化国家的必然要求。随着全球经济格局的变化和国内外环境复杂性的增加，仅依赖外部市场或内部市场已不再适应时代的发展。双循环经济模式确保了我国在国际竞争中的稳定地位，同时也充分挖掘了国内市场的巨大潜力。这种模式强调了经济的自主性和开放性，为我国提供了更为稳健和可持

第一章　双循环经济发展新格局概述

续的发展路径。此外，双循环经济发展新格局也与社会主义现代化的核心理念相契合，它强调平衡和协调，旨在实现经济的高质量发展，确保社会的公正和谐。通过内外循环的相互促进，可以更好地满足人民的物质和文化需求，推动全面发展，为全体人民创造更多的福祉。简而言之，双循环经济发展新格局是实现社会主义现代化，构建富强、民主、文明、和谐的现代化国家的重要策略。

第三节　双循环经济发展新格局的历史演进

我国经济发展格局经历过多次调整，每一次都是根据国内发展的需要与国际形势的变化做出的。双循环经济发展新格局是我国发展格局的历史接续，是极具创新性的战略谋划，而不是对传统发展战略的否定。我国发展格局的历史演进先后经历了以下四个阶段，如图1-5所示：

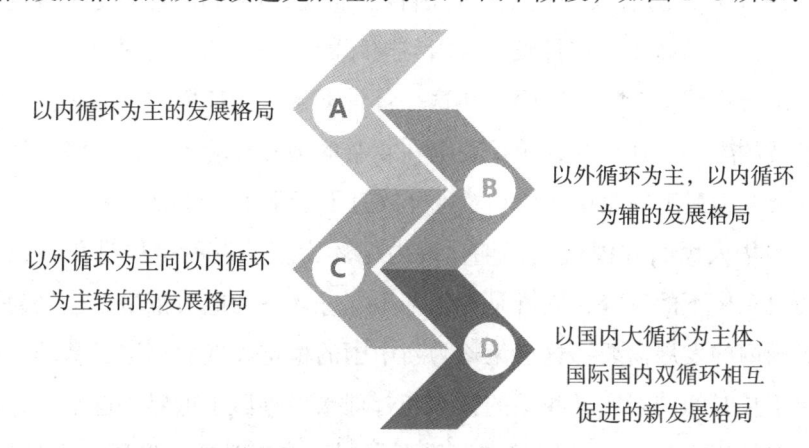

A 以内循环为主的发展格局

B 以外循环为主，以内循环为辅的发展格局

C 以外循环为主向以内循环为主转向的发展格局

D 以国内大循环为主体、国际国内双循环相互促进的新发展格局

图1-5　我国经济发展格局的历史演进

一、以内循环为主的发展格局

中华人民共和国成立初期，我国面临严峻的国内外形势，外部资源

和援助变得极为有限，而国内又急需资源和资金来重建和发展。面对这样的双重压力，要想站稳脚跟、实现发展，唯有自力更生，封闭的内循环发展格局成为当时条件下的必然选择。

为改变经济落后的局面，国家迅速制定了以实现社会主义工业化为中心的"一五计划"。这一计划的核心目标是改变我国的经济面貌，从而为长远的社会主义建设打下坚实基础。为了实现这一目标，我国不仅进行了社会主义改造，确立了社会主义基本制度，而且摆脱了落后生产关系的束缚，使生产力得到进一步解放。在"一五计划"时期，尽管我国从其他国家引进了先进技术与重点工业项目，但"自力更生"和"以内为主"的战略始终是主导思路，这一战略的核心是依靠国内的资源和力量，进行独立自主的建设。通过这一战略，我国初步建立了较为完整的基础工业体系，并构筑起了完备的国防工业体系，此外，还推动了城乡区域平衡发展和工农协调发展，进一步促进了国家内部经济的良性循环。1971年，随着我国恢复联合国合法席位，西方国家对我国的经济封锁与孤立局面逐渐被打破，我国与国际的经济交往开始逐渐扩大，但其范围与作用仍然非常有限。在这一背景下，内循环模式仍然是我国经济发展的主导，这一模式确保我国在复杂的国际环境中保持经济的稳定和发展，为后来的改革开放和对外开放打下了坚实的基础。

中华人民共和国成立初期，以内循环为主的发展格局是我国在特定历史条件下的选择，它既是对外部不友好环境的应对策略，也是为了满足国内的发展需要。这一策略为新中国的稳定和发展奠定了基础，但也由于长时间的封闭，我国的技术和管理水平落后于世界先进水平，资源配置效率不高，经济增长速度受到限制。在当时的特定历史条件下，中国需要时间来稳定国内形势，积累经验，为未来的开放和发展打下基础。

第一章　双循环经济发展新格局概述

二、以外循环为主，以内循环为辅的发展格局

20世纪70年代后，国际形势经历了深刻的变革。世界政治经济格局不断调整，各国之间的关系逐渐从对立转向对话与合作，和平与发展成为国际社会的共同追求。国内方面，我国在社会主义建设的过程中，积累了宝贵的经验。在社会主义过渡时期，我国成功地完成了"一五计划"和三大改造，为后续的社会主义建设打下了坚实的基础。同时，我国也不断学习和借鉴国际的先进经验，逐步摸索出了一条符合我国国情的发展道路。在这一时期，我国的经济建设取得了显著的成就，为后续的改革开放奠定了坚实基础。

1978年，中国共产党第十一届中央委员会第三次全体会议的召开拉开了改革开放的序幕。在改革开放战略的推动下，我国的生产力得到了迅速的释放和增长，长期受到计划经济制约的市场需求逐渐得到满足。同时，国家在经济建设中积累的各种优势资源为其在国际市场上的参与和竞争提供了条件。1987年，我国进一步释放生产力，加快经济体制改革进程，从国有企业改革到农村土地制度的调整，都反映了我国对更加市场化、更加开放的经济体制的追求。这一系列的改革措施，使国内的资源得到了更为高效的配置，生产效率得到显著提高。与此同时，中国开始积极地寻找与全球经济的连接点，沿海地区凭借其地理位置和先进的基础设施，成为中国对外开放的前沿。大量的外资涌入，带来了先进的技术和管理经验，也促进了当地经济的快速增长。随着沿海地区的成功经验逐渐被认可，开放的策略也开始向内陆地区扩展。内陆地区凭借其丰富的资源和巨大的市场潜力，也开始吸引外资，与全球经济体系更加紧密地连接起来。2001年，中国正式成为世界贸易组织的成员国，这一历史性时刻标志着中国与国际市场的联系更加紧密，外向型经济格局逐渐确立。在此阶段，我国坚持出口导向，以外促内，经济增长也更多地依赖对外贸易，外贸依存度显著上升。这一时期，国际大循环

在中国的经济发展中占据主导地位，为国家带来了前所未有的机遇，也为全球经济增长注入了新的活力。

在面对经济全球化的浪潮和经济发展的新机遇时，我国选择了以外循环为主的经济发展格局，以适应和利用国际市场的巨大潜力。"两头在外、大进大出""以外为主、以内为辅"和"以外促内"成为这一时期发展格局的主要特征。这种外向型的经济发展模式为中国带来了前所未有的增长速度，使其在短时间内实现了从贫穷国家到中等收入国家的跨越。外部市场的巨大需求和国内的生产能力相结合，为中国创造了大量的就业机会和经济增长点。

然而，这种高度依赖外部市场的发展模式也带来了一些问题。过度的出口可能导致国内市场被忽视，而投资过度可能导致资源的浪费和产能过度。同时，外部市场的波动也可能对国内经济产生巨大的冲击。因此，虽然外向型的经济发展模式为中国带来了短期的高速增长，但长远来看，我国还需要进一步调整和优化经济循环体系，以实现更加均衡和可持续的发展。

三、以外循环为主向以内循环为主转向的发展格局

2008年的全球金融危机对世界经济产生了深远的影响，主要经济体如美国、日本、英国、巴西和俄罗斯等都受到了不同程度的影响，这些国家的失业率上升，实体经济遭受重创，甚至出现了停工停产的情况。随着全球市场的急速收缩和需求的迅速下降，世界经济的增长动力受到抑制，各领域发展都呈现出低迷的态势。这种国际经济环境的变化对各国的经济发展都带来了巨大的挑战，经济全球化的进程也受到了前所未有的冲击。受金融危机的影响，我国的对外出口受到冲击，经济增速下滑。这种经济下行趋势导致许多中小微企业面临资金链断裂问题，无法维持正常运营，尤其是沿海地区的很多加工企业破产，国内经济形势严峻。与此同时，在外向型经济发展格局的指导下，我国经济对外依

存度过高，产生了一系列问题，如低端产品产能过剩、高端产品供给不足、产业结构失衡和区域发展差距扩大等。原有经济增长动能的逐渐减弱，但是新的增长点和优势还未完全形成，我国的经济发展面临转型和调整的挑战，外向型发展模式的局限性逐渐显现。

为了应对金融危机，我国迅速采取措施，推出一系列政策以扩大国内需求，并保持经济的稳定增长，这标志着我国经济发展格局的重大调整。为了持续推动国内经济增长，我国将构建扩大内需长效机制作为战略目标。然而，依赖宏观财政政策来刺激内需也带来了一些挑战，如产能过剩和高杠杆率。为了应对这些问题，供给侧结构性改革成为必要的选择，这一改革不仅对我国的经济结构进行了调整，更重要的是，它激发了经济的内在活力，确保了经济循环的顺畅运行。

在国际和国内的双重压力下，我国经济的发展重心开始从过度依赖外部市场转向更加注重内部市场，这标志着我国经济发展格局实现了从以外循环为主转向以内循环为主的重大转变。这一转变不仅是对外部环境变化的应对，更是对国内经济长期健康发展的深思熟虑和战略选择。

四、以内循环为主、内外循环相互促进的新发展格局

从2018年开始，全球经济面临一系列挑战，增长乏力并伴随下行风险。各国的经济增长受到压制，消费和投资需求都显得疲软，国际贸易萎缩。在这样的国际背景下，国际经济格局进入了一个充满挑战和变革的时期。

进入新的发展阶段，中国的经济实力得到了显著增强，生产力水平也持续上升。这一时期，我国的社会主要矛盾发生了重大转变，为经济发展带来了更多新的特征，同时也提出了许多新的要求。一方面，国内发展在供给和需求两个层面都面临突出矛盾，在供给层面，中国的产业结构层次相对偏低，低端供给过剩，而高端技术供给不足，这导致我国在全球价值链的竞争中只能获得较低的附加值。我国的科技创新能力有

待提高，研发基础相对薄弱，关键核心技术受制于人，这些因素都使产业链需要进一步优化和升级。在需求层面上，国内的需求端经济恢复状态显著滞后于供给端，居民的消费需求不足，消费意愿不高，消费结构也需要进行进一步的优化。另一方面，我国经济发展格局转变的条件已经较为成熟，经济基本面保持良好，总体发展态势稳中有进，正逐渐步入高质量发展的新阶段。这一阶段的特点是具有高水平的发展潜力、强韧的持续发展能力和广阔的自主发展空间。市场的优势与内部需求的潜力相得益彰，为经济发展注入了新的活力。工业体系的完备和供给能力的增强为经济发展提供了坚实的支撑。与此同时，我国对外贸易的依存度逐年下降，显示出经济更加均衡和健康的发展趋势。国内需求在经济发展中的作用日益凸显，特别是消费需求已经成为经济增长的主要推动力，这也意味着内需在经济运行中的"稳定器"作用日益增强。

在这一特定时期，我国面临新的发展阶段、新的发展环境、新的发展条件和新的发展要求。为了更好地适应这些变化和挑战，我国主动调整了发展格局，紧密结合实际情况，创新发展思路，并适时提出构建新发展格局的战略目标。这一战略调整不仅是对"十四五"规划的完善，更是为我国的长远发展和长治久安做出的重大战略部署，这一新的发展格局对解决我国当前和未来的经济问题提供了重要的理论指导。这种转变的背后是我国对国内外发展环境的深入分析和对未来发展趋势的准确判断，为了保持经济的持续健康发展，适应国际经济的变化和国内经济的需求，这种主动的策略调整显得尤为必要。

第四节　双循环经济发展新格局的理论基础

双循环经济发展新格局不是孤立出现的概念，而是在深厚的理论土壤中孕育而来的。马克思主义哲学理论为双循环经济发展新格局提供了坚实的哲学基础,强调实际、矛盾、系统、实践和群众的观点,确保新发展格局的科学性和人民性;而马克思主义政治经济学理论则从资本循环、社会再生产和世界市场的角度,为双循环经济发展新格局提供了深入的经济分析和指导。此外,西方经济学理论也为双循环经济发展新格局提供了有益的参考,特别是在有效需求、市场与分工以及规模经济等方面。这三大理论共同构成了双循环经济发展新格局的理论基础,为其发展方向和实践提供了理论支撑。

一、马克思主义哲学理论

马克思主义哲学理论为深入解读和应对当前经济发展挑战提供了一个理论框架。在经济全球化的背景下,经济发展不仅仅是数字和数据的增长,更是一个涉及深层次哲学思考的过程。马克思主义哲学中的核心观点,如物质观、矛盾观、系统观、实践观和群众观,提供了一种全面、系统和辩证的方法,帮助人们理解和构建双循环经济发展新格局。马克思主义哲学理论对新发展格局的指导作用如图 1-6 所示:

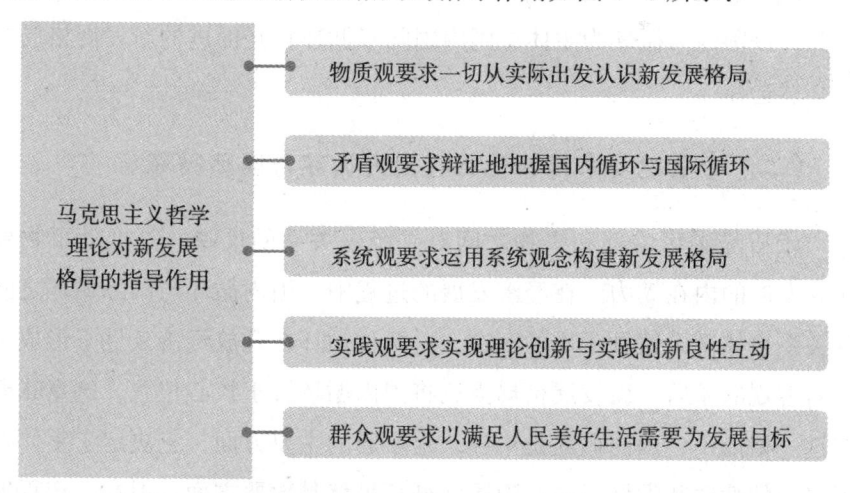

马克思主义哲学理论对新发展格局的指导作用
- 物质观要求一切从实际出发认识新发展格局
- 矛盾观要求辩证地把握国内循环与国际循环
- 系统观要求运用系统观念构建新发展格局
- 实践观要求实现理论创新与实践创新良性互动
- 群众观要求以满足人民美好生活需要为发展目标

图 1-6 马克思主义哲学理论对新发展格局的指导作用

（一）物质观要求一切从实际出发认识新发展格局

物质观主张物质是世界的本原，物质是第一性的，意识是派生的，物质决定意识，物质是不依赖于人的意识，并能为人的意识所反映的客观实在。这一哲学观点强调了实事求是的原则，即在认识和行动中都要坚持以客观事实为基础，避免主观臆断和空想。物质观的核心思想是，一切都应该基于实际情况进行，而不是基于空想或者不切实际的理论。

新发展格局的提出并非基于主观臆断或随意构想，而是深刻反映了中国当前的发展实际，是在考虑国内发展条件、外部环境以及发展阶段的实际变化之后形成的，是扎根客观实践而产生的科学理论认识。由此可知，物质观是我国构建新发展格局的重要理论依据。在当前的国际环境中，不稳定因素增多，国际市场的波动加剧，这使依赖外部市场的发展模式面临巨大挑战。与此同时，我国国内的发展条件和优势逐渐显现，这为我国转变发展模式提供了有利条件。这些客观的实际情况不会因人的意志而改变，这使我国必须根据当前的实际情况调整发展策略。因此，以国内大循环为主体、国内国际双循环相互促进的新发展格局成为必然选择。

（二）矛盾观要求辩证地把握国内循环与国际循环

矛盾是事物内部和事物之间对立统一关系的反映，是推动事物变化和发展的内在动力。在经济发展的过程中，国内循环与国际循环之间的关系也体现了这种矛盾的存在，这两种循环在开放经济条件下形成了一对客观的矛盾。新发展格局强调将国内循环置于核心位置，这意味着在这一格局中，国内循环是主导，是矛盾的主要方面，它决定了整体发展格局的性质和发展方向；而国际循环虽然是次要方面，但在一定程度上也会影响整体格局的变化和发展。这种对立与统一的关系要求在分析和处理问题时，必须运用辩证的思维方式，既要看到整体，又要抓住关键,以此来准确判断事物的本质。在新发展格局的构建中,国内循环无疑是关键,但国际循环也不可忽视,两者之间的关系不能片面看待,而应该联系起来,使其相互促进,共同发展。在这个过程中,还需要辩证地分析需求与供给、自主与开放的关系,确保"两点论"与"重点论"的有机结合,从而有效地解决矛盾,推动经济的持续和健康发展。这种辩证的思维方式不仅有助于人们更加准确地把握新发展格局的本质,而且也为实际操作提供了有力的指导。

(三)系统观要求运用系统观念构建新发展格局

系统观认为世界是一个普遍联系的有机整体,其中的各个事物或是事物内部的不同要素都相互联系、相互影响,共同构成一个统一的系统。这种系统具有其各要素所不具备的功能,而各要素的变化也会反过来对整体产生影响。这种辩证的系统观念要求人们在思考和解决问题时,必须从全局、整体的角度出发,统筹考虑各个要素,进行科学合理的规划和战略部署,以实现整体的最优目标。同时,也不能忽视部分和局部的重要性,需要利用关键部分的发展来更好地推动整体的进步。

构建双循环新发展格局是基于对国内外发展形势变化的统筹考虑,也是兼顾国家的安全和繁荣发展而进行的中长期系统谋划。这一新发展格局可以看作一个复杂的循环系统,其关键在于疏通各环节、各层面的循环堵点,统筹协调国内市场与国际市场、内需与外需、政府与市场、发展与安全等关键发展要素,使它们相互配合、融合发展。这种系统的构建要求从整体出发,全面谋划,以提升整体的功能优势。在这个过程中,还需要特别关注关键要素的发展,如不断扩大国内市场的需求,利用高质量的国内大市场循环来推动新发展格局的构建和完善。这种系统观念不仅为新发展格局的构建提供了理论指导,而且也为其实际操作提供了有力的支撑。

(四)实践观要求实现理论创新与实践创新良性互动

实践观强调实践与认识之间的辩证关系,其中,实践是决定认识的基础,而认识又能够对实践产生反作用。从中国的发展历程来看,不同阶段的发展格局理论都是基于当时的实践环境提出的。无论是中华人民共和国成立初期的内循环模式,还是改革开放后的以外循环为主导的模式,以及新发展阶段的双循环模式,它们都是在实践的基础上形成的理论成果。这些理论随着实践的变化而不断创新和发展,当理论创新成果形成后,它们会作为新的理论指导,进一步推动实践的创新。例如,随着社会生产力的发展,传统的发展模式已经不能满足当前的实践需求,而新的发展格局则是在新的实践下形成的理论创新,其为当前的高质量发展提供了科学的理论指导。

为了畅通经济循环,必须始终基于客观实践,尊重客观规律,并根据实践的变化和发展要求,不断提高新发展格局的理论水平,这样,理论才能更加科学和有效地指导社会主义现代化建设的前进方向。这种对实践和理论的深入理解和重视,确保了在不断变化的环境中,理论与实践能够相互促进,共同推动国家的可持续发展。

(五)群众观要求以满足人民美好生活需要为发展目标

在马克思主义哲学体系中,群众观与实践观紧密相连,两者之间存在深厚的内在联系。实践的目标和过程都是为了获取知识,而这一认识的实践过程是离不开人这一主体因素的。人民群众的实践活动是获取所有真知的动力和源泉。唯物主义观进一步强调,在社会的发展进程中,人民群众是所有实践活动的中心,他们是决定社会变革的关键力量。这种以人民群众为中心的群众观要求领导者坚守群众观点,坚定走群众路线,视群众为发展的核心,尊重并动员他们。更为关键的是,发展的成果应当真正服务于群众,全方位地满足他们的需求。

当前，提高发展的均衡性和实现更全面的发展已经成为构建新发展格局的核心任务。为了实现这一目标，必须紧紧依靠人民群众，只有汇聚人民的智慧和力量，才能有效地解决矛盾，更好地推动发展。新发展格局作为一个系统性的战略部署，旨在通过增加高质量的供给和提高居民的收入水平，不断提升供给的质量，持续优化需求结构，从而使人民群众对美好生活的期望得到更为充分的满足。这充分体现了发展为了人民，发展依靠人民，发展成果由人民共享。

二、马克思主义政治经济学理论

（一）资本循环理论要求疏通各循环阶段堵点

资本循环理论是马克思主义政治经济学的核心内容，它描述了资本在其生命周期中的运动和转化过程。资本的运动核心在于在其循环和周转中获取更多的剩余价值，从而实现价值增殖。货币资本循环的总公式 $G—W\cdots P\cdots W'—G'$（G 为货币预付资本，W 为商品，P 为生产资料，W' 为增殖后的商品资本，G' 为增殖后的货币资本）揭示了资本需要经历购买、生产和销售这三个基本阶段，并在这三个阶段中发挥不同的作用。在购买阶段，资本被用于购买生产资料和劳动力；在生产阶段，这些生产资料和劳动力被用于生产商品；而在销售阶段，商品被转化为货币，从而完成资本的循环。在这一过程中，资本的目的是获取剩余价值，即生产过程中创造的价值与生产成本之间的差额。这一理论不仅揭示了资本如何在其循环中增殖，还为理解现代经济体系中资本的运动和转化提供了重要的理论框架。

在当前的社会主义市场经济环境中，实体经济的循环流转面临一系列挑战。其中，结构性失衡问题尤为突出。供需之间的失衡可能会使资本无法从商品资本形态转化为货币资本形态，这将导致企业的生产活动中断，进而妨碍产业的循环流转。为了畅通经济内循环，必须解决这种供需结构性失衡问题，确保资本不会在销售阶段停滞过长时间，从而避免产能过剩无法满足实际需求的问题。此外，近年来，实体经济与虚拟经济之间的失衡也日益显著，如果不加以调整，资本可能仅在货币金融层面流转，而无法进入实际的生产活动，这将导致产业空心化的风险，从而影响国民经济的稳定循环。因此，为了确保经济的健康循环，必须促进实体经济的可持续发展，引导资本更多地流向实体经济，确保资本在支持实体经济发展中发挥其关键作用，避免经济循环在初级和中级阶段停滞。

（二）社会再生产理论要求畅通国民经济循环

社会再生产理论深刻地揭示了社会生产与再生产的过程，社会生产与再生产过程包括生产、分配、交换和消费这四个主要环节。其中，生产被视为这一有机整体的核心，它决定了其他环节的运行；分配和交换则是再生产过程中的关键枢纽，它们连接了生产与消费，使整个经济体系能够流畅运行。消费不仅是经济活动的最终目的，也是推动再生产的关键动力，只有在消费中，产品才能得到最终的完成。国民经济的循环体系由这四个环节组成，确保它们之间的有机统一和协同运作是保持经济循环畅通的关键。

社会再生产理论揭示了四个环节的辩证统一性，这为理解双循环新发展格局提供了关键视角。为了塑造一个流畅的国民经济体系，必须解决社会生产中各环节的阻碍。在构筑这一新格局时，生产环节的核心地位和其决定性影响不可或缺，但与此同时，其他环节对生产的反馈作用也不应被忽视。整体上，应全面审视经济社会再生产的全貌，确保各环节的和谐与统一，从而推动国民经济的持续健康发展。在市场经济的背景下，再生产理论深刻地展示了资本运行的内在联系，提出了保持经济循环顺畅的重要条件。塑造新的发展模式，必须紧密遵循社会再生产的理念，克服各个环节中的困难，强化市场参与者之间的联结，促进社

第一章 双循环经济发展新格局概述

会的合理分工与合作，构建一个供应和需求紧密匹配的高效经济循环结构。

（三）世界市场理论要求主动参与国际大循环

世界市场理论深刻地揭示了世界市场的本质和构成，世界市场不仅仅包括本国以外的所有国家的市场，而且还包括与外部市场有联系的国内市场。简而言之，世界市场是所有市场的总和。在经济全球化的背景下，国际循环的重要性和对一个国家经济发展的影响变得越来越明显。这种全球化的趋势使各国的经济内循环不可避免地融入国际经济大循环，形成了一个相互依赖和相互影响的复杂网络。

一方面，世界市场是生产方式向外扩张的必然结果。为了不断扩大产品销路，资产阶级必须在全球范围内寻找新的市场，建立新的联系，这种开拓行为使各国的生产和消费都具有了全球性的特征。追求剩余价值是资本生产的内在驱动力，这种无止境的追求和生产力的发展共同推动了世界市场的形成。随着生产力的发展和生产方式的变革，各国都被纳入了这个大循环中，从而拓展了国际贸易的广度和深度，进一步促进了科技的传播和进步。这种国际循环不仅带动了各国的产业发展，而且还促进了国内和国际循环的协调和发展。另一方面，世界市场也是资本进行空间生产的产物。经济增长的本质在于发现并占有新的空间进行生产，从而实现资本的增殖和生产的扩大。无论是新的科技革命、产业革命的更迭，还是世界市场的不断扩张，甚至是国与国之间的经济竞争，其本质都是为经济拓展新的增长空间。在这样的背景下，如何在与全球经济的空间融合中发展自己，确保稳定的增长，成为当下的重要议题。为了应对这一挑战，我国有必要构建新的发展格局，深化国内市场的潜力，促进国内的经济循环。同时，也要扩大对外开放，积极寻找国际经济增长的新空间。这种策略是对马克思世界市场理论的深入理解和应用。

三、西方经济学理论

（一）有效需求理论

当社会商品的总供给与总需求达到均衡状态时的总需求被称为有效需求，有效需求主要由两部分组成：消费和投资。一国的有效需求不足是导致经济问题的根源。在市场经济环境下，需求的变化是充满不确定性的。理论上的社会总需求与总供给的均衡状态在实际中很难达到，更常见的情况是总需求小于总供给，从而导致了有效需求的不足。

借鉴有效需求理论，有助于分析当前国内外有效需求不足的成因，对症下药，合理化解需求收缩压力，稳定社会经济发展。现阶段，我国在消费增长方面仍有很大的提升空间，而投资的水平和质量总体上偏低。为了进一步强化投资对经济的拉动作用，需要深入研究和应用有效需求理论。此外，为了确保国内大市场的流通和经济的韧性，必须深入挖掘内部市场需求的巨大潜力。这意味着要不断刺激消费和投资需求，为经济发展打下坚实的基础，确保我国经济在面对外部冲击时能够保持稳定，并能够持续健康发展。

（二）市场与分工理论

在经济学的发展历程中，市场与分工之间的关系被认为是提高劳动生产力和市场拓展的关键因素。分工的出现不仅加速了劳动生产力的提升，而且促进了市场的拓展。同时，市场的大小和广度也决定了分工的深度和范围。通过对市场与分工关系的深入分析，可以看到大国市场广阔的特点对经济分工的重要影响。具体来说，市场范围的扩大会导致市场需求的增加。随着市场需求的不断增长，分工会逐渐深化和细化，从而带动生产技术的进步和发展，这种进步和发展不仅可以降低生产成本，还可以提高生产效率。

第一章 双循环经济发展新格局概述

在全球经济格局中，大国拥有丰富的自然和人力资源，这为其创造了广阔的内部市场和强大的需求优势，这种优势为经济运行提供了巨大的空间和缓冲平台。新发展格局的一个核心特点是扩大内需，这是基于国内市场的广阔和需求的巨大潜力。随着市场范围的不断扩大，分工也会进一步深化，从而提高社会生产的专业化水平，增强创新能力。有了强大的国内市场作为基础，可以更加积极地开拓国际市场，实现内外循环的良性发展，确保经济的持续和稳定增长。

（三）规模经济理论

规模经济是指通过不断扩大生产规模来降低生产成本，从而增强企业或产业的竞争优势，其是对劳动分工的研究，后续的研究进一步探讨了产业集群带来的规模效应。在大规模生产中，主要的经济利益包括技术经济、机械经济和原料经济。这意味着，随着生产规模的扩大，可以实现专业化程度的提升、机械设备的改良与升级，从而降低生产和运输成本。这种规模效应不仅提高了生产效率，还增强了企业或产业的竞争力。

统一的国内大市场是实现规模经济的关键。一个庞大的国内市场可以为企业提供更大的销售市场，从而体现规模经济的优势。然而，尽管某些国家拥有庞大的国内市场，但由于区域间的市场分割、交易费用的增加和机制体制的障碍，这些国家往往无法充分发挥其市场规模的优势。为了解决这些问题，必须优化市场结构，加强区域间的合作，降低交易成本，并消除机制体制的障碍。只有这样，才能真正实现规模经济，促进供需之间的良性循环，推动经济的持续健康发展。

第五节 双循环经济发展新格局的价值意蕴

一、双循环经济发展新格局的理论价值

双循环经济发展新格局不仅是我国经济发展的新策略,更是理论领域的一次重大创新。这一发展格局涉及的深度和广度,既体现在对马克思主义哲学与经济学理论的发展,也体现在对经济社会发展规律的深入认识,同时还丰富了习近平新时代中国特色社会主义经济思想。这三个层面的意义,共同构成了双循环经济发展新格局的理论价值,如图1-7所示:

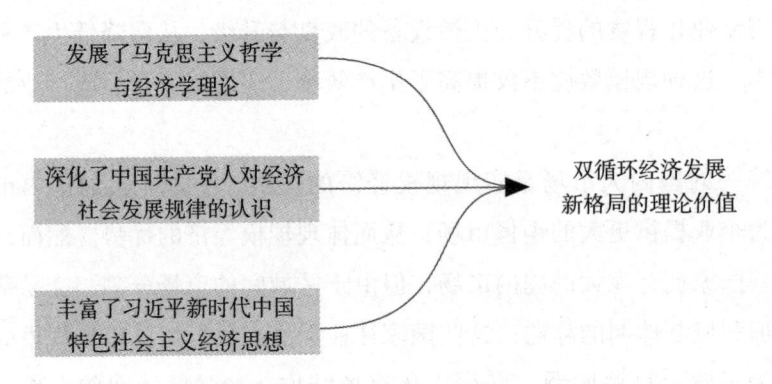

图1-7 双循环经济发展新格局的理论价值

(一)发展了马克思主义哲学与经济学理论

双循环经济发展新格局是在马克思主义基本原理的基础上建立的,代表了马克思主义原理在指导国家实践过程中的最新理论成果。党和国家坚定地站在马克思主义的立场上,运用其观点和思维方式,对国家的

第一章 双循环经济发展新格局概述

发展实际进行了科学的研判。在综合分析新阶段的新情况、新问题和新要求后，提出了通过新格局的构建与完善来助力在变局中开创新局，从而有效地破解发展中的困境。这一新格局不仅拓展了马克思主义理论的内涵，而且推动了马克思主义在中国的创新性发展，使其更加契合国家的实际情况和发展需求。

1. 新发展格局是对马克思主义哲学理论的创新性发展

构建新发展格局是基于变化和发展的客观实践，创造性地提出的科学理论。这一理论是对"一切从实际出发"这一核心原则的坚定践行，进一步发展了马克思主义的实践观。新发展格局坚定地运用矛盾分析的方法来解决现实问题，坚持两点论与重点论的统一。这一格局强调内部市场的主导作用，同时统筹考虑国内循环与国际循环，平衡国内市场与国际市场、内需与外需、自主与开放、发展与安全等多方面的需求。新发展格局的目标是推进整体性的发展，采用系统的观念和方法来构建和完善自身，这是对马克思主义矛盾观和系统观的深入运用与创新。此外，新发展格局的目标导向和价值取向都聚焦于满足人民的需求，这进一步发展了以人民为中心的群众观。新发展格局旨在促进供需的有效对接，使其能够在更大程度上依赖内部市场，以此来实现更高水平的动态平衡。这一格局结合了内循环的柔性与韧性，努力提高供给与国内需求的适配性，防止供需之间的空间错位，从而更好地满足人民的期望和愿望。这种对接和适配性不仅有助于经济的稳定增长，还有助于确保人民在经济发展中获得更多实际利益，满足其对美好生活的向往。

2. 新发展格局是对马克思主义经济学理论的创新性发展

新发展格局的构建，从本质上看，旨在畅通内外经济循环体系，有效疏通社会再生产过程中各个环节、各个层面和各个领域的堵点与痛点。这样的构建能够确保生产与消费通过分配和交换达到良性循环，从而提高整体的运行效率，并推动再生产过程的顺畅进行。同时，新发展格局还强调了更高水平的开放，它不仅仅局限于国内的生产实践，而是在统筹两个市场、兼顾两种资源的基础上，将视野扩展到国际循环。基于马克思主义的世界市场理论，新发展格局强调通过构建强大且统一的国内大市场来引领和推动世界市场的发展。这种方法旨在利用外部市场的繁荣来促进国内生产力的提升，从而实现国内与国际两个层面经济运转体系的紧密结合和相互促进。因此，新发展格局不仅是一个创新的理论成果，而且丰富和发展了马克思主义的资本循环理论、社会再生产理论和世界市场理论。这种理论上的拓展为马克思主义政治经济学的理论内涵带来了进一步的深化，为经济学界提供了新的研究视角和分析工具，有助于学界更好地理解和应对当前复杂多变的经济环境。

（二）深化了中国共产党人对经济社会发展规律的认识

1. 新发展格局是对我国经济发展规律认识的深化

在新的发展阶段，经济转向高质量发展已成为显著的特征。这一格局考虑了国内外的各种条件和环境变化，是为了应对当前的突出矛盾和困境，以及解决中长期的发展难题而制定的重要战略部署。高质量发展不仅是新阶段的核心目标，也是新发展格局的核心主题，它基于对我国经济发展规律的深入探索和理解，展现了党在遵循发展规律、尊重客观实际的基础上，对客观规律的持续深化认识。社会主要矛盾的转变使我国经济当前发展的主要障碍在于发展质量的总体不足。新发展格局强调放弃过去那种"数量追赶"的发展模式，而是更加注重提高发展的质量。[1]这种转变不仅是为了应对现实中的需求和解决发展中的矛盾，更是为了在经济发展的客观规律中实现稳定的发展。在过去，我国片面地关注需求侧管理或供给侧结构性改革，试图通过改变某一方面来带动整体进步，但这种方法忽略了需求和供给之间的动态协同关系。而在高质

---

[1] 王一鸣：《百年大变局、高质量发展与构建新发展格局》，《管理世界》2020年第12期。

量发展的新阶段，发展的协调性受到了更多的关注，这要求在需求和供给之间找到平衡，实施综合的策略，确保各方面的协同推进。这种对经济发展规律的深化认识，不仅有助于我国更好地应对当前的挑战，也为未来的持续发展提供了坚实的理论基础。

2. 新发展格局是对社会主义建设规律认识的深化

在社会主义建设的历程中，随着实践活动的不断发展，人们对其固有规律的认识也在逐渐加深，这种深化的认识不断地转化为新的理论洞察，并再次回到实践中，为社会的发展进步提供指导。新发展格局基于对我国当前的分工体系和技术发展阶段的科学判断而形成，它旨在推动发展方式的转变，培育新的发展动能，并促进生产力的持续进步。这一格局坚持以发展为核心，展现了党对正确历史实践经验的继承，并在新的建设实践中进一步深化了对其规律的认识。新发展格局从其初步构想到实际构建，再到不断完善，始终坚守为人民服务的初心，坚定地站在人民的立场上，践行以人民为中心的发展思想。新发展格局的核心目标是推动国家经济的平衡与充分发展，努力改善人民的生活品质，确保人们在物质和精神两个层面的需求都能得到满足。这种对人的全面关注和发展，进一步体现了中国共产党人对社会主义建设规律认识的提升和升华。

（三）丰富了习近平新时代中国特色社会主义经济思想

习近平新时代中国特色社会主义经济思想是一套逻辑严密的科学理论体系，它以中国特色社会主义进入新时代为逻辑起点，以高质量发展为逻辑归宿，以社会主要矛盾的转变为逻辑内核，以党的集中统一领导为逻辑统领。这一理论体系的基本实践路径是贯彻落实创新、协调、绿色、开放、共享的新发展理念和相关战略部署，其根本价值立场和价值取向是坚持以人民为中心，确保人民利益始终处于首位。随着中国特色社会主义现代化实践的深入，这一科学理论体系也在不断地丰富和创新。面对国内外形势的重大变化，我国冷静应对、主动适应，基于国内发展的新特征和新要求，提出了构建新发展格局。这一新的重大理论成果是在习近平经济思想的指导下，顺应我国的发展实际而形成的。

进入新的发展阶段，实施新的发展理念，构建新的发展格局成为必然选择。加快构建新发展格局，可以充分激发我国的创新活力，将创新深度融入产业发展，增强发展的自主可控能力。这也有助于畅通国内统一大市场的循环，深化机制体制改革，促进资源的高效配置和要素的自由流动，推动城乡和区域的协调发展。此外，新发展格局还能最大限度地挖掘和释放市场的发展潜力，增强经济发展的韧性，拓展进步空间，使我国经济提高抵御外部风险冲击的能力，更好地实现社会全面进步和全体人民共同富裕的目标。在更高水平的开放中，我国可以以更加开放和包容的思维和姿态，助力世界经济的复苏和繁荣，为世界贡献更大的力量，重塑政治经济秩序，引导其向更加公正和合理的方向发展。在新时代、新阶段，构建新发展格局在党的集中统一领导下，无疑是习近平新时代中国特色社会主义经济思想的进一步丰富和发展。

二、双循环经济发展新格局的现实价值

双循环经济发展新格局不仅在理论上具有深远的意义，更在现实中展现出了其巨大的价值，它为实现共同富裕提供了切实的道路，成为推进高质量发展的关键选择。同时，面对全球经济的不确定性，这一新格局为我国提供了明智的战略决策，确保我国经济稳定前行。更为重要的是，它不仅服务于国内发展，还为世界经济的稳定发展注入了正能量。

第一章 双循环经济发展新格局概述

这四个层面共同揭示了双循环经济发展新格局的现实价值,如图1-8所示:

双循环经济发展新格局的现实价值
- 是实现共同富裕的现实道路
- 是推进高质量发展的关键性选择
- 能够有效应对全球经济不确定性
- 有利于促进世界经济稳定发展

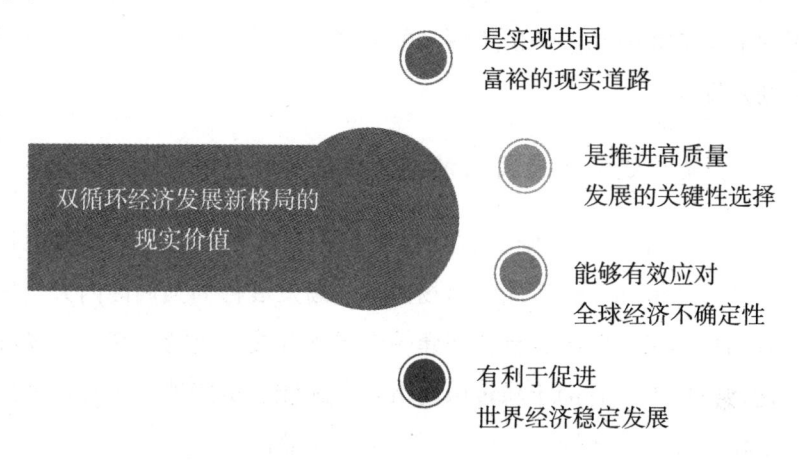

图1-8 双循环经济发展新格局的现实价值

(一)是实现共同富裕的现实道路

在经济全球化的背景下,国内与国际两个市场、两种资源相互交织,相互影响。新发展格局强调以国内大循环为主体,国内国际双循环相互促进,这样的布局有助于更好地调动国内资源,优化生产要素配置,提高经济效益和社会效益。当国内市场的活力得到充分激发,生产与消费之间的关系更加和谐,会为广大人民带来更多的就业机会,提高人民群众的收入水平,进而推动共同富裕。

共同富裕是社会主义的本质要求,而新发展格局正是为了满足这一要求而提出的。通过优化供给侧结构,提高供给质量,使其与需求侧相匹配,可以确保经济增长的质量和效益。新发展格局还强调创新驱动,这意味着通过技术进步和创新可以提高生产效率,降低生产成本,从而为广大人民带来更多的物质和文化利益。此外,新发展格局还注重绿色发展,这不仅有助于保护生态环境,为子孙后代留下绿水青山,还可以通过绿色产业、绿色技术为人民带来新的就业机会和收入来源。开放的发展策略也为我国吸引了大量外资，引入了先进的技术和管理经验，这为国内的企业和劳动者提供了更多的发展机会，也为实现共同富裕创造了有利条件。

（二）是推进高质量发展的关键性选择

在全球经济日益一体化的背景下，单一的发展模式已难以满足日益复杂的经济环境和变化多端的市场需求。新发展格局强调国内大循环与国际双循环的相互促进，旨在构建一个更加开放、灵活、高效的经济体系。这种格局不仅有助于稳定国内市场，还能够更好地应对外部经济环境的变化，确保经济持续、稳定、高质量地增长。

高质量发展要求经济不仅要有数量上的增长，更要有质的提升。新发展格局正是为了满足这一要求而提出的，它强调创新驱动，注重科技进步和技术创新在经济发展中的核心地位，以此来提高生产效率，降低生产成本，提升产品和服务的附加值。新发展格局还注重绿色发展和可持续发展，强调经济发展与生态环境的和谐共生，确保经济的长期健康发展。此外，新发展格局还强调开放与合作。在全球经济一体化的大背景下，封闭的发展模式已经不再适应时代的要求。新发展格局鼓励我国市场与国际市场的深度融合，吸引外资，引入先进的技术和管理经验，与国际先进水平接轨，从而提高我国经济在世界市场上的竞争力。

（三）能够有效应对全球经济不确定性

在当今世界，经济全球化、技术革命和各种不确定因素交织，使世界的经济环境变得复杂而多变。新发展格局强调国内大循环与国际双循环的相互促进，这种布局旨在构建一个更加稳健、更加具有韧性的经济体系，能够在外部经济环境发生波动时，确保国内经济的稳定和持续增长。全球经济的不确定性主要体现在贸易摩擦、技术封锁、金融市场波动等方面。新发展格局通过优化国内资源配置，提高生产效率，增强经济的自主性和韧性，来降低对外部不确定因素的依赖。同时，通过与国际市场的深度融合，我国可以更好地利用全球资源，分散风险，提高对外部冲击的抵御能力。

（四）有利于促进世界经济稳定发展

在全球经济深度融合的今天，各国经济的命运紧密相连，任何地区的经济波动都可能对其他国家产生影响。新发展格局强调内外循环相互促进，这意味着在确保国内市场稳定的同时，我国也要积极参与国际经济合作，形成一个更加开放和包容的经济体系。这种格局有助于缓解全球贸易摩擦，减少经济风险，为国际经济合作创造更多机会。通过推动高质量发展，注重科技创新和绿色发展，新发展格局不仅能提高我国的经济效益，还能促进可持续发展，为全球经济稳定作贡献。

第二章　双循环经济发展新格局的构建思路

双循环经济发展新格局是我国当下经济发展的核心理念,旨在构建一个更加稳健、均衡和可持续发展的经济体系。在全球经济深度融合、各种不确定性因素增加的背景下,双循环经济发展新格局强调内外循环相互促进,确保国内市场的稳定,同时积极参与国际经济合作。这种格局有助于缓解全球贸易摩擦,减少经济风险,为我国与国际的经济合作创造更多机会。本章将探讨双循环经济发展新格局构建的整体思路。

第一节　把握双循环经济发展新格局构建的基本理念

双循环经济发展新格局是我国当前经济发展的新方向,它要求我国在经济全球化的大背景下,更好地平衡国内与国际两个市场、两种资源。为了确保这一新格局的成功实施和持续发展,需要一系列的基本理念作为指导。双循环经济发展新格局构建的基本理念如图 2-1 所示,这

第二章 双循环经济发展新格局的构建思路

些理念不仅是经济发展的导向,更是确保经济发展与社会进步、文化繁荣和人民幸福相协调的关键。具体来说,坚持党的领导是确保发展方向和路径的前提,坚持人民至上则确保了发展的目的和动力,坚持系统观念为人们提供了一个全局和长远发展的视角,而坚持新发展理念则是对经济发展方式和质量的追求。这四个基本理念相辅相成,共同构成了双循环经济发展新格局的核心和灵魂。

图 2-1 双循环经济发展新格局构建的基本理念

一、坚持党的领导

历史经验证明,要使人民的事业持续发展和繁荣,必须有一个坚强的领导核心,这个核心必须得到全社会和全体人民的高度支持。在我国,党中央必须对总体的经济工作负责,实施全面领导。

第一,坚持党的领导是做好经济工作的根本保证。在中国特色社会主义发展的历程中,党的领导始终是推动经济持续、健康、稳定发展的核心力量。党的领导不仅为我国的经济发展指明了方向,提供了策略,还确保了各项政策的连续性和稳定性,为市场和企业创造了一个稳定的外部环境。在全球经济形势复杂多变的背景下,党的领导为我国经济的快速增长和国际竞争力的提升提供了坚强的政治保障。

第二，迈好构建双循环经济发展新格局的第一步，关键是坚持党的领导。党的领导是确保经济发展方向正确、策略得当和决策科学的重要保障。在全球经济格局发生深刻变革的背景下，构建双循环经济发展新格局旨在更好地适应国内外发展的新变化，更好地发挥国内市场的主导作用，同时充分利用国际市场资源。党的领导能确保我国这一新格局的构建始终沿着正确的方向前进，避免偏离发展的主轨。同时，党的领导也是确保各级政府、企业和社会各界紧密合作、形成合力、共同推进双循环经济发展的关键。在实践中，党的领导还能确保在构建新格局的过程中，及时识别和应对各种风险和挑战，确保经济发展的稳定性和持续性。坚持党的领导，不仅是构建双循环经济发展新格局的政治保障，更是确保这一新格局能够真正发挥其预期效果，推动我国经济高质量发展的关键所在。

第三，加强和坚持党对构建双循环经济发展新格局的领导，要延伸发展的广度、挖掘发展的深度，更好地促进双循环。在新的发展阶段，党中央准确把握时代脉搏，审时度势地提出构建新发展格局，这体现了党的前瞻性思维和战略决策能力。这种领导优势不仅为我国经济发展指明了方向，而且为我国在面临外部挑战和困境时注入了强大的信心和动力。新发展格局的提出，旨在更好地促进双循环，确保国内外市场的良性互动，这需要深度挖掘国内市场的潜力，同时扩大对外开放，吸引更多的国际资源和技术。在党的坚强领导下，各级政府和企业能够高效地协同合作，确保政策的落地和执行，从而实现有效双循环。更为关键的是，党的领导不仅为经济发展指明了方向，还为其注入了强大的生命力，在党的决策部署下，全国上下能够形成合力，共同应对各种风险和挑战，确保经济发展的稳定性和持续性。

第四，坚持党的全面领导，基础在全面，即要确保党的领导在构建新发展格局各领域、各方面全覆盖。在空间范畴，党全面领导政治、经济、社会、文化、生态文明、党的建设等各个领域，党通过对各个领域的全面领导,既总揽全局,保证党的领导的方向性和原则性,又协调各方,充分调动各方面的积极性、主动性和创造性。构建新发展格局的关键在于实现以国内大循环为主体、国内国际双循环相互促进,实现国内大循环涉及生产、分配、流通、消费各个环节,涉及各个地方、各个部门、许多市场主体的利益调整和动能重塑,在很大程度上是发展格局的再造。保证构建新发展格局的方向、重点和节奏,有力、有序推进国内大循环,健全完善国内大市场,必然要坚持全国一盘棋的思想和部署,必然要坚持党对构建新发展格局的全面领导。坚持和加强党的全面领导是具体的,不是空洞的。党在构建新发展格局中的政治领导、思想领导、组织领导必须有机统一、协同推进,并贯彻落实到构建新发展格局的全过程,通过各地方、各领域、各方面协同发力,形成构建新发展格局的整体效应,确保党的领导更加坚强有力。

第五,坚持党的全面领导,要加快完善党领导构建新发展格局的制度体系。党的领导是最大的制度优势。坚持和加强党的全面领导,维护党中央权威和集中统一领导,既要靠党员干部的政治忠诚,更要靠完善有效的领导制度体系保障。加强党对构建新发展格局的全面领导,就要把党的全面领导落实到构建新发展格局的全过程和各领域、各方面、各环节,推动党对构建新发展格局的领导制度在职能配置上更加科学合理、在体制机制上更加完善、在运行管理上更加高效。从领导体制机制上保证党在领导构建新发展格局中把方向、谋大局、定政策、促改革,坚持和完善党中央关于构建新发展格局重大决策部署贯彻落实的具体制度,为实现我国经济的高质量发展提供根本保证。加强党委领导经济社会发展工作的制度化建设,完善党委研究构建新发展格局、定期分析经济形势、研究重大方针政策的工作机制,推动党领导构建新发展格局的制度化、规范化、程序化。中共地方党委要加强对本地区构建新发展格局工作的领导,强化重大事项的决策权、监督权,确保党中央决策部署落到实处。

二、坚持人民至上

推动经济社会发展,人民群众是主力军。人民群众是社会物质财富的创造者,也是精神财富的创造者,是社会变革的决定性力量。党的宗旨就是全心全意为人民服务,人民至上是中国共产党一切工作的出发点和落脚点。

改革开放以来,我国经济取得了巨大的成就,但也面临新的挑战。在全球经济体系中,我国一直处于全球价值链的中低端,经济增长对外依赖程度较高。逆全球化思潮的涌起使我国产业链、供应链的安全地位受到挑战,很多企业面临困境。另外,人们消费意愿趋于保守,消费水平下降,线下实体消费不振。构建循环经济发展新格局,要始终坚持以人民为中心的发展思想,这意味着要始终将满足人民对美好生活的期待放在首位,努力提高居民的收入水平,刺激消费。同时,要持续优化我国的产业结构,推进产业的转型升级,增加社会财富。新型城镇化的发展,城乡区域的协调,以及缩小地区间的贫富差距,都是为了实现共同富裕,走向高质量的发展。这些都是为了更好地服务人民,实现人民至上的发展目标。

三、坚持系统观念

构建双循环经济发展新格局,是一个涉及多方面、多层次的复杂工程。在这一工程中,系统观念起到了关键的作用,它不仅仅是一个理论指导,更是一个实践的指南。通过系统观念,人们可以更好地理解和把握新发展格局的内涵和要求,从而更好地进行实践操作。同时,系统观念也为双循环经济发展新格局的建设提供了有力的支撑,使这一格局能够更加稳固和持久。因此,坚持系统观念,是双循环经济发展新格局建设的必由之路。

（一）坚持大局观与协调意识

新发展格局的提出，是基于对国际和国内两个大局的深入理解和统筹考虑，这不仅仅是一个经济策略，更是一个涉及全局的系统性变革。在这一变革中，大局观和协调意识显得尤为关键，每一个部分，无论是国家、地区、企业还是个人，都是这一大系统中的一个组成部分。这些部分之间存在着错综复杂的联系和交互，只有当它们之间的关系得到恰当的协调，系统才能达到最佳的运行状态，从而实现整体效应的最大化。同时，这一系统并不是封闭的，它与外部的其他系统也存在着频繁的交互，这种交互使系统能够不断地优化和升级，从而实现从低级到高级、从简单到复杂的转变。因此，构建双循环经济发展新格局，就是要在这种大局意识和协调发展的基础上稳步前进。

（二）从系统出发谋划顶层设计

为了更好地构建双循环经济发展新格局，必须从系统的角度出发，进行顶层设计。这意味着格局构建者要对整个系统进行全面的审视，找出其中的短板和瓶颈，然后采取针对性的措施，进行改革和优化。近年来，我国已经出台了一系列的法律法规和改革举措，如实施《中华人民共和国外商投资法》、完善市场化资源要素配置等，这些都是基于系统观念的顶层设计。这种设计不仅仅是对单一问题的解决，更是对整个系统的优化和提升，只有这样，才能确保双循环经济发展新格局的建设能够顺利进行，为国家的高质量发展创造更多的机遇。

四、坚持新发展理念

（一）新发展理念的内涵

发展是解决我国一切问题的基础和关键。在实现"两个一百年"奋斗目标的历史交汇期、关键期，能不能继续把经济建设搞上去，并以经济建设为牵引，带动各领域发展进步，是决定中华民族伟大复兴的伟大梦想能否成真的关键所在。为了破解发展难题、厚植发展优势，在2015年召开的中国共产党第十八届中央委员会第五次全体会议上，党中央明确提出了"创新、协调、绿色、开放、共享"的新发展理念，并以崇尚创新、注重协调、倡导绿色、厚植开放、推进共享为指导方针进行了一系列政策部署，为新时代中国特色社会主义事业指明了发展方向。

新发展理念是新常态背景下中国由大变强之道。理念是行动的先导，一定的发展实践都是由一定的发展理念来引领的。党的十八大以来，我国发展面对新的风险和挑战，各种矛盾和问题比较多地显现出来。新时代要实现什么样的发展、怎样实现发展，这一重大问题成为必须创造性回答的时代课题。新发展理念是中国特色社会主义政治经济学的开创性成果，不仅是创新中国特色社会主义经济发展理论的思想之魂，也是指引中国经济开创新局面的理论之魂。

新发展理念抓住发展着力点，贯穿鲜明的问题导向，直指我国发展中的突出矛盾和问题。创新发展注重解决发展动力问题，在国际发展竞争日趋激烈和国内发展动力转换的形势下，只有把发展的基点放在创新上，形成促进创新的体制架构，才能实现更多依靠创新驱动、更多发挥先发优势的引领型发展。协调发展注重解决发展不平衡问题，只有坚持区域协同、城乡一体、物质文明与精神文明并重、经济建设与国防建设融合，才能在协调发展中拓宽发展空间，在加强薄弱领域中增强发展后劲。绿色发展注重解决发展中人与自然的和谐问题，只有坚持绿色富国、绿色惠民，为人民提供更多优质的生态产品，推动形成绿色的发展方式和生活方式，才能协同推进国家富强、人民富裕。开放发展注重解决内外联动问题，只有丰富对外开放内涵，提高对外开放水平，协同推进战略互信、经贸合作、人文交流，才能开创对外开放新局面，形成深度整合的互利合作格局。共享发展注重解决社会公平正义问题，只有让

第二章 双循环经济发展新格局的构建思路

广大人民群众共享改革发展成果，才能真正体现社会主义的制度优越性。新发展理念既抓住了制约发展的症结，又开出了解决问题的良方。因此，我国只有以新发展理念为先导，把创新、协调、绿色、开放、共享要解决的问题作为发展的着力点，破解发展难题、补上发展短板、增强发展动力、厚植发展优势，才能推动经济社会发展向更高境界、更深层次迈进。

当前，我国进入新发展阶段，面临的发展环境和条件都有新的变化。新发展理念是一个整体，必须完整、准确、全面理解和贯彻，着力服务和融入新发展格局。完整、准确、全面理解和贯彻新发展理念，需要从以下四个方面着手：一是要坚持从整体上理解和贯彻新发展理念，人们对于创新发展、协调发展、绿色发展、开放发展、共享发展，在工作中都要予以关注，使之协同发力、形成合力；二是要坚持从根本宗旨上理解和贯彻新发展理念，必须坚持以人民为中心的发展思想，坚持人民的主体地位，做到发展为了人民、发展依靠人民、发展成果由人民共享；三是要坚持从大局上理解和贯彻新发展理念，必须坚持正确的历史观、大局观、发展观，更好统筹中华民族伟大复兴战略全局和世界百年未有之大变局；四是要坚持从政治上理解和贯彻新发展理念，必须从政治高度做好经济社会发展工作，领导者要善于用政治眼光观察和分析经济社会问题。

新发展理念是一个系统的理论体系，回答了关于发展的目的、动力、方式、路径等一系列理论和实践问题，阐明了党关于发展的政治立场、价值导向、发展模式、发展道路等重大政治问题。新发展理念体现了党对社会主义本质要求和发展方向的科学把握，标志着党对经济社会发展规律的认识达到了新的高度，是我国经济社会发展必须长期坚持的重要理念。

(二）构建双循环经济发展新格局需要全面贯彻新发展理念

新阶段面对新的发展目标、新的发展主题、新的发展环境与新的发展挑战，全面贯彻新发展理念需要更加具备针对性，更加凸显重难点，更加贴合实践、反映实际，这对新发展理念的发展与实践提出了新的要求、新的挑战与新的规定。创新、协调、绿色、开放、共享的新发展理念能够引领构建新发展格局，构建新发展格局也能够推动实现新发展理念的创新、协调、绿色、开放、共享发展。

1. 坚持创新发展，激发构建双循环经济发展新格局的强大动力

创新是经济增长的核心驱动力。从党的十八大提出创新驱动发展战略，到十九大提出创新是引领发展的第一动力，再到十九届五中全会强调加快建设科技强国，这一系列的战略部署和决策，都充分体现了党对创新发展的坚定决心和高度重视。

在经济全球化的背景下，各国之间的竞争日益激烈。传统的发展模式，如依赖资源消耗和廉价劳动力模式已经难以为继。这些模式不仅环境成本高，而且在全球价值链中的价值附加能力有限。因此，为了在全球竞争中获得优势，国家必须寻找新的发展路径。创新发展就提供了这样一个路径，它不仅可以帮助国家在全球价值链中提升位置，还可以帮助国家应对各种经济挑战，如资源短缺、环境污染和技术进步带来的行业变革。通过创新，国家可以开发新的技术、产品和服务，满足消费者的需求，创造新的市场和就业机会。更重要的是，创新发展可以帮助国家实现可持续发展。在面对全球气候变化和环境问题的挑战时，创新发展为国家提供了一种既能实现经济增长，又能保护环境的方式。通过创新，国家可以开发清洁技术，减少碳排放，保护生态系统，确保人民的健康和福祉。

实现创新发展需要国家制定明确的策略和政策，这些策略和政策应该鼓励企业、研究机构和个人进行创新，为创新提供必要的资源和支

持。一个关键的策略是投资研发领域。研发是创新的基础，可以帮助国家开发新的技术、产品和服务。为了鼓励研发，国家可以提供税收优惠、资金支持和其他激励措施。同时，国家还应该建立健全知识产权制度，保护创新者的权益，鼓励他们进行创新。除了投资研发领域，国家还可以培养创新文化，这意味着鼓励企业和个人承担风险，尝试新的事物，不怕失败。为了培养这种文化，国家可以提供培训和教育，帮助人们提高创新能力和创业精神。国家还应该建立一个开放的创新生态系统，这意味着鼓励跨行业、跨领域和跨国界的合作，分享知识和资源。通过这种合作，国家可以吸引全球的创新资源，加速技术转移，提高创新效率。

2. 坚持协调发展，解决构建双循环经济发展新格局的内部平衡问题

发展不平衡不充分方面的问题已经成为经济协调可持续发展的核心挑战，经济社会发展的根本前提和基础、社会主义市场经济的独特优势正是协调。在任何社会形态中，为了确保社会再生产的迅速发展，社会劳动的按比例分配是至关重要的。这样，生产、流通、分配的各个方面才能有序运行。与为了获取最大的剩余价值而经常发生经济震荡和危机的资本主义社会不同，社会主义制度下的公众之间不存在任何利益争执或冲突。这是因为所有劳动者都有高度统一的生产目的，能够协作成为各种劳动关系的主旋律。

然而，由于多种原因，我国现今仍然存在明显的发展不充分和不平衡的问题。从国内经济的高质量发展和持续推进的改革两个层面来看，构建新的发展格局是迫在眉睫的，而且，越早形成这种格局越好。释放创新活力是构建新发展格局的基础和核心，只有基于问题发现自身的不足，寻找有效的应对策略，才能促进内需体系的构建和完善，实现经济的协调统一和快速发展。因此，要素市场化改革已经成为紧迫的任务。必须以扩大内需为基点，深挖我国庞大的内需市场潜力，构建新型的

消费体系，推动数字化转型以满足国内的消费需求；要持续创新政策体系，稳定投资积极性，释放消费潜力，促进城镇化和城市化的发展，提高公共服务的质量，从而在这个基础上构建以国内大循环为主体、国内国际双循环相互促进的新发展格局。

3. 坚持绿色发展，增强构建双循环经济发展新格局的可持续动力

人与自然的和谐相处和同步发展是低碳和绿色发展的核心主题，任何对这两方面的偏离或过度关注都与自然规律相悖。人与自然协调发展的首要要素和根本需求在于绿色发展，这也是社会主义基本经济规律在"天人关系"方面的延伸和深化。绿色发展的核心意义在于利用高度发达的生态文明建设成果来推动思想、政治、经济和社会等各领域的综合发展。换句话说，经济社会的可持续发展和公众对美好生活的期望必须同步进行。在双循环体系的构建中，社会关系的协调成为必要的支撑，不仅要确保社会经济的顺畅循环，还要重视经济与生态环境之间的关系。处理好人与自然之间的取与还、补偿与使用关系，确保两者之间的合理循环，这是环境和经济可持续、稳定、快速、协调发展的基本需求和现实保障。

为了推动可持续发展，必须坚持系统的观点，培育新的发展理念，构建新的发展格局，这意味着要处理好短期与中长期、局部与整体、减排与发展之间的关系。基于低碳绿色能源的发展和经济社会的创新发展，需要改变经济发展模式，如逐步实现基于科技进步的集约式经济，取代数量型的粗放型经济；建立环保型、节约型的生活和工作模式，持续走上低碳、高质量的发展之路。在这个基础上，实现经济结构的调整和改善是必要的，这为提高经济发展的质量和水平奠定了基础，并推动了产业的升级。

4. 坚持开放发展，促进构建双循环经济发展新格局的内外联动

在全球经济一体化的大背景下，开放发展已经成为各国经济增长的重要推动力。构建双循环经济发展新格局，更是需要坚持开放发展，实

现内外联动，以适应国际经济的变化和国内经济的需求。

开放发展不仅是经济增长的动力，更是经济发展的方向。在全球经济一体化的今天，任何封闭的经济体系都难以实现持续、健康的增长。坚持开放发展，可以吸引外部资本、技术和人才，为国内经济注入新的活力；开放发展也有助于国内企业走出去，进入国际市场，获取更多的市场份额和利润。双循环经济发展新格局的核心是内外联动，即内部循环和外部循环相互促进、相互支持，开放发展正是实现这一目标的关键。通过开放发展，可以引入外部的技术、资本和市场，促进国内经济的快速增长。同时，国内经济的增长也会带动外部经济的增长，形成良性的互动关系。

构建新发展格局的一个决定性、基础性、前置性环节在于培育新的发展理念。我国只有打造高质量的开放体系，双循环机制才能真正建立起来。为此，必须优化外部环境，与其他国家建立稳定、互利的经贸关系，为国内企业创造一个公平、公正、透明的国际市场环境；鼓励国内企业走出去，参与国际经济合作，获取更多的市场和资源；改革国内的经济体制，建立一个开放、灵活、高效的市场体系，为外部资本、技术和市场提供一个良好的落脚点；加强与其他国家和地区的经贸、文化、教育等领域的交流与合作，促进相互了解，增强互信，为开放发展创造一个良好的外部环境；加强国际化人才的培养，为开放发展提供有力的人才支持，确保开放发展持续、健康进行。

5. 坚持共享发展，实现构建双循环经济发展新格局的价值归旨

在经济全球化的大背景下，共享发展已经成为各国追求的目标。构建双循环经济发展新格局，更需要坚持共享发展，确保经济增长的果实惠及每一个人，实现全社会的共同富裕。

共享发展不仅是经济发展的目标，更是经济发展的基础。在全球经济一体化的今天，只有确保每一个人都能从经济增长中受益，才能实现经济的持续、健康增长。共享发展可以确保社会的稳定，减少社会的矛

盾，为经济发展创造一个和谐、稳定的社会环境。双循环经济发展新格局的核心是内外联动，即内部循环和外部循环相互促进、相互支持，共享发展正是实现这一目标的关键。共享发展可以确保国内的资源得到合理的配置，国内的需求得到满足，从而促进内部循环的健康运行。同时，共享发展也可以吸引外部的资本、技术和市场，促进外部循环的快速增长，形成内外联动的良性循环。坚持共享发展，需要从以下几个方面入手：

一是优化资源配置。在一个巨大的经济体系中，资源的配置方式能够直接影响到每个人的生活和工作，为了确保每个人都能从经济增长中受益，资源必须在各个领域和各个层次之间得到合理的配置。这不仅包括物质资源，如资金、土地和技术，还包括非物质资源，如人才、信息和知识。合理的资源配置可以提高生产效率，促进技术创新，增加就业机会，提高人民的生活水平。但要实现这一目标，单靠市场力量是不够的，还需要政府的介入和指导。这就需要改革经济体制，打破旧有的权利和利益格局，建立一个公平、公正、透明的市场机制，这样的市场机制可以确保资源得到高效利用，避免资源浪费，减少不公平和不公正现象，为共享发展提供制度保障。只有在这样的制度环境下，共享发展的目标才能真正实现，每个人才能享受到经济增长的红利。

二是加强社会保障。一个完善的社会保障体系可以确保每个人在面对生病、失业、老龄化等生活风险时都能得到必要的支持和帮助，这不仅是对个人的关怀，更是对社会稳定与和谐的维护。当每个人都能享有基本的生活保障时，社会的矛盾和冲突就会大大减少。这是因为社会保障可以缓解贫富差距，减少因经济困境导致的社会不满，为共享发展提供一个稳定的基础。此外，社会保障还可以激励人们更加积极地参与社会生产和创新，因为他们知道，无论未来发生什么，都有一个安全网在为他们提供保障。因此，建立完善的社会保障体系不仅是政府的责任，也是实现共享发展、构建和谐社会的必要条件。

第二章　双循环经济发展新格局的构建思路

三是促进收入分配公平。在经济高速发展的同时，高收入群体的扩大和财富的积累可能会导致社会的两极分化，这不仅会引发社会矛盾，还可能会影响社会的稳定与和谐。为此，对于非法收入，如贪污、受贿、逃税等，需要采取严格的措施进行规范、约束和打击，确保收入来源的合法性和公正性。同时，对于合法的高收入所得，可以通过对税收制度的设计进行调节，如提高高收入者的所得税税率、设立遗产税和赠与税等，从而实现收入的再分配，减少贫富差距。此外，资本性收益，如股票、房地产和金融投资等，往往是高收入群体财富增长的主要来源，因此需要强化资本性收益的管控，确保其合理、公正、透明。只有这样，才能确保社会资源的公平合理分配，为共享发展打下坚实的基础。

四是促进区域协调发展。在一个国家内部，由于历史、地理、文化和政策等多种因素，各个地区的发展速度和水平往往存在显著差异，这种差异可能导致资源过度集中在某些地区，而其他地区则面临发展滞后的问题。为了确保各个地区都能从经济增长中受益，政府需要采取一系列政策和措施，如加大对欠发达地区的投资、为其提供税收优惠，推动技术和知识转移等，这样可以帮助那些发展滞后的地区迎头赶上，实现更快的增长。同时，减少地区之间的发展差距也有助于减少社会矛盾，增强国家的凝聚力。当各个地区都能实现均衡、协调的发展时，整个国家的经济和社会都将更加稳定和繁荣。

第二节　"内外兼修"构建经济发展新格局

"内外兼修"是构建经济发展新格局的关键策略。在全球经济环境中，单纯依赖内部或外部市场都存在风险。内外兼修意味着在保障国内市场稳定的基础上，积极参与国际经济合作，形成一个均衡、开放和包容的经济体系。本节将详细探讨如何"内外兼修",构建经济发展新格局。

一、以国内大循环为主体

在人类历史上,没有一个民族、一个国家可以通过依靠外部力量、跟在他人身后亦步亦趋实现强大和振兴。国内大循环作为新的发展主体,对于我国当前的经济发展具有重要的战略意义。在全球经济形势复杂多变的背景下,国内市场的稳定性和巨大潜力成为发展的关键。将国内市场作为发展的根本立足点和出发点,不仅有助于稳定经济增长,还能够为国家提供更多的政策空间和自主权。在一个较为不平稳的国际环境中,依赖外部市场的风险显然增加,而国内大循环的主体作用则能够为我国提供一个相对稳定的发展环境,使国家在面对外部冲击时能够更好地把握主动权,确保经济的稳定增长。另外,我国在经济发展中已经积累了丰富的经验和资源,这为国内大循环提供了有利的条件。随着经济的持续增长,国内市场的规模和深度都得到了显著提高,这为国内大循环提供了巨大的潜力和空间。同时,我国的基础设施、技术创新和人才储备都已经达到了一个相对高的水平,这为国内大循环提供了强大的支撑。因此,以国内大循环为主体不仅是遵循大国经济发展内在规律的选择,更是基于当前的经济基础和发展条件,为实现长期、稳定、高质量的经济增长的现实选择。以国内大循环为主体包含以下四大要点,如图2-2所示:

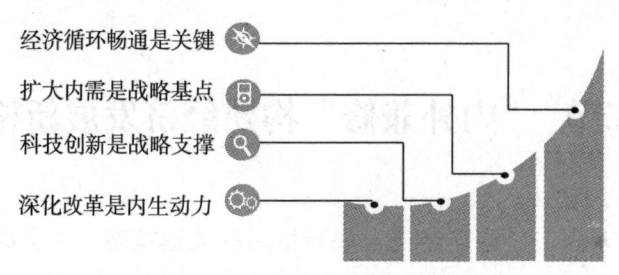

- 经济循环畅通是关键
- 扩大内需是战略基点
- 科技创新是战略支撑
- 深化改革是内生动力

图2-2 以国内大循环为主体的要点

第二章　双循环经济发展新格局的构建思路

（一）经济循环畅通是关键

以国内大循环为主体的新发展格局中，经济循环畅通显得尤为关键，这主要包括国民经济活动的循环和国内地域空间范围的循环两个方面。

从国民经济活动的循环的角度看，这意味着生产、分配、流通和消费四个环节的无缝对接和协同发展。生产环节作为整个过程的起点，位于经济的供给端，它在一定程度上决定了国民经济的运行方向，具有引领整体经济发展的功能。分配环节则是连接生产与消费的枢纽，它涉及社会资源的分配，决定了资源应如何在社会中分配和使用，从而影响到经济活动的效率和公平性。流通环节则是各个环节之间的纽带，它不仅包括传统的交通、商贸和物流，还涉及现代经济中的信息流和资金流，这些都是确保经济活动高效运行的关键。消费环节作为经济循环的终点和新的起点，它反映了人们的需求和欲望，是所有生产活动的最终目标。任何一个环节的中断或停滞都可能导致整个经济循环的失衡，因此，确保各个环节的畅通和协同是实现社会经济循环畅通的前提，也是保证生产活动有序进行、满足人民需求和推动经济持续增长的基础。

从国内地域空间范围的循环的角度看，新发展格局是针对我国的整体发展战略而设定的，它强调国家地域空间范围内的生产分工、合作、流通和市场循环。鉴于我国庞大的人口和多样的民族构成，各民族地区在资源禀赋和发展条件上都有其独特性。为了构建一个基于国内统一大市场的双循环新格局，各地区的参与变得至关重要。这意味着各地区需要利用其独特的比较优势，积极地融入经济的分工与合作，参与社会的再生产活动。这样的参与不仅能够增强经济发展的内生动力，还能提升内部市场的规模和质量，确保国内大市场的循环畅通。刘鹤指出：要健全区域战略统筹、市场一体化发展等机制，优化区域分工，深化区域合作，更好促进发达地区和欠发达地区、东中西部和东北地区共同发展。[①]
随着社会分工日益精细化和专业化，国内城乡循环和区域协调等地域空间范围的循环变得更为关键，已经成为经济循环体系中一个不可或缺的部分。为了实现经济循环的畅通，必须着眼于共同发展，进一步完善国内统一大市场。这意味着要构建一个城乡之间、各区域之间都能实现优势互补、协同发展的新格局，只有这样，才能确保经济活动在各个层面都能高效、顺畅地进行，推动国家整体经济的持续健康发展。

（二）扩大内需是战略基点

内需对于大国经济来说是根本，它为经济发展提供了持续、关键且稳定的推动力。为了畅通国内经济循环，必须加大对国内需求的培育和扩大力度，这不仅意味着要增加需求的规模，更要提高需求的质量和水平。持续的、高质量的、高水平的国内需求不仅能够为经济发展提供稳定的支撑，还能成为推动我国经济高质量发展的关键因素，它就像是为经济发展提供稳定的"压舱石"和增加动力的"助力器"。

1. 以扩大消费需求为主导

近年来，我国的消费市场呈现出持续增长的态势，消费支出不断上升，对经济增长的贡献也维持在一个较高的水平。这种增长得益于我国庞大的人口基数，为消费市场提供了较大的规模。这种规模优势，结合我国消费市场的持续壮大，使我国在全球范围内成为一个既有规模又具备巨大潜力的消费大市场。以国内大循环为主体，意味着要在"量"和"质"两方面系统推进国内消费需求的提升，实现消费结构转型升级。在"量"的方面，要激活消费潜力，提升人们的消费能力；在"质"的方面，要更注重优化消费结构，系统提升内部层次，形成高品质消费新

[①] 刘鹤：《加快构建以国内大循环为主体、国内国际双循环相互促进的新发展格局》，《人民日报》2020年11月25日第6版。

第二章　双循环经济发展新格局的构建思路

模式。国内大循环的核心是构建一个更加稳健、均衡的经济体系,其中,消费作为经济增长的主要动力,其重要性不言而喻。激活消费潜力不仅仅是要提高人们的购买力,更是要通过政策调整、市场创新和技术进步等手段,使消费更加多元化、个性化。同时,提升人们的消费能力也与提高人们的生活水平、增加收入和改善社会福利制度等多方面因素紧密相关。优化消费结构意味着要更加注重消费的内部质量和层次,不仅仅是要追求物质消费的增长,更是要追求消费的健康和可持续性。高品质消费新模式的形成,将使消费者更加注重产品和服务的质量、创新性和附加值,这也将为企业带来更多的市场机会和竞争优势。

2. 要兼顾提振投资需求

投资需求代表生产性需求,它在国内需求中占据了不可或缺的位置,同时也成为促进就业、激发创新和实现扩大再生产的关键手段。进入新的发展阶段,满足生产性需求和优化投资结构成为核心任务,这意味着要更加关注投资的质量和效益,确保每一分钱都能产生最大的经济效益和社会效益。创新在此过程中起到了至关重要的作用,它不仅可以为投资开辟新的领域和方向,还可以在供给侧带来深刻的变革,使投资更加高效、绿色和智能。国内市场循环的畅通是投资的目的和方向,为了实现这一目标,不仅要加强对于传统基础设施的投资,还要更加关注那些能够推动产业高质量发展的领域。新型基础设施建设,如数字化、智能化和绿色化的基础设施,将为经济发展提供强大的支撑。这些新型的基础设施不仅可以提高生产效率,还可以为消费者提供更好的服务和体验。同时,公共设施建设也不容忽视。医疗卫生、教育、养老等社会事业不仅可以满足人民日益增长的美好生活的需要,还可以为经济发展提供稳定的内需支撑。这些领域的投资不仅有助于提高人民的生活质量,还可以为社会稳定与和谐发展创造有利条件。

（三）科技创新是战略支撑

历史和实践都证明，创新如同发展的"生命之泉"，正如源头决定河流的走向，创新也决定了一个国家和民族发展的方向和速度。在我国追求第一个百年奋斗目标的过程中，创新起到了不可替代的作用，为我国取得了一系列重大突破和成就；而在迈向下一个百年奋斗目标的征程上，创新的地位和作用将更加明显，它将如同指南针，为中国的发展指明方向，助力其在全球舞台上勇往直前。

我国以国内大循环为核心，追求更高层次的自主自强，意味着要坚持创新驱动。自主创新是关键，它能够解决那些长期制约国家科技进步的难题，努力实现在关键技术领域的重大突破。同时，为了确保这些技术突破能够真正转化为实际生产力，我国还需要加速对于科技成果的转化应用，确保创新与产业深度结合，提高产业的技术含量，使之与先进技术紧密对接并实现高效整合。在新发展格局中，技术成为推动发展的核心力量，而自主创新则是这一力量的基石。

以科技创新作为战略支撑，可以从基础研究和关键核心技术两大领域进行。基础研究被誉为创新的源头，它需要人们深入探索未知领域，挖掘新的科学原理和技术方法，这是提高国家创新能力的关键，也是我国实现科技领域高度自主、自强的基石。只有在基础研究领域持续投入，才能在全球科技竞争中取得领先地位，确保在关键技术和领域中具有话语权和决策权。在关键核心技术领域，策略应当是多元化的，这不仅仅是关于技术的竞争，更是关于我国未来发展方向和战略布局的选择。在已经具有优势的技术领域，我国应当进一步深化研究，确保持续领先，这就是所谓的"拉长板"；对于那些长期制约发展、被外部势力所控制的"卡脖子"技术，我国更应当采取措施，加大研发力度，实现技术突破，即"补短板"。面对全球科技的新趋势和新方向，如人工智能、量子计算、生物技术等，国家应当积极布局，抢先一步，确保在这些新兴技术领域站在创新的前沿，这就是"布新板"。

科技创新不仅仅是关于技术的进步，更是关于未来的选择和决策。只有确保在基础研究和关键技术领域都具有强大的实力和深度，我国才能真正实现科技自立自强，为国家的内循环经济提供有力的技术支撑和保障。

（四）深化改革是内生动力

改革作为历史进程中的永恒主题，始终是推动社会进步和发展的核心动力。每一个时代都有其特定的背景和环境，但改革的意义和价值始终如一，那就是为了更好地适应时代的变化，满足人们日益增长的需求，解决新的问题和挑战。在新时代构建新发展格局的过程中，深化改革的重要性更加凸显，因为只有通过改革，才能真正解决那些结构性、体制性的矛盾，才能确保国民经济的健康循环和持续发展。当前，国家发展面临的挑战是多方面的，其中，最为关键的是如何解决那些长期存在、影响发展的结构性和体制性问题。这些问题不仅仅是经济领域的，还涉及政治、文化、社会等多个方面，而解决这些问题，单纯依靠经济手段和政策调整是远远不够的，更需要深化改革，从根本上解决问题。这就要求改革不仅仅是一种策略和手段，更是一种思维和方法，只有坚持问题导向，用改革的思维和方法来看待和处理问题，才能确保发展工作持续向前迈进。同时，身处两个大局，机遇和挑战并存，为了应对这些挑战并充分利用机遇，我国必须进行系统的规划和策略部署。关键是要精准地识别和打破那些核心问题和瓶颈，进一步推进关键领域的改革，这样的改革不仅能够激发更大的发展潜力，还能够增强经济的自主性和韧性，确保经济持续、稳定地发展。

自改革开放以来，中国已经走过40余年的历程。在这段时间里，国家始终坚定地致力突破机制和体制的束缚，努力解放和发展生产力，从而实现了各个领域的飞速发展。正是因为采取了改革的策略，国家的内生发展动力得到了充分的激发和持续的增强，同时也推动了人民生活水平的稳步提高。

进入新的发展阶段，为了适应新的发展需求，我国必须进一步深化改革，确保在制度、创新、要素和结构上都能找到经济增长的持续动力。这意味着，我国不仅要加强科技创新机制和对于要素市场的改革，还要对政府职能进行调整和优化。供给侧结构性改革也是关键，政府部门需要综合考虑各种策略，确保能够调动更多的劳动力，激发广大人民的创造潜能，使改革成为推动社会发展的核心动力。

二、以高水平对外开放为支撑

新发展格局并不是封闭的国内循环，而是强调国内与国际双循环的有机结合，旨在满足国家的发展需求，并为全球带来福祉。这一格局并未忽视对外开放的价值，也没有削弱国际循环的重要性。强调国内循环的主体地位并不代表要与世界脱钩，相反，它是为了使我国在新的发展时期达到更高水平的对外开放，确保在经济全球化的大背景下，国家能够更好地融入世界，与各国共同发展、共享繁荣。

（一）推动更高水平对外开放的重要意义

推动更高水平的对外开放，是我国构建新发展格局的内在要求。构建高效贯通、双循环相互促进的新发展格局，是我国进入新发展阶段，党中央审时度势、综合谋划做出的重大决策，其历史使命是提高发展质量、服务支撑现代化强国建设，其重要任务是有效应对百年未有之大变局、趋利避害抢抓机遇，其根本要求是综合利用两个市场两种资源、着力增强国际合作竞争新优势，其环境保障是稳定安全、开放合作的世界经济体系，这些都离不开更高水平的对外开放。

第二章 双循环经济发展新格局的构建思路

1. 推动更高水平的对外开放，是全面建成社会主义现代化强国的必由之路

在经济全球化深入发展的大背景下，与世界各国深化交往与合作，共享发展机遇与资源，成为现代国家发展的主旋律。高水平的对外开放不仅可以引入外部先进技术与管理经验，促进国内产业升级和创新，还能吸引外资，为国内市场注入新的活力。而在经济全球化的进程中，国际贸易与投资的自由流动，也使国家更能够参与到全球价值链中，获取更多的利益。此外，更高水平的对外开放也有助于提升国家的国际话语权，树立国家形象，塑造国家的软实力。开放是一个双向的过程，它不仅能使中国受益于外部资源和市场，还能使外部国家和市场受益于中国的发展和机遇。因此，为了全面建成社会主义现代化强国，我国必须坚定不移地推动更高水平的对外开放，与世界各国携手合作，共同推进经济全球化进程，实现共同繁荣与发展。

2. 推动更高水平的对外开放，是主动应对百年未有之大变局的战略举措

在百年大变局下，国际政治与经济格局发生了深刻变革，新兴经济体崛起，科技革命与产业变革蓬勃发展，而传统的国际秩序和规则受到挑战。在此背景下，我国推动更高水平的对外开放不仅是为了寻求外部发展机遇，更是为了加强与各国的互利合作，共同应对未来的不确定性和挑战。通过扩大对外开放，我国可以积极参与全球经济治理体系的重构，发挥自身优势，与其他国家共同塑造一个公正、合理、高效的国际经济秩序。面对科技和产业的快速演变，高水平的对外开放有助于我国引入国外的先进技术和创新理念，提高自身的技术研发和产业转型能力，保持在全球竞争中的优势地位。此外，更高水平的对外开放也可以增强国家在国际事务中的话语权和影响力，塑造更加有利于自身发展的外部环境。面对百年未有之大变局的挑战和机遇，更高水平的对外开放是国家战略上的明智选择，它将有助于国家在全球变革的大潮中稳定前

行,实现长远的繁荣与发展。

3. 推动更高水平的对外开放,将为打造国际合作和竞争新优势提供强大动力

在日益一体化的世界经济中,各国间的互联互通和互补性日益显现,而更高水平的对外开放能够为国家在全球舞台上构建新的合作框架和竞争策略。高度开放的市场将吸引更多的外国投资,引入先进的技术和管理经验,从而增强国家产业的国际竞争力。与此同时,更高水平的对外开放也可以为本国企业走出去创造更加友好的外部环境,助力它们在海外市场占据有利地位。更高的开放水平意味着更大的国际合作空间,在多边合作框架下,我国可以与其他国家共同制定和完善国际规则,推动多边贸易和投资协定的谈判与实施。此外,高度的对外开放还有助于国家加强与其他国家在科技、教育、文化等领域的交流与合作,从而共同推动全球知识创新和文化繁荣。竞争在开放中也得到了重新定义,我国不仅要与其他国家竞争,更要与自己竞争,持续提升自身的开放水平和改革深度。通过高水平的开放,我国可以借鉴国际最佳实践,完善自身的政策体系和市场环境,从而在全球竞争中占据有利位置。

(二)更高水平对外开放的具体体现

更高水平的对外开放主要体现在以下三个方面,如图2-3所示:

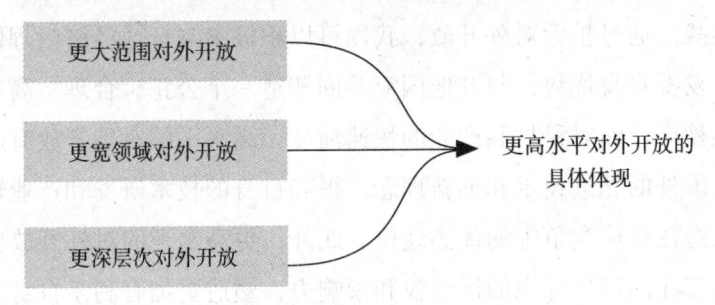

图2-3 更高水平对外开放的具体体现

第二章 双循环经济发展新格局的构建思路

1. 更大范围对外开放

更大范围对外开放意味着布局与领域的拓展：既要对开放布局进行优化，拓展开放区域范围，扩大开放空间，形成全方位开放新格局，又要拓展多元化外部市场。简单来说，更大范围对外开放就是要解决在哪开放、对谁开放的问题，既包含扩大内部空间范围，又包含扩大外部开放范围。

从内部空间格局来看，我国自改革开放以来，沿着"点—线—面"的开放轨迹，从东部沿海地区开始，逐渐向内陆扩展。这种开放策略虽然在一定程度上推动了沿海地区的快速发展，但也导致了地区间发展不平衡问题的出现，尤其是东部与中西部、沿海与内陆之间的开放水平和经济发展存在显著差异。为了实现更大范围的对外开放，我国政府必须重视这种不平衡，特别是要加强那些开放能力相对薄弱的地区，如沿边地区和中西部地区。"十四五"规划纲要进一步明确了这一方向，强调在维护和加强已有开放优势的同时，还要通过自主创新形成新的开放优势。[1]这意味着，我国不仅要继续支持那些长期位于开放前沿的沿海地区和城市，还要鼓励他们在产业创新上取得突破，实现真正的全方位开放。东部地区作为经济发展的"领头雁"，不仅要继续发挥其在经济和技术上的领先优势，还要起到示范和引导作用，推动中西部地区的开放和发展。这样，不仅可以加快中西部地区的开放步伐，还可以提高各地区之间的开放协同性，形成一个更为均衡、协调的开放格局，从而确保国家的整体开放策略更为高效、有序和持续。

从外部开放格局来看，随着全球形势的变化和国内改革开放的深入，为了实现更大范围的对外开放，我国必须对现有的对外开放形式和外部市场格局进行调整，确保国家能够适应新的发展阶段和特点。虽然

---

[1] 佚名：《中共中央关于制定国民经济和社会发展第十四个五年规划和二〇三五年远景目标的建议》，《人民日报》2020年11月4日第1版。

过去我国的经贸合作主要集中在欧美等地的发达国家，但现在的国际环境已经发生了很大的变化，发达经济体的需求增长乏力，逆全球化的思潮也在一些国家中升温，这使我国与这些国家的竞争关系更加复杂。因此，面对这样的外部环境，我国的对外开放策略也需要进行相应的调整。一方面，要继续加强与发达经济体的合作，确保能够维护和发展现有的合作关系；另一方面，要加大对广大发展中国家的开放力度。这不仅可以使我国进一步扩大外部市场，还可以加强与这些国家的经贸合作，形成一个更为稳定、互利的合作关系。"一带一路"倡议为我国提供了一个很好的契机，可以帮助我国进一步加强与共建国家的合作，实现更大范围的对外开放。通过这一倡议，我国可以积极参与多边合作，把握战略主动权，更好地融入全球经济一体化进程。这样，我国不仅可以构建一个更为多元化的外部市场格局，还可以确保自身在全球经济中的地位更加稳固，为国家的长期发展提供更为有力的支撑。

2. 更宽领域对外开放

更宽领域的对外开放是融通双循环的必然要求，主要包括以下两点：一是拓展对外开放领域，进一步优化和调整对外开放行业布局，确保能够更好地适应国内外的发展需求和变化。二是"引进来"和"走出去"双向驱动。通过"引进来"，可以将全球的优质资源、技术和管理经验引入国内，帮助国内企业和产业提升竞争力，实现更快的发展；而"走出去"则是鼓励国内的优质企业和产业走向国际市场，与全球的合作伙伴建立更为紧密的合作关系，实现共同的发展和进步。这种"双轮驱动"的策略不仅可以确保国内外的资源和市场得到更为充分的利用，还可以帮助国家在全球经济中占据更为有利的地位，为国家的长期发展提供更为坚实的基础。

首先，优化对外开放行业布局。在早期的开放策略中，制造业成为我国的主要开放领域，而服务业的开放相对滞后。尽管我国制造业的开放取得了显著的成果，但在其内部，先进制造业和高端制造业的开放仍然有待加强，这使产业领域的开放存在失衡。为了解决这一问题，需要进一步放宽市场限制，完善市场准入负面清单，确保外资能够更加自由地进入我国市场。特别是在智能制造、绿色制造等先进制造业领域，外资的引入可以为我国的制造业带来新的技术和管理经验，推动其实现高质量的发展。另外，随着制造业的持续发展，其转型和升级也成为迫切的需求，这种转型和升级需要得到服务业，特别是现代服务业的支撑。现代服务业，如教育、科技和金融等，不仅可以为制造业提供必要的技术和资金支持，还可以帮助其更好地适应全球市场的变化，实现更为持续和稳定的发展。因此，提高服务业的开放水平，确保其能够更好地与全球市场接轨，成为新发展格局下的重要任务，这不仅可以帮助我国优化对外开放的产业结构，还可以确保国家在全球经济中的地位更加稳固，为未来的发展提供更为坚实的基础。

其次，坚持"引进来"和"走出去"双向驱动。我国对外开放长期的实践已经证明，外商投资在促进国内产业发展、技术进步和市场竞争力提升中发挥了不可替代的作用。新时期的改革开放策略更加强调放宽对外商投资的限制，以更大的开放度吸引外资，这不仅可以为国内市场带来更多的资金和技术，还可以帮助国内企业更好地适应国际市场的变化，实现更为持续和稳定的发展。与此同时，鼓励国内企业"走出去"也成为我国对外开放策略的重要组成部分。通过对外投资，国内企业不仅可以更好地获取国际市场的资源和机会，还可以为国内市场带来新的技术和管理经验。这种对外投资不仅可以帮助国内企业提高其在国际市场中的竞争力，还可以为国内市场的发展提供更为坚实的支撑。在这种"引进来"和"走出去"的双向驱动策略下，国内外市场的资源得到了更为充分的利用，确保了国内外市场的高效融合与发展。这种双向驱动策略不仅可以帮助国家更好地适应全球经济的变化，还可以为国家的长期发展提供更为坚实的基础。这种策略的实施，无疑将为国家的对外开放带来更为广阔的空间和更为丰富的机会，确保国家在全球经济中的地位更加稳固。

3. 更深层次对外开放

更深层次对外开放主要是指制度开放，是开放层次在本质上的深化。在经济全球化的背景下，国际经济和贸易的规则和体系正在经历深刻的变革，全球价值链的分工也在加速演变。在这种情况下，单纯依赖传统的开放方式已经不能满足我国新的发展需求。综合考量国内外形势，实现开放水平的稳步提升，需要积极推进制度型开放，实现由以要素开放为主的"边境开放"向以制度开放为主的"境内开放"的转化与发展。

制度型开放不仅代表了我国对外开放的深度和广度，还标志着我国在全球经济中地位和影响力的进一步提升。进入新的发展阶段，制度型开放更是被视为深化改革、构建新发展格局的关键内容，它要求我国不仅在商品和资本的流动上实现开放，还要在制度和规则上实现更高层次的开放。这意味着我国要进一步提升要素流动的水平，加快制度型开放的转变，促进标准、规则等的开放，并构建和完善与新发展阶段相适应的内部规则制度体系。制度型开放的核心是实现国内规则体系与国际通行准则和规则标准的有效对接和协调，这需要在国内制度层面实施更加积极的开放策略，深化规则制度的改革，找到关键的联结点和创新点，主动对标国际的高标准规则体系，并依托我国的优势创建更多的开放合作新平台。同时，我国还需要始终坚定地维护自由化、便利化的贸易和投资发展，积极参与全球治理，主动成为规则的制定者，推动国际规则的变革，使其更加公平、公正和合理。这不仅可以为我国的企业和产品创造更加公平的竞争环境，还可以为我国在全球经济中地位和影响力的进一步提升创造条件。

第三节 多措并举打通"双循环"发展中的瓶颈

在经济发展的大背景下,"双循环"已逐渐成为我国新的经济增长模式,这一模式强调内外循环相互促进。其中,内循环为主体,外循环为补充。但在"双循环"的实际推进过程中,仍然存在许多堵点。为了更好地推动"双循环"经济的健康发展,深化改革势在必行。只有进行改革,才能够有效地打通发展的堵点,进而释放经济增长的潜能。

一、深化改革,畅通国内大循环

(一)国内大循环存在的堵点

1. 供给侧存在的短板

(1)供给结构较不合理。这一方面主要体现在以下两点:

首先,产业结构供给不合理。我国第一、二、三产业在国内生产总值中的占比存在明显的偏差,尽管第三产业的比重在逐年上升,但其在国内生产总值中的占比与理想状态仍有一定距离,其潜力尚未得到充分释放。这种偏差意味着服务业,尤其是现代服务业,仍有很大的发展空间。同时,传统的第一、二产业仍占有较大比重,这可能导致资源配置不足或不当,进而影响产能和产值的最大化。为了优化供给,我国必须对产业结构进行调整,确保资源得到高效利用,加强对服务业和高技术产业的支持,以促进经济的结构性变革。

其次,有效供给不足也是供给结构不合理的一个重要体现。随着我国居民收入的逐渐增长,消费者对产品的需求已从低品质转向高品质。但长期以来,我国商品市场更注重"数量"和"产量",这就导致我国低端产能过剩，而中高端产品和高品质服务的供给则相对不足。这种供给与需求之间的失衡在制造业和服务业都有所体现。例如，在制造业中，某些传统行业，如采矿、钢铁和纺织等存在产能过剩的问题，而在高端装备和关键基础零部件领域，供给则显得不足。同样，在服务业中，尽管服务业整体发展迅速，但现代服务业，尤其是教育、医疗和社会保障等领域，仍然缺乏高端的基本公共服务产品供给，这无疑制约了高水平的消费需求。

（2）关键核心技术研发有待提高。核心技术的独立自主是国家竞争力的核心，是未来持续发展的保障，我国只有真正掌握核心技术，才能在全球竞争中站稳脚跟，保障国家的长期稳定和高质量发展。近年来，我国科技进步速度明显，但在某些高端技术领域，如半导体、航空航天、高端医疗设备等的研发有待提高。这种技术短板限制了产业上游的技术供应，导致国内企业在全球价值链中的定位偏向低端。因此，加强关键核心技术的研发，对于国家未来的发展至关重要。

（3）产业链现代化水平有待加强。这一方面主要体现在以下三点：

一是在全球体系中，我国产业链的韧性不足，这意味着当外部环境发生变化时，产业链的稳定性和持续性可能受到挑战。这种韧性的不足可能源于供应链的单一性、对于关键技术的依赖或是对于核心零部件的外部依赖。当全球经济或政治环境发生波动时，这种依赖性可能导致供应中断或成本上升，从而影响整个产业链的稳定运行。此外，安全性问题也不容忽视。在经济全球化背景下，任何供应链的薄弱环节都可能成为整个产业链的安全隐患，从而影响产业的长期健康发展。

二是在参与国际分工中，我国产业链展现出的发展能力仍有待提高。长期以来，我国在全球价值链中的位置偏向中低端，这意味着在产值创造和利润分配中，我国所获得的份额相对较小。这种中低端的位置限制了我国产业链的增值能力，使尽管生产和出口量大，但所获得的经济效益并不显著。为了提高我国在全球价值链中的地位，需要加强技术

第二章 双循环经济发展新格局的构建思路

研发、品牌建设和市场开发,从而提高产业链的整体竞争力。

三是新型基础设施及配套服务的落后也在一定程度上制约了产业链的现代化发展。在数字经济时代,产业链的数字化水平直接影响其效率和竞争力,但目前,我国在这方面仍然滞后,尤其是在云计算、大数据和物联网等关键技术领域。这种滞后不仅限制了我国产业链效率的提升,还影响了我国新技术、新模式和新业态的发展,从而制约了产业链的整体竞争力。

2. 需求侧存在的堵点

(1)消费的堵点。近年来,我国消费在经济增长中的贡献率逐渐上升,显示出消费对经济增长的重要作用。内需中消费的比重也在逐年增加,这标志着我国的经济发展模式正在从过度依赖投资和出口转向消费驱动。然而,消费的堵点仍然存在,这些堵点可能会影响消费的持续增长和经济的健康发展。具体来说,当下国内消费的堵点,主要有以下两方面:

①居民可支配收入差距较大,制约了公众总体的消费能力。可支配收入直接决定了居民的消费能力和消费意愿,当一部分居民的收入远高于另一部分时,这种差距会导致消费市场的分层和分化。高收入群体可能会倾向购买高端、奢侈的商品和服务,而低收入群体则仅能满足基本的生活需求,这种消费能力的不均衡对于市场的健康发展是不利的。较大的收入差距意味着大部分居民可能没有足够的经济能力去消费更多的商品和服务,这不仅限制了消费市场的扩张,还可能导致某些行业和市场的过度饱和。例如,高端品牌和奢侈品市场可能会面临增长乏力的问题,因为只有少数高收入群体有能力消费这些商品,而低收入群体由于收入限制,可能会选择更为经济、实用的商品,这会导致中低端市场的竞争加剧。此外,收入差距还可能会使消费者的信心下降。当大部分居民具有经济压力时,他们可能会减少非必要的消费,这对于非必需品市场是一个巨大的打击。同时,由于收入不足,低收入群体可能会面临更

多的生活压力，这也会影响他们的消费决策和消费习惯。

为了解决这一堵点，需要采取措施缩小居民之间的收入差距，提高低收入群体的收入水平，从而提高他们的消费能力。这不仅可以促进消费市场的健康发展，还可以为国家的经济增长提供更为稳定的动力。

②部分居民边际消费倾向不足，不敢消费，开始增加预防性储蓄。这意味着即使他们的收入有所增加，他们也不会相应地增加消费，这种现象背后往往隐藏着多种原因。一方面，可能是由于自身对未来经济形势的担忧，担心收入不稳定或未来可能面临经济困难，因此选择储蓄以备不时之需。这种担忧可能源于过去的经济危机或个人经历，使他们对未来持有悲观的预期。另一方面，社会保障体系的不完善也可能是导致居民预防性储蓄增加的原因。在一些地区，由于医疗、教育、养老等社会福利制度不健全，居民为了应对可能的高额支出，不得不提高储蓄率，这种储蓄并不是出于投资或积累财富的需要，而是出于对未来不确定性的担忧。预防性储蓄的增加可能会对经济产生一系列的影响，当消费降低时，需求减少可能导致生产下降，从而影响经济增长；而过高的储蓄率可能导致资金过剩，进而影响金融市场的稳定。

解决这一堵点需要从多方面入手，如加强社会保障体系，提高居民对未来的信心，减轻他们的"后顾之忧"，从而鼓励他们增加消费，促进消费市场的健康发展。

（2）投资的堵点。投资的堵点在当前的经济环境中表现为以下三个方面：一是融资难度的增加已经成为许多企业，特别是中小企业面临的一个主要问题。由于规模较小、信誉度不足以及缺乏足够的抵押资产，中小企业在寻求融资时往往会遭遇各种障碍。银行和金融机构可能会认为向这些企业提供贷款存在较高的风险，因此，它们会提高贷款的利率或要求更多的担保。这种融资难度不仅限制了中小企业的发展，还可能导致企业陷入流动性危机，影响其日常运营。二是法规和政策环境的不稳定性也对投资构成了挑战。投资决策往往需要考虑长期的回报和风

第二章　双循环经济发展新格局的构建思路

险，当法规和政策环境不稳定时，企业和投资者可能会对未来的投资环境感到不确定，从而影响他们的投资意愿。政策的频繁变动或法规的不明确可能导致企业在进行长期投资计划时产生犹豫，担心未来的政策变化会对其投资产生不利影响。三是市场的不确定性和风险也是影响企业进行投资决策的关键因素。当市场竞争加剧或经济环境发生变化时，投资的回报率就会受到影响。经济全球化和技术的快速发展也可能导致某些行业或市场的过度饱和，从而影响投资的回报。投资者在面对这种不确定性和风险时，可能会选择更为保守的投资策略，或者寻求更为稳定和有保障的投资机会。这些堵点都对企业和投资者的投资环境构成了挑战，需要采取相应的措施来解决。

（3）出口的堵点。第一，全球经济的不稳定性和各国之间的贸易摩擦导致出口市场的不确定性增加。这种不确定性可能会导致出口企业在制定长期策略时产生犹豫，担心未来市场需求产生变化或贸易政策发生调整。第二，国际市场的竞争日益加剧，许多国家采取了各种措施来保护本国产业，如提高关税、设置贸易壁垒等，这些都给出口带来了额外的压力。第三，汇率波动也是出口的一个重要堵点。汇率的不稳定可能会影响出口商品的价格竞争力，从而影响出口商品的数量和利润。对于依赖特定市场的出口企业，汇率波动可能会导致其收入大幅波动，增加经营风险。第四，技术和标准的差异也是出口面临的挑战。不同的国家和地区可能有不同的技术标准和质量要求，这要求出口企业不断调整产品，以满足不同市场的需求。这不仅增加了企业的生产成本，还可能导致出口流程变得复杂。第五，国际物流和供应链的问题也不能忽视。由于各种原因，如自然灾害、政治不稳定或交通问题，供应链可能会中断，这会影响出口的时效性和成本。

（二）畅通国内大循环的措施

1. 以提升科技创新能力为突破口，打通供给堵点

在当前的经济环境中，供给侧存在的问题往往与技术滞后、产业结构过时以及创新机制不完善等因素紧密相关。提升科技创新能力可以推动产业向更高的价值链层次迁移，从而优化供给结构。科技创新还能够催生新的业态和模式，为市场带来更多的高质量供给。此外，随着技术的进步，我国企业的生产效率得到提高，资源利用率也大大增加，这都有助于解决供给过剩或供给不足的问题。因此，强化科技创新，不仅可以直接增强供给的质量和效率，还能为经济打开新的增长空间，从根本上打通供给的堵点，推动经济健康、持续发展。具体来说，提升科技创新能力有以下4个路径，如图2-4所示：

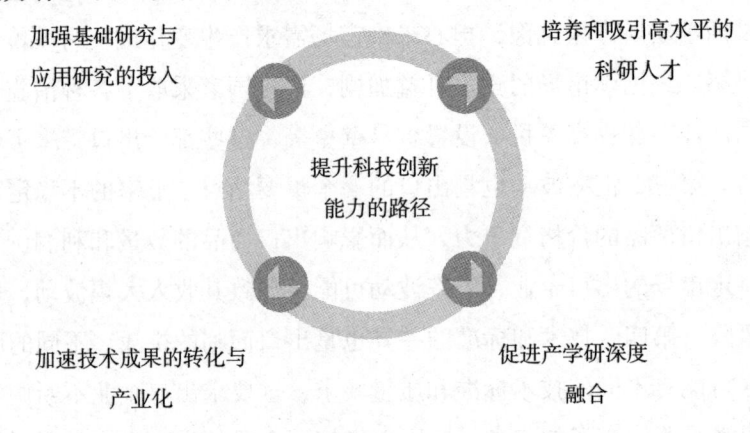

图 2-4　提升科技创新能力的路径

（1）加强基础研究与应用研究的投入。加强基础研究与应用研究的投入是提升科技创新能力的关键。基础研究为科技创新提供了理论支撑和前沿知识，它是所有技术进步和创新的源泉。在全球科技竞争日益激烈的背景下，对基础研究的持续投入不仅可以确保国家在科技领域的领先地位，还能为未来的技术突破打下坚实的基础。应用研究则关注将基

础研究的成果转化为实际的技术和产品，它直接影响到技术的商业化进程和经济效益的提升。

为了确保科技创新的持续性和深度，我国需要进一步加大对基础研究和应用研究的财政支持，财政支持不仅可以为研究者提供稳定的资金来源，还能确保长期的研究项目得以顺利进行；还需要鼓励企业和研究机构参与，形成多元化的研发投入体系，以更好地应对各种科技挑战，提高研发的效率，增加产出的数量。此外，政策引导和税收优惠等手段可以降低研发的成本，提高其回报率，从而吸引更多的社会资本投入基础研究和应用研究。

（2）培养和吸引高水平的科研人才。高水平的科研人才不仅具备深厚的学术背景和研究能力，还能为国家带来前沿的科技思想和国际化的视野。在经济全球化的背景下，科研人才的流动性增强，各国都在努力为自己的科研团队引进顶尖的人才，这使人才竞争日趋激烈。

培养高水平的科研人才，教育体系的完善和创新显得尤为重要。从基础教育开始，国家就应注重培养学生的创新思维和实践能力，为他们提供更多的实验和研究机会。在高等教育阶段，除了为学生提供深入的学术研究，还应鼓励学生参与国际交流，与世界顶尖的研究机构和学者进行合作，这样可以拓宽他们的视野，提高他们的研究水平。同时，为了吸引国内外的高水平科研人才，为他们提供有竞争力的待遇和良好的工作环境是关键，这包括提供足够的研究资金、先进的实验设备、舒适的工作和生活环境以及充分的学术自由。为科研人才提供更多的职业发展机会，如晋升、培训和国际交流，也是吸引他们的重要手段。

（3）促进产学研深度融合。产学研融合意味着产业、学术和研究三个领域的紧密结合，这种结合能够实现知识、技术和市场之间的无缝对接，从而加速技术的转化和应用。在全球竞争日益激烈的背景下，单靠学术研究或产业发展很难获得显著的优势，而产学研融合则可以为各方带来双赢的机会。

对于学术界来说，与产业界和研究机构的合作可以使其研究更加贴近市场和实际应用，从而提高研究的实用性和价值。同时，这种合作还能为学者提供更多的研究资金和实验资源，促进学术研究的深入发展。对于产业界来说，与学术界和研究机构的合作可以为其带来前沿的技术和知识，提高其在市场中的竞争力。此外，这种合作还能加速产业界的技术研发和商业化进程，缩短产品上市的时间，从而为企业带来更快的回报。对于研究机构来说，与学术界和产业界的合作可以为其提供更多的应用场景和市场机会，促进技术的转化和应用。同时，这种合作还能为研究机构带来更多的资金支持和合作机会，提高其研究的效率和产出。

产学研深度融合为各方带来了巨大的机会和价值，这种融合可以实现知识、技术和市场的无缝对接，加速技术的研发和应用，推动经济的健康发展。在未来，随着技术的进步和市场的变化，产学研融合将成为推动科技创新和经济发展的重要策略。

（4）加速技术成果的转化与产业化。在经济全球化的背景下，技术创新不仅仅是一个国家或一个企业的竞争力，更是一个国家的核心竞争力。技术成果的快速转化与产业化能够为国家带来巨大的经济效益，推动产业结构的优化升级，促进经济的持续健康发展。为了实现技术成果的快速转化与产业化，我国需要构建一个高效、灵活的技术转移机制，鼓励企业、研究机构和高等教育机构之间的深度合作，形成一个技术创新的良好生态。同时，政府应该出台一系列的政策措施，如提供税收优惠、资金支持、技术转移服务等，以鼓励技术成果的转化与产业化。此外，加强知识产权保护，确保技术成果的独特性和竞争力，也是促进技术成果转化与产业化的关键。在这个过程中，企业应该加强与国际先进技术的交流与合作，引进、消化、吸收和再创新，确保技术成果的前沿性和实用性。

第二章 双循环经济发展新格局的构建思路

2. 需求侧改革齐发力，打通需求堵点

（1）提升居民消费能力和边际消费倾向。当前，收入差距的存在导致了消费能力的不均衡，这不仅影响了低收入群体的生活质量，还限制了整体的消费市场潜力。为了解决这一问题，我国政府需要调整和完善税收政策，使之更加公平合理。例如，可以考虑对高收入群体征收更高的个人所得税，而对中低收入群体进行税收减免，从而实现收入的再分配；加大对基础设施、教育、医疗和社会保障的投资，确保所有居民都能享受到公共服务的红利。这不仅可以提高居民的生活水平，还可以激发他们的消费潜力。当居民对未来有更多的信心，对基本生活需求有了保障，他们更可能增加消费，而不是选择储蓄。此外，鼓励企业提供更多的就业机会和提高工资水平也是提升居民消费能力的有效途径。当居民有稳定的工作和足够的收入，他们的消费意愿和能力就会得到提高。为此，政府可以考虑为企业提供税收优惠或其他政策支持，鼓励他们扩大生产和招聘。政府还要加强金融教育和普及，帮助居民更好地管理自己的财务，提高他们的消费信心。当居民了解如何合理管理和使用自己的资金后，他们更可能进行更多的消费，而不是选择过度储蓄。

（2）营造健康稳定的投资环境。一是针对中小企业融资难的问题，要建立专门的中小企业融资平台和担保机构，为中小企业提供低成本的融资渠道。鼓励银行和金融机构开展中小企业信贷业务，通过信用评级、信用保证和信用担保等方式，降低中小企业的融资风险和成本。二是对于法规和政策环境的不稳定性，建议政府和相关部门加强政策沟通和解释，确保政策的透明性和稳定性。政府在制定新的法规和政策时，应充分征求企业和投资者的意见，确保政策的连续性和一致性；要建立政策预警和咨询机制，及时通报政策变动，帮助企业和投资者做好应对准备。三是对于市场的不确定性和风险，建议加强市场研究和分析，为投资者提供准确的市场信息和预测；鼓励企业和投资者进行多元化投资，分散投资风险；加强风险管理和控制，建立完善的风险评估和预警机制,确保投资的安全和稳定;鼓励企业和投资者加强国际合作,利用国际市场资源,拓展投资领域和渠道,提高投资的回报率。通过上述措施,可以有效打通投资的堵点,促进投资的健康和稳定发展。

(3)多方合作,打通出口堵点。针对全球经济的不稳定性和贸易摩擦,建议出口企业加强市场多元化策略,开拓多个出口市场,以分散风险;与主要贸易伙伴加强沟通和合作,共同应对外部挑战,确保贸易的稳定和持续。针对国际市场的竞争加剧和贸易保护措施,建议企业提高产品的附加值和品牌影响力,通过技术创新和品质提升,增强产品的竞争力;积极参与国际贸易谈判,争取更多的市场准入和优惠政策。针对汇率波动的问题,建议企业加强对于汇率风险的管理,如采用期货、期权等金融工具进行对冲,确保汇率风险在可控范围内。针对技术和标准的差异,建议企业加强国际标准化工作,参与国际标准的制定,确保产品能够满足不同市场的技术和质量要求。同时,加强与国外技术机构和研究机构的合作,共同研发和推广先进技术和标准。对于国际物流和供应链的问题,建议企业加强供应链管理,与供应商和物流公司建立长期稳定的合作关系,确保供应链的稳定和高效;利用现代信息技术,如物联网、大数据等,实时监控供应链的运行情况,及时发现和解决问题。通过上述措施,可以有效打通出口的堵点,促进出口的稳定和持续增长。

二、主动开放,贯通国际大循环

(一)国际大循环面临的挑战

1. 对外贸易发展有待升级

中国已站在全球贸易的前沿,作为第一大贸易大国,其对外贸易发展模式的调整和创新不仅关乎国内经济的稳健前行,更与全球经济贸易发展的未来紧密相连。在过去的发展中,以出口为导向的策略为我国

第二章 双循环经济发展新格局的构建思路

的经济带来了迅猛增长，但也带来了外贸发展的不平衡和不高效问题。随着国际贸易环境变得越来越复杂，我国外贸的转型和升级显得尤为迫切。

2. 国际市场多元化有待加强

随着经济全球化的深入推进，国际市场的多元化对于稳定经济增长和应对各种外部风险尤为重要。过去，我国在外贸策略上过于依赖单一或少数经济体，这种局限性在面对国际贸易摩擦或经济危机时往往会放大风险。加强国际市场的多元化不仅能够分散外部风险，还能够为企业拓展更广阔的市场空间，提高国际贸易的韧性和稳定性。此外，随着消费者需求的不断变化和技术的迅速发展，不同的国际市场会产生各种新的商业机会。因此，多元化的国际市场策略不仅有助于降低单一市场的依赖风险，还能够助力企业捕捉各地的创新机遇，促进贸易的可持续和高质量发展。

3. 对外开放程度有待加深

进入新发展阶段，我国面临许多新变化，国内外的发展环境及发展条件都发生了重大转变，以梯度推进为重要特征的政策导向型对外开放模式不可避免地暴露出局限性，对外开放的水平和层次仍有待提升。

（二）贯通国际大循环的措施

1. 加快推进对外贸易高质量发展

在经济全球化的背景下，简单追求贸易规模的增长已无法满足我国更深层次的发展需求。高质量的发展意味着更注重创新、品质、服务和绿色发展，这需要通过引进先进技术，提升产业链中的价值增值，以及更好地满足目标市场的多样化需求来实现。我国要加强与全球合作伙伴的贸易合作，共同制定贸易规则，能确保贸易的公正、公平和互利，从而增强对外贸易的持续性和稳定性；要通过培训和技能提升，助力国内企业提高生产和管理水平，增强它们在国际市场中的竞争力。为实现这一目标，政策引导、贸易便利化和产业升级也应纳入考虑范围，以确保对外贸易真正实现高效、高质量和可持续发展。

2. 构建平衡多元的外部市场格局

构建平衡多元的外部市场格局，需要从以下两点入手：一是要通过与不同经济体、地区和市场建立更紧密的贸易关系，提升对外贸易的弹性和抵御外部冲击的能力；二是要在各个市场之间找到合适的平衡点，确保每个市场都能得到足够的关注和资源支持。这需要国家对不同市场的特点、需求和潜在机会进行深入分析，并据此制定相应的市场策略和行动计划。例如，对于技术和资本密集型的市场，可以重点发展高技术含量、高附加值的产品和服务；而对于劳动密集型的市场，则可以重点发展劳动密集型的产业和服务。在推动多元化市场布局的过程中，吸引外资、开展跨境电商、加强与国际组织和地区集团的合作都是有效途径，通过这些手段，国家可以进一步扩大外部市场的覆盖范围，增强外贸的竞争力和影响力。

3. 进一步加强对外开放程度

进一步加强对外开放程度是为了整合全球资源、吸引外部投资和提高国内产业的国际竞争力。随着经济全球化的深入发展，对外开放不仅仅是贸易和投资，还包括技术、知识、人才和文化等多方面的交流与合作。增强开放程度有助于吸引更多的外资进入，促进技术和知识的转化，从而提高产业链的附加值和创新能力。进一步的开放也意味着国家要在更多的领域、层面和方式上与外部经济体进行交往和合作。例如，可以通过加入更多的多边贸易和投资协定、推动双边经贸合作、加强与国际金融和经济组织的合作等方式，打破外部贸易和投资的障碍，提高对外经贸的自由化和便利化程度。此外，开放还需要有序进行，要确保国内产业、市场和资源免受不公平的竞争和冲击，这需要国家制定和实施科学、合理的对外开放政策和措施，确保开放和保护相得益彰。只有这样，才能真正实现对外开放带来的经济和社会效益，促进国内和国际大循环的良性互动和共同发展。

三、多方合作，联通国内国际双循环

（一）国内国际双循环联通不畅

1. 国内国际资源链接不畅

国内国际两种资源，如技术、资本和人才，构成了经济循环的核心要素。高质量的国际资源引入国内，不仅可以助力供给侧结构性改革、自主创新和区域协调发展，还能帮助国家更深地融入国际经济循环，快速实现以开放促发展、促改革、促创新的战略目标。将国内资源推向国际市场则有助于国家深度参与并逐渐引领全球产业链和供应链，进一步推动国家在价值链中向中高端攀升。但在当前的全球经济背景下，尤其是考虑到国际形势的复杂性和未来发展的不确定性，双循环的相互联动遭遇了障碍，主要体现在国内资源与国际资源之间的高效链接受阻。这种链接不畅可能会影响国家在全球市场的竞争力，限制其在全球价值链中的地位。具体来说，国内国际资源链接不畅有以下两个表现：

（1）引进国际优质资源助推国内循环存在明显的堵点。随着市场的进一步开放，外资企业作为我国市场的重要主体，其诉求也发生了深刻的变化。这些企业更加期待一个市场化、法治化、国际化的营商环境，以激发市场的活力，增强发展的内生动力。然而，我国的营商环境仍然面临一系列挑战，主要有以下三个方面：一是政府在营商环境建设中的角色尚未明确，在"市场准入"和"行政审批"等环节存在的限制在一定程度上降低了服务效率，影响了外资企业的投资意愿。这种情况下，政府的定位变得模糊，无法为企业提供高效、便捷的服务。二是资源分配不均。为了保护本国企业，我国在创新资源和政策优惠上存在倾斜，导致内外资企业在资源获取上不平等，进一步加剧了市场竞争的不公平性。这种不均衡的资源分配可能会导致外资企业对中国市场的信心下降，从而影响其投资决策。三是法治保障尚不完善。尽管我国已经建立了一系列与知识产权相关的法律，如《中华人民共和国专利法》和《中华人民共和国商标法》，但这些法律在实际应用中存在重复或遗漏的问题，而且对于侵权违法行为，相关部门的行政执法力度仍然偏弱。这导致了企业在维权时面临高昂的成本，而侵权者则面临相对较低的代价，对企业发展不利。

（2）国内资源走向国际面临多重难点。首先，世界经济结构的重新洗牌和贸易环境的恶化为中国企业带来了前所未有的挑战。西方国家加强对外资的国家安全审查，明确限制了中国企业的境外投资和对外合作，这无疑增加了国内资源走向国际市场的外部障碍。其次，对外投资问题的积累也是一个不容忽视的问题。随着国内企业对外投资规模的扩大，一些问题逐渐浮现。例如，国内企业在对外投资中往往缺乏创新，大多数投资都集中在传统的低附加值产业，导致投资收益水平不高。在海外经营的过程中，部分企业由于管理水平不足和对投资地区的实际情况缺乏了解，难以形成自身的竞争优势，这种情况在一定程度上限制了企业在国际市场的发展空间。再次，我国企业在国际化进程中往往表现出较大的分散性和独立性。企业之间在技术、人才和资本方面的合作和交流不足，导致无法形成完整的产业链条，从而影响了规模效应的发挥，这种情况在一定程度上限制了我国企业在国际市场的竞争力。最后，政府在支持企业国际化方面的服务水平也有待提高。在人员出入境、产品进出口、投资审批和技术服务等方面，我国仍然存在一些问题。同时，对外投资的相关法律法规和政策体系还有待完善，这增加了企业对外投资的风险。

2. 国内国际市场融通受阻

国内国际市场融通受阻已成为我国当前经济发展的一大挑战。随着经济全球化的深入发展，市场间的互联互通变得尤为重要，但在实际操作中，多种因素导致这一融通并不顺畅。

第二章 双循环经济发展新格局的构建思路

西方国家对外资的审查加强，特别是对于技术、资本和关键产业的投资，这无疑为中国企业进入国际市场设置了更高的门槛。这种审查不仅限制了资本的流动，还影响了技术和人才的交流，从而制约了市场的深度融合。同时，国内市场对外部资源的开放程度仍有待提高。尽管我国近年来的对外开放已经取得了一些进展，但在关键领域和关键时期，市场准入仍然存在限制，这种限制不仅影响了外部资源的引入，还限制了国内资源对外的输出，导致市场的双向融通受到阻碍。在国际贸易方面，贸易摩擦也给市场融通带来了压力，一些国家出台的贸易限制措施，如关税和非关税壁垒，直接影响了商品和服务的流动，从而制约了市场的融通。这种情况下，企业面临更高的运营成本和更大的市场不确定性，导致其在国际市场的竞争力下降。另外，文化和制度差异也是市场融通受阻的一个重要原因。不同的市场有着不同的商业文化和运营规则，这为我国企业的跨境经营带来了挑战，尤其是在合规、税务和知识产权等方面，企业需要投入更多的资源来适应不同的市场环境，这无疑增加了其运营的负担和风险。

（二）联通国内国际双循环的措施

1. "引进来"和"走出去"连接国内国际资源

新发展格局强调国内循环与国际循环的相互促进、开放融合和协调联动，为实现这一格局，对国内国际资源的宏观统筹和充分利用至关重要。具体来说，"引进来"和"走出去"策略是双轮驱动的关键，通过"引进来"，可以吸引国际先进技术、资本和人才，为国内市场注入新的活力和创新能力；而"走出去"则意味着将国内的技术、资本和产品推向国际市场，进一步融入全球价值链，提升国际影响力。为了不断增强自身的核心功能，并提升对全球资源的配置能力，我国必须深化"引进来"与"走出去"的策略，确保国内国际资源的高效流动和优化配置，主要措施如图2-5所示：

坚持"引进来"和
"走出去"并重

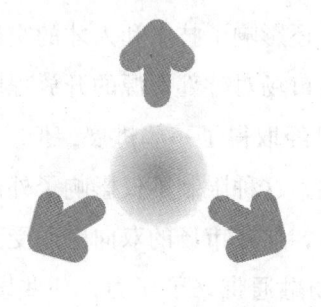

改善营商环境,助力　　　　　　　　　　　创新投资合作,推动
高质量"引进来"　　　　　　　　　　　　高水平"走出去"

图 2-5　深化"引进来"与"走出去"策略的主要措施

（1）坚持"引进来"和"走出去"并重。自改革开放初期至 20 世纪末，我国主要依靠"引进来"策略，利用自身的资源比较优势参与国际分工，成功地嵌入全球价值链。2001 年加入世界贸易组织后，我国的对外开放策略进入了一个新的阶段，区域布局逐步优化，开放领域进一步扩大，更加强调"引进来"与"走出去"的双线交流。这种策略不仅为我国的经济发展创造了更大的空间，而且使我国成为世界经济增长的重要动力源。

在全球价值链不断重构的背景下，高质量的"引进来"策略可以帮助我国承接发达国家的高端生产环节，而高水平的"走出去"策略则可以帮助我国在全球范围内吸收先进的技术和管理经验，并向发展中国家提供资本供给，进行国际产能合作。这种策略不仅可以帮助我国合理配置全球资源，而且可以促进我国经济结构的优化，培育新的发展优势，使我国攀升到全球价值链的高端。只有通过"引进来"与"走出去"策略的内外联动、相辅相成，我国才能在全球价值体系中加快构建以中国为核心的价值链，并实现持续的经济发展。

（2）改善营商环境，助力高质量"引进来"。这主要体现在以下三个方面：

第二章 双循环经济发展新格局的构建思路

第一，要营造不断开放的市场准入环境。开放的市场准入环境意味着更多的外资企业可以进入国内市场，参与到各个领域的竞争中，从而为我国带来更多的技术、资本和管理经验。为此，我国需要进一步放宽对外资企业的限制，特别是在关键领域和关键时期，要确保外资企业在市场准入上享有与国内企业相同的待遇。同时，应简化行政审批流程，减少外资企业的行政负担，提高其在国内市场的运营效率。我国还需要加强与国际经贸规则的对接，确保外资企业在国内市场的运营不会受到不必要的制约。只有通过这些措施，才能真正吸引更多的外资企业进入国内市场，推动国内经济的高质量发展。

第二，要坚持内外资企业平等，营造公平竞争的市场环境。坚持内外资企业平等，营造公平竞争的市场环境是吸引外资并确保其在国内市场中健康发展的基石。公平竞争意味着所有企业，无论其资本来源，都在同一法律框架下运营，享有相同的权利，承担相同的责任。为实现这一目标，我国应进一步简化外资企业的设立和运营流程，确保其与国内企业在获取许可、税收优惠和政府采购等方面享有同等待遇。此外，我国还需加强对外资企业的服务，为外资企业提供更多的信息、培训和咨询服务，帮助其更好地适应国内市场的环境。这些措施可以确保内外资企业在同一起跑线上，共同推动国内经济的高质量发展。

第三，要营造规范高效的知识产权保护环境。营造规范高效的知识产权保护环境对于吸引外资、鼓励创新和确保公平竞争都具有至关重要的意义。知识产权是现代经济中的核心资产，国家对其的保护不仅关乎企业的核心利益，也是国家竞争力的体现。为此，我国应进一步完善知识产权法律法规，确保其与国际标准接轨，为企业提供清晰、稳定的法律环境。在执法方面，需要加大对侵权行为的打击力度，提高侵权成本，确保知识产权得到有效保护。同时，应加强对于知识产权的审查和授权流程，提高其效率和准确性，确保企业的创新成果能够得到及时、有效的保护。还需加强对公众和企业的知识产权教育和培训，提高其对知识产权重要性的认识，鼓励其在日常经营中自觉尊重和保护知识产权。只有在规范高效的知识产权保护环境中，企业才能放心创新，外资才会更加愿意投资，从而共同推动经济的高质量发展。

（3）创新投资合作，推动高水平"走出去"。这同样体现在三个方面：

第一，要加快创新对外投资合作。随着全球经济一体化的深入发展，对外投资合作不再仅仅局限于传统的资本输出，更需要在技术、管理、品牌等多个层面进行深度融合和创新合作。为此，我国应积极探索与国际先进企业和研发机构的合作模式，如设立联合研发中心、开展技术交流和人才培训等，以促进技术和知识的双向流动；鼓励企业在对外投资中更加注重绿色、低碳和可持续发展，与当地企业和社区建立长期、稳定的合作关系，共同推动经济社会的可持续发展。此外，还需加强与共建"一带一路"国家的投资合作，利用我国的技术和管理优势，帮助当地企业提升产值和效益，实现共同发展。

第二，要提升对外投资效益，优化空间和产业布局，这是确保"走出去"策略持续推进的关键。对外投资不仅仅是资本的输出，更是技术、管理和品牌的输出，因此，如何确保投资带来的长期回报和对接国家的发展战略成为政府和企业需要共同考虑的问题。在空间布局上，政府和企业应根据目标市场的经济发展水平、资源禀赋和消费需求，有针对性地选择投资地点，避免盲目跟风和重复投资；在产业布局上，政府和企业应结合我国的产业优势和目标市场的产业发展趋势，选择有竞争力的产业进行投资，如高技术、高附加值和绿色环保产业。同时，应加强与当地政府和企业的合作，共同推动产业链的延伸和升级，实现产业的互补和共赢。还需加强对外投资的风险管理，建立健全风险评估和控制机制，确保投资安全和效益。这些措施可以确保对外投资真正为我国企业带来长期、稳定的回报，为国家的经济发展做出更大的贡献。

第三，不断加强服务保障，完善政策体系，这是确保我国企业"走

第二章　双循环经济发展新格局的构建思路

出去"策略得以顺利实施的重要支撑。在经济全球化的大背景下,企业面临的挑战和机遇并存,因此,强有力的政策支持和服务保障显得尤为关键。为此,我国政府应建立健全对外投资的信息服务平台,为企业提供及时、准确的市场信息、政策法规和风险评估,帮助企业做出明智的投资决策。同时,加强与目标市场的经贸合作,通过双边和多边机制,为企业创造更加便利的投资和营商环境。在金融服务方面,政府应鼓励金融机构为对外投资提供更加多元、灵活的金融产品和服务,满足企业的融资需求,还需加强对外投资的培训和指导,提高企业的国际化管理和运营能力;在政策层面,应进一步完善对外投资的政策体系,为企业提供税收、财政和外汇等方面的优惠政策,鼓励企业开展高水平、高质量的对外投资。通过这些措施,可以为我国企业"走出去"提供有力的支撑,推动其在全球市场中取得更大的成功。

2."一带一路"建设融通国内国际市场

"一带一路"建设是连接国内与国际市场的重要桥梁,旨在优化国内资源配置、释放消费潜力、增强区域经济协调性,并提升国内市场的一体化程度。这一倡议不仅促进了国内外市场的深度融合,还为国内改革提供了强大动力,成为提升发展质量的关键引擎。通过"一带一路"建设,我国可以更好地融入国际产业链,畅通国际供应链,实现国内外市场的相互融通和优势互补。这不仅有助于释放国内市场的消费潜力,还可以促进区域经济的协调发展,进而畅通国民经济的循环。

(1)推动"一带一路"设施联通。融通国内国际市场的核心在于确保资源要素的自由流动和高效配置,为实现这一目标,设施联通成了不可或缺的基础条件,它不仅是连接国内与国际市场的桥梁,更是降低经贸合作成本的关键手段。通过推进基础设施的联通,如交通、能源和通信等,可以有效缩短物流时间、减少运输障碍,从而为各国提供更为便捷的合作平台。这种物理连接使各国能够根据自身的比较优势更加灵活地参与国际分工,进一步加强了自身与国际市场的融通,为全球经济的持续发展创造了有利条件。为推动设施联通，我国应与各方持续深化合作，共同规划和实施合作项目，这一举措的关键在于凝聚合作共识，确保合作项目的有效落地。经济走廊建设应作为主要引领，围绕跨境交通基础设施、油气管道和互联网信息建设等核心领域展开，重点应放在关键领域、主要项目、核心城市和主要通道上，确保资源的高效配置。同时，应统筹考虑陆地、海洋、空中和网络四个维度，构建一个综合的互联互通网络。这样全面联通的基础设施网络不仅能够更好地连接国内和国际市场，还能在整个联通过程中最大化地发挥其效能和作用，为世界经济的发展提供强大的支撑。

（2）深化"一带一路"贸易畅通。贸易畅通不仅涉及商品和服务的流通，还关乎政策、规则和标准的协调与统一。为实现更高效的贸易流动，我国必须简化关税和非关税壁垒，提高通关效率，确保物流供应链的稳定和安全。通过数字化和信息化手段，可以进一步提高贸易透明度，降低交易成本；加强多边和双边经贸合作，构建开放、包容、普惠、平衡、共赢的经贸合作机制，有助于形成更大的市场、更多的资源和更高的效益。此外，培育国际贸易新业态和新模式，如跨境电商、服务贸易和数字经济，可以进一步拓展贸易领域和内容，满足各国人民日益增长的美好生活需要。深化"一带一路"贸易畅通，旨在构建一个更加开放、高效、平衡的全球贸易体系，为各国创造更多的发展机会和共同利益，更好盘活国内国际两个市场。

（3）促进"一带一路"资金融通。资金融通是确保市场流动性和稳定性的关键。在"一带一路"的大市场循环中，资金融通能够起到"润滑剂"的作用，确保各种经济活动顺畅进行。资金融通不仅为共建国家提供了必要的投资和融资渠道，还有助于平衡区域内的资本流动，降低投资风险。通过创新投融资模式，构建多层次资本市场和多元化融资体系，可以进一步优化资金分配，确保资金在各个领域中得到高效利用。此外，资金融通还能够促进"一带一路"合作伙伴之间的经济合作，加

第二章　双循环经济发展新格局的构建思路

强互信，实现各国的共同发展和共赢。因此，资金融通是连接国内与国际市场、推动"一带一路"持续发展的重要手段。为促进"一带一路"资金融通，构建多元化投融资体系是关键。这需要强化多边金融合作，与国际金融机构深化资金合作，拓宽资金来源，开发多样化的融资产品，优化融资结构，完善资本市场，平衡间接和直接融资的比例，确保股票、债券等融资渠道的流畅性，吸引更多企业，尤其是民营企业参与资本市场。在此过程中，风险管理是不可或缺的环节，需要建立健全风险防范和化解机制，确保资金融通的稳定性和安全性，从而更好地服务于国内和国际市场的融资需求。

（4）加强"一带一路"政策沟通。融通国内国际市场的"一带一路"倡议不仅涉及基础设施、资金和产业等"硬件"合作，还涉及政策、机制等"软件"领域的合作。政策沟通是确保各方互利共赢的基石，因为只有当各国的发展规划和政策能够相互衔接时，项目建设才能更加规范和高效。加强政府间的政治互信和政策交流，不仅可以消除合作中的障碍，还能确保合作倡议的稳定性和长远性。因此，为实现"一带一路"深度合作的目标，政策沟通是不可或缺的环节，它有助于构建一个真正深度合作的利益共同体。为促进政策沟通，完善项目发展机制至关重要，其能够确保具有战略和经济价值的基础设施和产业合作项目实际落地并产生效益，从而使"一带一路"合作伙伴和人民受益。此外，深化贸易政策沟通和完善经贸合作机制是确保贸易自由化和畅通的关键。通过开展区域、双边或多边自由贸易谈判，我国可以进一步扩大沿线合作，形成更广泛的合作网络，为国内国际市场的协调畅通提供强有力的支撑。安全保障机制的强化也不容忽视，我国应建立完善的风险监测和预警系统，制定针对性的风险防控和化解预案，确保国内企业在参与国际循环时能够安全、放心地开展业务，从而实现政策沟通的深度和广度。

（5）实现"一带一路"民心相通。实现"一带一路"民心相通不仅是经济合作的延伸，更是深化文化交流和增进互信的体现。民心相通意味着沿线国家的人民能够更加深入地了解、尊重和欣赏彼此的文化、历史和价值观，从而为国家之间的合作创造更加稳固的社会基础。文化交流活动、教育合作、人才交流等方式可以有效地促进民间的相互了解和友好感情。同时，媒体的角色也不可或缺，通过正面报道和传播，可以为公众提供更加全面、客观的信息，消除误解和偏见。旅游合作也是连接民心的重要桥梁，旅游互惠政策和便利措施可以吸引更多的人到沿线国家旅游、学习和交流，从而加深对该国家的了解和喜爱。

第三章 构建立足内需的内循环体系

构建立足内需的内循环体系是适应新时代经济发展趋势的务实选择。在全球经济波动日益频繁的环境下，强化内部驱动，提升国内市场的吸纳能力成为确保我国经济稳定增长的核心策略。内循环不仅关乎消费、投资的协同增长，更涉及如何更好地激活国内潜能，优化资源配置，并保障经济运行在合理的轨道上。通过加强内循环，国家能够更加均衡地发展，减少对外部变数的依赖，从而确保经济的韧性和持续性。本章将对内循环体系的构建进行深入剖析，探索如何在国内市场中发掘更多的增长点，以实现经济的高质量发展。

第一节 加快发展现代产业体系

构建现代产业体系是建设现代化经济体系的重要内容，是立足新发展阶段、贯彻新发展理念、构建新发展格局的必然要求，是全面建设社会主义现代化国家的一项战略性任务。

一、我国产业体系总体状况

党的十八大以来，在以习近平同志为核心的党中央坚强领导下，我党秉持新的发展理念，深化供给侧结构性改革，致力推进高质量的经济增长。同时，制造强国、质量强国、网络强国、数字中国的建设持续推进，为我国的产业优化和升级打下了坚实基础。如今，经过一系列改革与创新，我国在产业发展上取得了显著的成效，不仅综合竞争力逐步增强，而且在全球价值链中，我国的产业结构也逐渐向中高端转变，基本形成了规模大、体系全、竞争力强的产业体系。

（一）产业规模优势更加凸显

近年来，我国产业规模持续扩大，稳居全球前列。在全球经济一体化的大背景下，我国抓住历史机遇，有效利用丰富的人力资源和地理位置优势，吸引了大量外资进入，促进了产业规模的迅速扩张。随着制造业、服务业和其他关键产业的稳步发展，我国在全球产业链中的地位进一步巩固，成为许多重要商品和服务的主要生产和出口国。此外，跨国企业和大型工业园区在国内的设立，为我国产业规模的增长提供了有力支撑。我国产业规模的稳健增长也吸引了更多的国际贸易和投资，形成了一个良性循环，进一步强化了我国在全球经济中的地位和影响力。在这样的发展势头下，我国的产业规模优势不仅得到了进一步的巩固，而且在全球范围内也更加凸显。

（二）产业创新能力显著提升

随着经济的发展和全球化进程的深入，我国产业的创新能力得到了显著提升，科技进步和研发投入的持续增加为新技术、新材料和新工艺的诞生提供了强有力的支撑。我国紧跟全球科技前沿，积极参与国际科技交流与合作，不断汲取先进经验，加速技术转化应用，从而推动了产业结构的转型和升级。同时，高等教育和职业培训的普及，为产业创新提供了丰富的人才储备，这些高素质的研发人员成为推动我国技术进步的关键力量。知识产权制度的完善与加强，为企业研发活动提供了法律保障，使企业更加积极地投身技术研发和创新活动。在多方面的努力下，无论是在核心技术突破、品牌建设上，还是在新产品研发上，我国产业都表现出了强大的创新活力和竞争实力，逐渐在国际市场上赢得了尊重和认可。

（三）产业结构优化成效明显

在经济全球化的大背景下，我国成功地对产业结构进行了优化和调整，取得了显著的成效，具体体现在以下三个方面：一是注重高技术产业、服务业和知识密集型产业，这对经济增长起到了关键作用，高技术产业，如电子、新能源和生物技术等，现已成为经济增长的新引擎；二是服务业，特别是金融、教育、旅游和健康医疗等领域，呈现出强劲的增长态势，逐渐成为我国国民经济的重要支柱；三是传统产业在进行技术更新和转型，这一措施提高了产品的附加值和生产效率，更加符合绿色、环保和可持续发展的要求。经过一系列策略调整和努力，我国的产业结构更加合理、高效和环保，为经济的长期稳定增长奠定了坚实基础。

（四）企业竞争力持续增强

近年来，我国企业在全球市场中的表现日益亮眼，无论是大型国企还是中小型民营企业，竞争力都呈现出明显的上升趋势。多个因素共同作用，形成了这一局面：技术创新与研发投入的增长使企业能够生产出更加先进、高效的产品，满足消费者日益增长的需求；品牌建设和市场营销策略的完善，使国内企业不仅在本土市场有着较高的知名度，也在国际市场上逐渐树立起良好的品牌形象；人力资源的培养和管理策略的不断优化，为企业提供了一支技术过硬、业务熟练的员工队伍；管理模式的创新，如精益管理、供应链优化等，进一步提高了企业的运营效率和响应速度；在贸易和合作中，企业学会了与全球伙伴进行深入合作，共同打造价值链，降低成本，提高效益。

在全球经济格局中，我国产业规模占据了举足轻重的地位，但仍然面临"大而不强"和"全而不精"的挑战。这意味着，尽管我国产业体量庞大，但在核心技术、品牌影响力、创新能力等方面仍有待加强，特别是在某些关键技术和核心环节，存在明显的瓶颈和短板，这使产业链在关键时刻可能面临中断的风险。同时，产业发展的不平衡性也反映在地域、领域和结构上，一些产业过度依赖外部资源，而一些潜力巨大的领域尚未得到充分挖掘。这种情况加剧了产业发展的不稳定性和风险性，因此，加快发展现代产业体系成为当务之急。

二、加快发展现代产业体系的重要意义

推动产业链供应链优化升级，是稳固国内大循环主体地位、增强我国在国际大循环中带动能力的迫切需要。加快发展现代产业体系，推动经济体系优化升级，提升产业链供应链现代化水平，是构建新发展格局的重大战略性任务。具体来说，加快发展现代产业体系的重要意义主要体现在以下三方面，如图3-1所示：

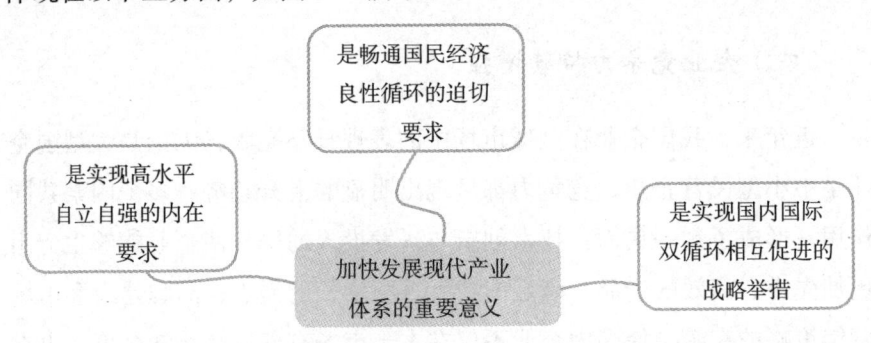

图3-1 加快发展现代产业体系的重要意义

（一）是实现高水平自立自强的内在要求

在全球经济一体化的背景下，现代产业体系的建设与完善成为各国追求持续发展的关键，高水平的自立自强不仅仅是经济增长的目标，更是一个国家在国际竞争中获得优势的基石。现代产业体系能够为国家提供技术创新、产业升级和高附加值产品，从而确保国家在全球价值链中的核心地位。技术进步和产业创新是现代经济发展的驱动力，而这两者都离不开健全的现代产业体系，只有拥有先进的产业体系，国家才能在技术研发、产业布局和市场竞争中占据有利地位，从而实现真正的自立自强。此外，现代产业体系还能够吸引国内外的资本和人才，为国家的经济发展注入新的活力。高附加值的产品和服务不仅能够提高国家的经济效益，还能够提升国家的国际影响力。因此，加快发展现代产业体系，不仅是我国追求经济增长的策略，更是确保国家在国际竞争中获得持续优势的必要条件。

（二）是畅通国民经济良性循环的迫切要求

在复杂多变的国际经济环境中，一个健全、高效的现代产业体系能够为国家经济提供稳定的增长动力。国民经济的良性循环依赖于产业链的完整性和高效性，现代产业体系能够确保生产、供应和消费的各个环节都能够高效运作，从而实现经济的持续增长。产业链完整，各个环节之间的连接就会更为紧密，可以有效地减少资源浪费，提高生产效率，推动经济的快速增长。同时，现代产业体系还能够为国家经济提供更为广阔的市场空间。随着技术的进步和消费者需求的多样化，只有拥有先进的产业体系，国家才能够及时调整产业结构，满足市场的需求，为国家提供更多的就业机会，提高人民的生活水平，进一步推动消费的增长，形成一个良性的经济循环。现代产业体系还能够为国家经济提供坚实的技术支持。技术创新是现代经济发展的关键，而技术创新的成功往往依赖于产业体系的完善。只有拥有健全的现代产业体系，国家才能够在技术研发、产业布局和市场竞争中占据有利地位，从而确保国家经济的稳定增长。因此，加快发展现代产业体系，是确保国家经济良性循环的迫切要求。

（三）是实现国内国际双循环相互促进的战略举措

新发展格局不是封闭的国内循环，而是更加开放的国内国际双循环。改革开放以来，特别是加入世贸组织后，我国抓住经济全球化的重要机遇，以制造业为主体，形成市场和资源"两头在外"的"世界工厂"发展模式，有力推动了经济增长，也在不断融入全球产业分工体系的过程中深化了同世界各国的产业联系，成为120多个国家和地区的主要贸易伙伴。我国拥有14亿多人口和规模仍在不断扩大的中等收入群体，是全球最大和最有潜力的消费市场，具有巨大发展空间。加快发展现代产业体系，大力推动我国产业转型升级，既能推动我国形成宏大顺畅的国内经济循环，更好吸引全球资源要素，改善我国生产要素质量和配置水平，提升国内大循环效率和水平，增强国内大循环在双循环中的主导作用；又能增强我国出口产品和服务的竞争力，塑造参与国际经济合作和竞争新优势，在更大范围、更深层次、更高水平上融入国际循环，提高我国在全球产业链、供应链、创新链中的影响力。构建新发展格局，实行高水平对外开放，必须加快发展现代产业体系，形成强大的国内经济循环体系和稳固的基本盘，并以此形成对全球要素资源的强大吸引力、在激烈国际竞争中的强大竞争力、在全球资源配置中的强大推动力，实现国内国际双循环相互促进。

三、加快发展现代产业体系的路径

加快发展现代产业体系，必须以习近平新时代中国特色社会主义思想为指导，不断增强抓好贯彻落实的政治自觉、思想自觉和行动自觉，

第三章 构建立足内需的内循环体系

加强对发展现代产业体系的前瞻性思考、全局性谋划、战略性布局和整体性推进。具体来说，加快发展现代产业体系的路径如图3-2所示：

保持制造业比重基本稳定，巩固壮大实体经济根基

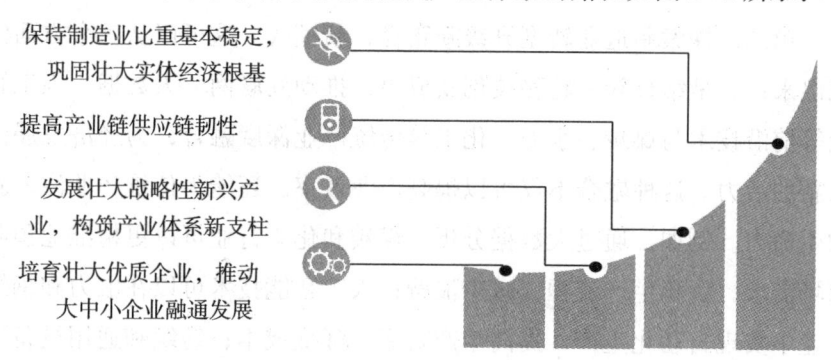

提高产业链供应链韧性

发展壮大战略性新兴产业，构筑产业体系新支柱

培育壮大优质企业，推动大中小企业融通发展

图 3-2 加快发展现代产业体系的路径

（一）保持制造业比重基本稳定，巩固壮大实体经济根基

制造业作为国家经济的核心，其稳定性直接影响整体经济的健康发展。在全球经济一体化的背景下，制造业的竞争力决定了一个国家在国际市场中的地位。因此，保持制造业比重基本稳定不仅是确保国家经济增长的基础，更是提高国家国际竞争力的优势。实体经济是国家经济的基石，它为国家提供了稳定的就业机会，推动了技术创新和产业升级。制造业是实体经济的主体，保持制造业占国民经济比重基本稳定，是发展现代产业体系的基础。如果制造业比重过低，不仅会拖累当期经济增长，影响城镇就业，还会导致产业"空心化"，动摇实体经济的发展根基。

第一，要保持制造业比重基本稳定，就要确保制造业在国民经济中的核心地位不受动摇，把推动制造业高质量发展摆在更加突出的位置，坚定不移建设制造强国。高质量的制造业发展意味着技术的创新、产品的升级和生产效率的提高，这将为国家带来更多的经济增长点和更高的产品附加值。建设制造强国不仅要求制造业自身持续创新和完善，还需要与其他产业，如服务业、数字经济等深度融合，形成产业链的互补和

共赢。只有这样，制造业才能在经济全球化的大背景下保持竞争力，确保国家经济的稳定和繁荣。

第二，探索制造业转型升级新路径、新模式。这可以从三个方面体现出来：一是结合新一轮科技创新成果，推动互联网、大数据、人工智能等前沿技术与煤炭、水泥、化工等传统产业深度融合，为经济发展注入新的活力。这种融合不仅可以提高产业效率，还能为传统产业注入新的生命力。例如，通过大数据分析，煤炭和化工行业可以更精准地预测市场需求，优化生产流程，减少浪费；人工智能技术可以在电力和钢铁行业中实现自动化生产，提高生产效率，降低成本；纺织和通用设备行业则可以通过网络化手段，实现供应链的实时管理，提高响应速度。这种深度融合将推动传统产业实现数字化、网络化、智能化的全面转型，使其在新的经济形势下保持竞争力，为国家经济的持续健康发展提供坚实支撑。二是促进制造业与服务业深度融合。新的制造方式和服务业态的创新为这一融合提供了无限可能，智能制造和工业互联网的发展不仅提高了企业的生产效率，还为服务外包、平台化、定制化和信息增值等新模式的崛起创造了条件。这种融合意味着制造业的产业链得到了有效延长。在上游，不再仅仅是简单的制造环节，而是涵盖了技术研发、产品定制等更前沿的环节；在下游，制造业与现代服务业，如信息服务、电子商务等紧密结合，为消费者提供更为完善的服务体验。这不仅增强了制造产品的市场竞争力，还为企业的售后服务提供了更大的空间。通过这种深度融合，制造业与服务业共同构建了一个更为完善、更具竞争力的产业生态，为经济发展注入了新的活力。三是打造与新发展阶段相适应的制造业发展模式，在中高端消费、绿色低碳、共享经济、现代供应链等领域培育轻工业、化工、造纸、钢铁、机床等产业的新增长点，形成新动能。

第三，优化产业结构和空间布局。随着经济的发展和技术的进步，我国的某些产业可能会出现过剩或者不适应市场需求的情况，这时就需要进行产业结构的调整。调整和完善产业结构能够提高资源的配置效率，促进经济的高质量发展；优化空间布局可以确保资源得到合理利用，避免浪费；注重区域间协同发展和互补，充分挖掘各地的特色和优势，形成产业链完善、功能互补的经济发展格局。合理的空间布局还有助于减少交通物流成本，提高生产和生活效率，从而促进经济社会的整体繁荣。

第四，推动先进制造业集群发展。集群化发展不仅能集中优势资源，提高创新和研发能力，还能带动相关产业链的崛起，形成产业效应。先进制造业集群的形成能够吸引技术人才和资金，为企业间提供技术交流和合作的平台，从而加快技术进步和产品迭代。此外，集群化还有助于降低企业的生产成本，提高供应链效率，确保产品和服务的质量。对于地方经济而言，制造业集群可带来产值和税收的增长，同时带动就业和人才引进，为经济发展注入新的活力。从长远看，通过构建先进制造业集群，不仅可以提高国家的产业竞争力，也有助于稳定经济增长和提升国家在全球产业链中的地位。

（二）提高产业链供应链韧性

制造业是立国之本、强国之基。我国经济发展具有显著的"大国经济"特征，必须发展实体经济，推进工业现代化、提高制造业水平，保持相对完整独立的产业链供应链。一是要充分发挥我国制造业第一大国优势，实施产业基础再造工程，夯实基础零部件、基础工艺、关键基础材料等产业链供应链基础领域保障能力。优化产业链供应链生态，强化资源、技术、装备支撑，打通研发设计、生产制造、集成服务等产业链条，实现多元化发展，构建自主可控的全产业链条。二是要锻造长板、补齐短板，增强高铁、电力装备、新能源、通信设备等新兴产业领域全球产业链的竞争力，巩固领先优势，形成战略反制。对短板弱项的重点产业链供应链，要积极推动补链强链工程，提高产业链供应链韧性，分行业做好全链条设计和精准施策，特别是要注重在存在断供风险的领域构建备份系统和提供多元化供给方案。三是要优化产业链供应链布局，根据不同地区的产业发展优势和资源禀赋条件，在全国范围内合理配置产业链供应链，引导中西部和东北地区进行产业转移和承接。加强国际合作，强化我国产业链供应链在全球产业体系中的核心优势，将产业链的关键环节留在国内。

（三）发展壮大战略性新兴产业，构筑产业体系新支柱

战略性新兴产业是引领国家未来发展的决定性力量，对我国形成新的竞争优势和实现跨越式发展至关重要。发展战略性新兴产业是加快建设现代产业体系、推动经济高质量发展的重大战略部署。"十四五"时期，既要优先发展已有一定基础的产业，也要前瞻谋划布局一批新产业。一是要推动各产业深度融合，培育新技术、新产品、新业态、新模式，构建一批各具特色、优势互补、结构合理的战略性新兴产业增长引擎。产业间的深度融合能够打破传统产业的界限，为创新提供更广阔的舞台，产业融合可以更好地利用各产业的技术和资源，实现资源的高效配置。培育新技术、新产品、新业态、新模式，不仅是为了满足当前的市场需求，更是为了预见未来的发展趋势，提前布局，抢占先机。构建具有特色、优势互补、结构合理的战略性新兴产业增长引擎，是确保经济持续、健康、高质量发展的关键。这样的增长引擎能够为经济注入新的活力，带动相关产业和地方经济的发展，同时也能够为消费者提供更多、更好的选择，从而形成一个良好的发展循环，助力经济持续向前推进。二是要加强数据中心、云与智能服务平台等新型基础能力和平台设施建设，开发一批适用于各种应用场景的互联网应用软件，打造一批资源富集、功能多元、服务精细的电子商务和工业互联网平台。三是要坚持鼓励创新和审慎包容原则，探索和创新适应新业态特点、有利于公平竞争的管理机制和办法，形成有利于发展的适应性监管体系。针对我国部分新兴企业规模相对较小、同质化严重、缺少全球领先的有竞争力的

大型企业等突出问题，要鼓励企业兼并重组，防止低水平重复建设。

（四）培育壮大优质企业，推动大中小企业融通发展

培育壮大优质企业是经济发展和国家竞争力提升的基石，强大的企业不仅可以带动相关产业链的崛起，还能够在全球市场中为国家赢得有利的地位。优质企业具有强大的研发能力、高效的生产和运营模式以及稳健的管理团队，能够在市场中迅速响应变化，抢抓机遇，持续创新并形成核心竞争力。大中小企业的融通发展是实现经济协同和资源高效配置的关键，大企业往往具有资源和技术的优势，但可能在某些方面缺乏灵活性；小企业则在创新和市场响应上有天然的优势，但可能面临资源和技术的限制；中型企业介于两者之间，能够起到桥梁的作用。推动大中小企业的融通发展，可以实现资源、技术和市场的有机结合，使各类企业在合作中找到自己的最佳定位，共同进步。为了实现这一目标，我国应加强产业政策的指导，优化金融和税收政策，鼓励企业间的合作与融合。同时，加大对技术研发的投入，提高企业创新能力，确保企业在市场中持续领先。加强培训和人才引进，确保企业有足够的人才储备，以应对市场的变化和挑战。这些措施可以确保优质企业的持续壮大，形成健康的企业生态，为国家经济的持续发展提供坚实的支撑。

第二节 优化收入分配体系，畅通国民经济分配环节

随着国内生产总值的快速增长，国民收入水平得到很大提高，我国构建了世界上最大的社会保障体系，为实现以国内大循环为主的经济格局打下了较为坚实的基础。但是，我国的基尼系数多年来居高不下，收入分配差距较大，二次分配对平抑贫富差距发挥的作用还远远不足，这

是经济运行有效需求不足的重大成因，在一定程度上影响了国内大循环。因此，深化收入分配制度改革是构建新发展格局的重要内容。

一、构建新发展格局与建设高质量收入分配体系的内在逻辑

无论是从马克思主义政治经济学的生产、分配、交换、消费环节看，还是从西方经济学要素及产品市场的供给—需求分析框架看，经济活动都是一个动态的、周而复始的循环过程。只有通过科学的分配并保持消费、储蓄和投资等比例关系合理，才能实现社会再生产的按比例协调发展和良性循环。构建高质量收入分配体系可以消除阻碍国内经济循环的障碍，从而扩大国内市场，这也有助于进一步推动与国际市场的互动和循环。

（一）实现社会再生产良性循环需要高质量的收入分配体系

社会再生产是经济活动中一个持续循环的过程，涉及生产、分配、交换和消费。为保证这个循环健康进行，合理的收入分配显得尤为关键。高质量的收入分配可以确保资源得到合理分配，激励生产者创新和增加产值，同时让广大消费者产生更高的购买力。这不仅能够保障消费的稳定增长，为企业提供稳定的市场，同时也能够鼓励储蓄和投资，从而为社会再生产提供持续的动力。良好的收入分配也有助于社会的公平正义，增强民众对经济发展的信心和参与度。当各个经济主体都受益于合理的分配时，社会再生产就能在平衡与和谐中持续、稳定地发展，形成真正的良性循环。

（二）实现供给需求的有效匹配需要高质量的收入分配体系

在市场经济中，供给与需求的平衡是决定商品价格、资源配置和市场稳定性的关键因素。当收入分配偏差过大时，消费者的购买力可能会受到压制，导致需求萎缩，而生产者可能面临产品过剩或短缺的风险。

高质量的收入分配体系确保广大人民群众能够拥有适当的购买力，从而使市场上的需求更为稳定和可预测。这样，生产者可以根据这些需求信号进行调整，以满足消费者的真实需求。同时，公正的收入分配能够激励生产者研发更高品质、更具竞争力的产品，满足不同层次消费者的需求。当供给侧与消费者需求更为匹配时，市场上的资源利用率将更高，浪费现象将减少，经济效益将得到提升。因此，高质量的收入分配不仅促进了供需间的有效对接，还有助于整体市场的健康、持续发展。

（三）实现高水平对外开放需要高质量的收入分配体系

对外开放不仅是一个国家经济全球化的过程，还意味着其与其他国家在贸易、投资和技术合作中的深度互动。高质量的收入分配体系为居民提供了更强的购买力，使国内市场更加吸引外国投资和商品。公正的收入分配有助于保持社会的稳定与和谐，为外商投资提供稳定的营商环境。在更宏观的层面上，高质量的收入分配可以促进国家的创新和技术进步，使其在国际合作和竞争中获得更强的话语权和影响力。这不仅能够吸引更多的外部资源，还可以推动国家在国际经济秩序中发挥更大的作用。

二、优化收入分配体系的总体目标

优化收入分配体系的总体目标如图 3-3 所示：

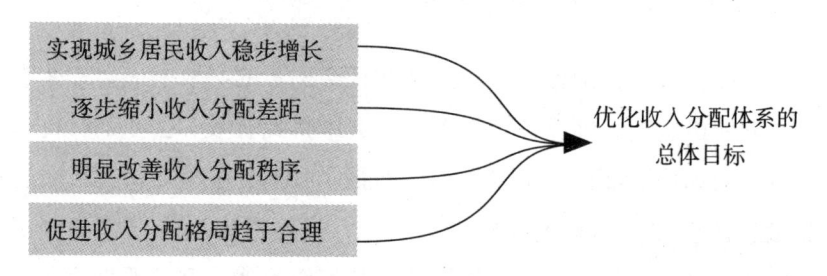

图 3-3　优化收入分配体系的总体目标

（一）实现城乡居民收入稳步增长

实现城乡居民收入稳步增长是经济持续发展的反映和民生改善的标志，这意味着随着经济活动的繁荣，广大居民能够获得更多的经济利益，提高其生活水平。收入的增长不仅关乎每个个体的福祉，还会对整个社会的消费、储蓄和投资活动产生积极影响。因此，居民收入的稳步增长既是国家经济健康发展的体现，也是社会进步与和谐的关键因素。

（二）逐步缩小收入分配差距

逐步缩小收入分配差距是现代社会的关键目标，具有多方面的意义。缩小收入差距可以减少社会的贫富悬殊，降低社会的摩擦和冲突。当贫富差距过大时，社会不公和矛盾会逐渐积累，导致社会不稳定；而更为均衡的收入分配则能增强社会的凝聚力，促进社会和谐。此外，收入差距的减少也与经济的健康发展息息相关。更加公平的收入分配有助于扩大中等收入群体，这一群体的消费和投资能力对于稳定国家经济增长和创新驱动是至关重要的。在教育、医疗和其他社会服务中，缩小收入分配差距有助于确保更多人享受到更高质量的服务，从而提高国家整体的社会福利和人民发展水平。从国际视角看，缩小收入差距有助于提升国家的国际形象，成为一个公正、公平和有责任感的国家。

（三）明显改善收入分配秩序

明显改善收入分配秩序是对经济和社会进步的必要响应。一个有序的收入分配机制能够确保各种资源在社会中得到有效和公正的分配，使人们对劳动和投资都持有正当的预期回报。收入分配秩序得到改善，就会刺激生产者和劳动者更加努力地工作，进而提高生产效率和经济增长。另外，良好的收入分配秩序能够减少资源浪费、避免恶性竞争，从而达到优化资源配置的效果。一个健全的收入分配秩序也可以增强社会的公平感，因为人们看到的是基于能力、贡献和努力的公正回报，而不是随机或不公正的收益。从更宏观的层面看，改善收入分配秩序有助于塑造一个公正、有序、和谐的社会，这对于维护社会稳定、提高人民的幸福感和培育公民的社会责任感都具有重要意义。

（四）促进收入分配格局趋于合理

促进收入分配格局趋于合理是确保经济持续、健康发展的关键因素。一个合理的收入分配格局意味着不同收入阶层、不同行业和地区之间的收入差异在一个可以接受的范围内，既能够保障基层和弱势群体的基本生活，又能激励高技能、高产值的工作者。当收入分配格局合理时，有助于形成一个强大的中产阶级，这是稳定社会、推动消费和创新的重要力量。而且，合理的收入分配格局可以提高人们的工作积极性和创新意愿，因为他们相信自己的努力将会得到回报，这也有助于培养和吸引人才，为国家的长期发展提供持续的人力资源支持。从社会的角度看，一个合理的收入分配格局可以增强人们的归属感和社会认同，减少社会的分化和对立，它也是实现社会公平、正义、和谐的重要手段，能够提高人们对未来的信心和对国家的信任度。

三、优化收入分配体系的举措

（一）坚持就业优先战略

坚持就业优先战略对于优化收入分配体系至关重要。就业是收入的基础，而持续、稳定的收入对于家庭和个人的经济安全感有着较大的影响。确保广大劳动力得到适当的就业机会，可以保障其基本的经济权益，为其提供一个稳定的生活来源。就业优先战略不仅仅关乎个人或家庭的经济福祉，它还与整个社会的和谐稳定有着直接的关联。高就业率可以降低社会不满和矛盾，当人们有稳定的工作，他们更可能对社会持有积极的态度，更有意愿和能力为社会作贡献。此外，坚持就业优先战略还有助于促进经济增长。当劳动力得到充分利用，生产力得到释放，无疑会推动经济的快速发展，而就业可以创造消费需求，进而促进经济的持续健康发展。消费是经济增长的关键驱动力，就业则是支撑消费的基石，对于劳动力市场本身来说，坚持就业优先战略也意味着必须不断创新和完善，确保劳动力的技能与市场需求相匹配。这不仅可以提高劳动生产率，还可以减少结构性失业，确保每一个愿意工作的人都有机会获得一份合适的工作。

坚持就业优先战略应从以下三个方面入手：

1. 坚持经济发展就业导向

将发展稳定与促进就业结合，使之成为国家经济发展的核心任务，是保障人民群众基本生活的必要之举。为实现这一目标，不断优化产业结构成为首要步骤。引导产业梯度转移升级，不仅可以振兴实体经济，还能为各地区、各区域创造更多的就业机会，使每个地区都能达到充分就业的目标。新兴产业的培育与发展同样不容忽视，这些产业具有巨大的潜力，可以为社会创造大量新的工作机会。这些新的就业增长点，将为国家经济带来新的活力，促进国家产业升级，从而使就业扩容与提质并进，为民众提供更多、更高质量的就业机会。创业带动的就业也是一个重要方向，国家鼓励和支持创业可以进一步激活劳动力市场，带动更多人进入就业领域。多策略、多渠道可以为创业者提供更多的资源和机会，使他们在创业的过程中能够成功，为社会创造更多的工作机会，从而进一步坚持就业优先战略，实现经济与社会的双重发展。

2. 提升劳动者技能素质

提升劳动者技能素质是坚持就业优先战略中不可或缺的一环。劳动者技能和素质的提升是解决就业结构性矛盾的核心，这一点体现在以下两个方面：一是要重视教育，教育被视为人才培养的基石。推进高质量教育体系的建设旨在培育更多的高素质人才，满足社会对各类专业技能的需求。对各类职业教育资源的有效整合，以及深入的产教融合和校企合作，是培育适应社会和企业发展需求的人才的关键。教育的发展不仅提供了各行各业所需的专业人才，还确保了劳动者能够在快速变化的经济环境中保持竞争力。二是为农民工和下岗工人提供职业技能培训服务，助力他们重新进入劳动市场。农民工和下岗工人常常面临技能过时或与当前市场需求不符的问题，这导致他们在劳动市场中处于不利地位。专业的职业技能培训可以帮助这些人群更新知识、提升技能，使他们更适应现代化的行业。这样的培训不仅仅是为他们提供新的技能，更是赋予他们重新融入社会、重新找到合适岗位的机会。随着技能的提升，他们的就业竞争力也会随之增强，更有可能找到稳定且待遇较好的工作，这不仅有助于提高他们的生活水平，还对稳定家庭和社会环境起到了积极作用。同时，当这部分劳动力得到有效的再利用，对于稳步扩大全社会的就业规模也是一个巨大的助推。在整个社会层面，这样的举措有助于提高社会的劳动生产率，推动经济健康稳定发展，更是实现社会公平和正义的重要体现。

3. 健全就业保障体系

健全就业保障体系是确保劳动者权益、维护社会稳定和推动经济发展的基石。通过协调各类政策机制，提高就业服务水平，我国政府可以确保求职者在寻找和获取工作时得到更多的帮助与支持，使更多人能够更快地找到合适的岗位。保障就业竞争的公平性意味着所有求职者在就业市场中都应得到公平对待，不受任何形式的歧视，这样可以确保将最佳的人才分配到最合适的岗位上，从而全面提升就业的质量。贯彻落实全民参保计划，为所有就业者提供相应的社会保险，这是对劳动者基本权益的保障；破除户籍限制，使无论在哪里工作的劳动者都能享受到同样的保障，是实现社会公平的重要措施。这样的政策不仅可以提高劳动者的工作积极性，还能为他们提供更大的安全感。同时，政府还要力争实现职工综合保险的全覆盖，确保每一个劳动者都能在面对疾病、失业或其他意外时得到必要的经济支持。对于农民工和外来务工人员来说，他们子女的教育问题常常成为他们在城市工作时的一大困扰。因此，完善这一群体子女的教育机制体制，确保他们能够在城市中获得与当地居民同等的教育机会，不仅可以提高这部分人口的整体素质，还能从根本上解决他们的后顾之忧，使他们更能够集中精力在工作上，从而更好地促进经济社会的发展。

（二）完善收入分配制度

完善收入分配制度是确保社会公平和谐、稳定经济发展的关键。一个合理、有效的收入分配制度能够创造一个公平的环境，确保各类生产要素得到其应有的报酬，减少社会的贫富差距，降低社会的摩擦和冲突。首先，在不断变化的经济环境中，国家要特别重视初次分配的公正性，确保劳动和资本的合理报酬；其次，要通过再分配调节制度，进一步减少社会的收入差距，满足社会福利需求；最后，借助第三次分配，利用社会力量进一步细化和优化收入分配，推动社会公益事业的发展。

1. 完善初次分配制度

完善初次分配制度，必须坚持多劳多得，要着重保护人民劳动所得，提高劳动报酬在国民收入中的比重。这一点可以体现在以下五个方面：

一是对于工薪劳动者、技术工人、服务业人员、基层公务员以及新经济下的共享经济平台从业者，实施合理有效的分配政策，保证其收入稳步提高。这些人构成了社会的中坚力量，直接参与和支撑着经济的日常运行。实施合理有效的分配政策对于这些人群来说，意味着更加公正的回报，与他们的努力和贡献相匹配。具体来说，可以从以下五个方面着手：（1）市场价值对接。确保工资体系与市场对于特定技能和职责的估值相对应，这需要定期进行行业和地区的工资基准调查，使薪酬策略与市场趋势保持同步。（2）绩效奖励。建立绩效考核制度，使劳动者的努力和成果能够得到相应的经济回报。这既能使员工提高工作效率,也能确保更优秀的员工获得更多的收益。(3)持续培训。提供职业培训和进修机会,帮助劳动者提高其技能和知识,进而有更大的机会获得晋升和加薪。(4)福利与补贴。除基本工资外,为劳动者提供各种福利如医疗、住房、教育补贴等,以增强他们的经济安全感。(5)灵活薪酬策略。针对共享经济平台等新型就业形态,设计与之相匹配的薪酬策略,如分红、股权激励等,确保这些从业者的收入与他们为平台带来的价值相匹配。

二是进一步规范政府收入,继续实施对企业,主要是中小企业和民营企业的结构性减税政策,以此为突破口,带动宏观分配格局的调整优化。规范政府收入意味着确保公共财政的透明度、效率和责任,这可以通过加强预算管理、提高公共项目的投资效益和打击税收逃漏等措施来实现。同时,为中小企业和民营企业实施结构性减税政策,特别是针对那些在创新、技术研发和扩大就业方面做出贡献的企业,可以直接降低他们的经营成本,增强他们的市场竞争力和生存能力。这种减税策略不仅可以增加企业的再投资能力,还可以鼓励人们进行更多的创业和创新活动。长远来看,这种结构性的税收优惠将刺激经济增长,增加就业机会,并帮助社会调整和优化宏观分配格局,从而确保经济更加公平和可持续发展。

三是在推行覆盖全部国有企业、分级管理的国有资本经营预算制度的基础上,建立收益分享制度。首先,需要为每个国有企业设定明确的经营目标和预期回报率,达到或超过这些目标的企业可以获得额外的奖励或资本支持。其次,引入绩效考核机制,将企业的经营绩效与管理层和员工的奖励直接挂钩,使他们在企业盈利时能获得更多的收入。这种与绩效直接相关的奖励制度将鼓励更高效和创新的经营管理。最后,公开透明的财务报告和外部审计制度是确保收益分享制度公平、公正实施的关键,确保所有权益相关方都对企业的经营状况有清晰的了解,从而共同推动企业的持续发展。

四是进一步扩大国有资本收益的上缴范围，合理分配和使用国有资本收益，新增部分主要用于社会保障、公共服务等民生支出。扩大国有资本收益上缴范围要求企业对当前的资本收益划分标准进行审视和优化，确定哪些部分或比例应当上缴国库。具体操作时，可以结合国有企业的经营规模、所在行业的特点以及资本效益等因素来调整上缴比例，确保合理性与公平性。为了保障资源的合理分配，国有资本收益上缴后的使用应当进行严格的规划和管理，重点是将新增的资本收益主要用于社会保障、公共服务等民生领域。具体使用时，可以设立专项基金，如老年保障基金、公共医疗基金或教育发展基金等，每年根据预算和实际需求拨付。此外，公开透明的资金管理和审计机制是确保资金合理分配和使用的关键，这一机制也增强了社会对于国有资本收益使用的信心，确保资金能够真正流向民生项目，惠及广大人民。

五是助推重点群体增收激励计划落到实处，大力激发全社会自主创业、创新、创富的动力和活力，进一步引导更多人群通过诚实劳动、合法经营增加收入。助推重点群体增收的激励计划需要具体可行的策略来确保其落地。第一，制定政策和财政补助，为初创企业和创业者提供税收优惠、低息贷款或资金补贴，降低创业门槛。第二，强化对创新项目的支持，设立创新基金，为有前景的技术研发提供资金支持；与高等教育机构和研究所合作，构建技术转移平台，助推技术成果在市场中的应用。第三，开展全民创业教育和培训，普及创业知识，提高社会各层次对创业和创新的认知。第四，加强法律法规建设，确保诚实劳动和合法经营得到合理保护，抑制不正当竞争。第五，鼓励和表彰那些通过诚实劳动和合法经营的成功案例，塑造积极的社会风尚，激励更多人群追求自主创业和增加收入的目标。

2. 加快健全再分配调节制度

充分发挥政府对收入分配的调节作用，健全完善以税收、社会保障、转移支付等为主要手段的再分配机制。这主要体现在以下四个方面：

第一，政策方面要加快优化税收结构，适当降低增值税、消费税的税率，积极稳妥推行财产税和遗产税。优化税收结构是确保国家财政稳定和社会公平的重要手段。降低增值税和消费税的税率可以刺激消费和投资，从而助推经济增长，这种税务调整旨在减轻企业和消费者的税负，使其拥有更多的可支配收入，进而激励生产和消费。同时，引入财产税和遗产税则是为了实现更公正的财富分配。财产税可以限制过度的房地产投资和持有，鼓励资源的合理配置；遗产税则有助于减少社会贫富差距，防止长期的财富积累和传承导致的社会不平等现象。这两种税收制度的推行需谨慎设计，确保其既不打击人们的投资意愿，也能实现公平与效率的平衡，满足长期经济和社会发展的需求。

第二，要建立分类和综合相结合的个人所得税制度，适当提高个人所得税基本费用减除标准，进一步增加教育培训、医疗卫生、养老助残等专项费用扣除。分类税制可以针对不同收入来源制定差异化税率，如工资收入、投资收入和其他形式的非劳动性收入。与此同时，综合税制能够确保收入的总体负担更为均衡，反映出公平性和公正性。适当提高个人所得税的基本费用减除标准能够减轻低收入群体的税务负担，使他们有更多的可支配收入来满足基本生活需要；而增加教育培训、医疗卫生、养老助残等专项费用扣除，则能够激励个人在这些领域进行投资和消费，促进社会福利和个人发展，同时平衡不同收入群体在税收中的负担，确保税制的公平合理。

第三，加大财政资金在民生领域的投入力度，加强对欠发达地区转移支付的支持力度，促进社会基本公共服务多元化、均等化和标准化。加大财政资金在民生领域的投入是确保所有人能享受到基本公共服务和提高生活质量的关键，这意味着更多的资金将被用于教育、医疗、住房、公共交通等基础领域，从而为公众创造更好的生活环境和机会。加强对欠发达地区转移支付的支持，可以缩小地区之间的发展差距，确保所有地区的居民都能享受到相对均衡的资源和服务。社会基本公共服务的多能化、均等化和标准化则是确保服务的质量和覆盖面，使其不仅满足基本需求，还能针对不同群体的特定需求提供定制化服务。这样的投资和支持策略将确保整个社会的公平与和谐，为国家经济的可持续发展打下坚实基础。

第四，全面提升社会福利标准，构建均衡的保障体系。随着社会经济的发展，提高社会救助、抚恤优待标准及失业保险金标准是保障基层群体基本生活权利的重要方式。将低保标准与地方居民人均消费支出水平相协调，可以更准确地反映当地的生活成本，确保基层群体的基本生活需求得到满足。提高社会的基本养老金待遇是对老年人尊重和关心的体现，确保他们老有所养。同时，为确保每个人都能享受基本的社会福利，我国正在努力向"幼有所育、学有所教、劳有所得、病有所医、住有所居、弱有所扶、逝有所安"这个目标迈进，一个健康、和谐、先进的社会制度正在形成，努力为所有人创造更加公正、公平的生活环境。

3. 完善政策支持体系促进第三次分配

第三次分配是指在市场调节和政府再分配的基础上，通过各种慈善捐赠、社会援助、公益活动等形式，实现财富在社会各个成员间的再分配。它强调的是社会责任、公益心和社区的参与，与纯粹由政府或市场机制实现的分配有所不同。促进第三次分配可以通过以下措施进行：

一是简化公益慈善组织审批流程，为更多的社会成员提供便利条件，促使他们参与公益活动。

二是鼓励社会各界，如个人、企业和社会组织等开展公益事业，不仅可以提供多样化、特色化的服务，满足公众多元的需求，也能带动社会资本流入这些领域，使社会释放更大的公益潜能。

三是发展壮大社会工作人才队伍，特别是持证社会工作者和注册志愿者，确保公益服务高效、专业并贴近民生。持证社会工作者经过专业培训和认证，具备深入了解和应对社会各种问题的能力，他们能为困难群众提供更为精准和人性化的帮助；注册志愿者则是公益事业中的重要力量，他们投身其中，将爱心转化为实际行动，为社会带来正能量。推动这两大队伍的发展，不仅能确保公益服务的质量和效果，还能吸引更多的人加入公益事业，在社会中形成强大的公益服务网络。随着队伍的壮大，面向困难群众的公益服务将得到更快速的发展，使更多有需要的人得到帮助和关心。

四是鼓励企业参与慈善事业。通过提高企业捐款的税前扣除标准，政府可为企业提供实际的经济激励，降低其慈善捐赠的成本。政府可以对参与慈善事业的企业采取更为灵活的税收策略，如允许企业在公益性捐赠支出超出年度利润总额时将多出部分按一定比例结转至下一年度进行扣除，进一步缓解企业的财务压力。这种政策旨在鼓励企业长期、持续地投入慈善事业，而不是仅仅为了一时的形象展示。长远来看，这样的税务优惠制度将鼓励更多的企业投入慈善事业，共同促进社会的和谐与进步。

五是加强社会慈善氛围和公益基金会的建设。一个良好的慈善氛围能鼓励更多的个人和组织积极参与，为公益事业注入持续动力。政府还可以建立慈善捐款使用的跟踪机制，确保每一分捐款都能用在刀刃上，提高捐赠效率。

六是政府要接受社会的全程监督，促进公益组织在运作中更加规范、公正，这样的透明度和监督将有助于建立一个更加公正、有效的公益生态系统。

第三节　统筹推进现代流通体系建设

在构建立足内需的内循环体系中，现代流通体系的建设无疑是其中的关键环节。商品流通作为生产者与消费者之间的桥梁，关乎整个经济体系的效率、活力和稳定性。随着技术的快速进步、消费者需求的多样化及全球经济格局的演变，现代流通体系需要应对更为复杂的挑战，同样也面临前所未有的机遇。一个健康、高效、弹性的流通体系可以更好地将生产与消费对接，优化资源配置，激发市场活力，从而为内循环经济体系提供强大的支撑。本节将深入探讨如何统筹推进现代流通体系的建设，确保其在新的经济大循环中扮演关键角色，促进国家经济持续、健康发展。

一、现代流通体系建设的重要意义

现代流通体系建设的重要意义主要体现在以下五个方面，如图 3-4 所示：

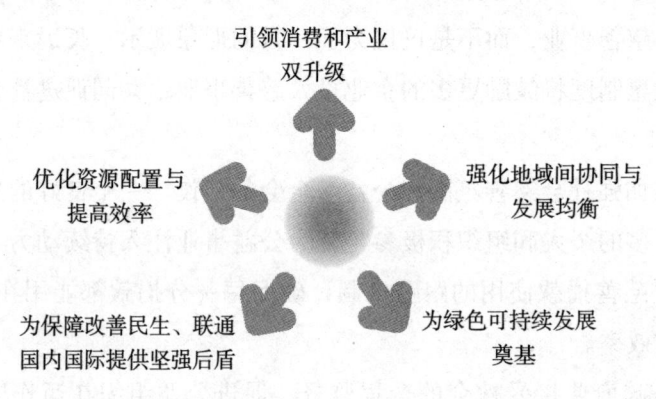

图 3-4 现代流通体系建设的重要意义

（一）优化资源配置与提高效率

现代流通体系的建设在优化资源配置与提高效率方面发挥了决定性的作用。流通作为商品和服务从生产到消费的中间环节，其效率直接关系到整体经济运行的速度和质量。构建现代流通体系可以缩短商品和服务的流通时间，减少中间环节，大大降低交易成本。例如，数字化流通方式，如电商和在线支付，已极大地简化了交易流程，使消费者能够更快速、方便地获得所需商品和服务。同时，现代流通体系通过引入先进的管理理念和技术，如供应链管理和大数据分析，能够更精确地预测市场需求，有效避免供需失衡。这不仅减少了浪费，还确保了生产企业可以根据市场反馈及时调整生产计划，从而实现生产与消费的紧密对接。现代流通体系还促进了更为合理的资源分配。传统的流通体系往往存在信息不对称，导致资源在某些环节过剩，在某些环节又短缺，而现代流通体系通过实时的信息共享和分析，可以更加精确地将资源分配到真正需要的地方，实现资源的最大化利用。

（二）引领消费和产业双升级

流通是建立在交易基础之上，直接引起或派生的物流、资金流、信息流的总和，是形成价格信号的前提和实现供求匹配的基础。在这一过程中，市场中的供求信息、价格信号等，会通过流通活动充分反映出来。有效的流通活动，不仅能够引导产业结构调整和技术进步，还能够引领消费模式的转变和消费结构的升级。建设现代流通体系，就是要更好地发挥流通发现需求、引导生产的作用，切实提高供需适配性。现阶段，大数据、云计算、人工智能、物联网、移动互联网等迅速渗透经济生活的方方面面，各行各业都在酝酿重大变革。流通作为创新发展最活跃的领域之一，要加大新一代信息技术应用，加快流通新业态、新模式发展，不断提高流通组织化、数字化程度，更好发挥流通的价格发现、信息传导作用，更加主动引领消费和产业升级，加快推动"中国制造"向"中国创造"跃升，更好满足人民日益增长的美好生活需要。

（三）强化地域间协同与发展均衡

强化地域间协同与发展均衡在现代流通体系中显得尤为关键。地域差异由于历史、地理、文化和经济条件的多样性而存在，但在经济全球化和数字化的趋势下，地域间的紧密连接和协同合作变得更为重要。现代流通体系通过打破地理界限，使各地的资源、技术和市场能够互相连接、共享和补充，地域间的协同合作可以为各地带来互补性的经济机会。例如，资源丰富的地区可以与技术先进、产业发达的地区建立合作关系，实现资源和技术的有效对接。这种方式不仅可以优化资源的利用，还可以促进技术的传播和应用。发展均衡则是确保各地区都能从现代流通体系中受益，实现共同繁荣。对于那些历史上落后或地理位置不利的地区，现代流通体系为其提供了与外部世界连接的桥梁，使其有机会融入更大的经济体系，享受到技术进步和市场发展的红利。同时，现代流通体系也为地域间的文化和信息交流提供了渠道，这不仅有助于加深各地区之间的了解和信任，还可以为人们在社会中的创新和创业提供灵感和机会。

（四）为绿色可持续发展奠基

为绿色可持续发展奠基是现代流通体系在新时代背景下的重要职责。随着全球气候变化和环境压力的加剧，绿色、低碳、循环经济成为各国和地区新的发展方向。现代流通体系作为生产与消费的中介，承担着推动绿色转型和实现可持续目标的重要职责。

在现代流通体系中，对于绿色供应链的管理逐渐受到重视。通过对供应链的全流程管理，企业能够确保其产品和服务的环境友好性，从原料采购、生产制造、产品销售到回收再利用，都遵循绿色、低碳的原则。数字技术在绿色流通中发挥着重要作用。大数据、人工智能和物联网等技术使企业可以对资源使用和废弃进行实时监控，及时发现浪费和污染，采取措施进行改进。此外，数字化还有助于提高物流效率，减少运输过程中的能源消耗和碳排放。消费者在绿色可持续发展中也起到关键作用，现代流通体系为消费者提供了更为透明的产品信息，使其可以

第三章 构建立足内需的内循环体系

做出环境友好的购买选择。教育和宣传活动也可以提高消费者的绿色意识，鼓励其参与循环经济和减少浪费。

（五）为保障改善民生、联通国内国际提供坚强后盾

在国内，流通承担保障居民生活必需品供应的重要职责，人民群众的"米袋子""菜篮子""果盘子"等都离不开流通，特别是在抗震救灾、雨雪冰冻、防汛抗旱等突发应急事件中，确保生活必需品等物资供应的总体充足、价格平稳，能够让人民群众有更多获得感、幸福感、安全感。在国际上，随着产业分工的不断深化，国与国之间经济的融合从来没有像今天这样紧密，全球经济已经"你中有我、我中有你"。然而，应该清醒地认识到，当今国际政治经济格局复杂多变，新一轮科技革命、产业革命深入发展，经济全球化遭遇逆流，全球产业链供应链正在面临更加严峻的考验。建设现代流通体系，就是要建立完善央地协同、政企联动、快速反应、协调有力的应急协调机制，丰富信息引导、企业采购、跨区域调运、储备投放、进口组织、限量供应、依法征用等调控手段，进一步加强市场调控与应急保供，为人民群众的基本生活需要提供保障。同时，要立足我国超大规模市场优势，在国家战略、产业发展层面，培育一批具有较强全球资源配置能力的龙头企业，与"一带一路"合作伙伴的基础设施互联互通，打通重要资源的运输通道，联通国内国际两个市场、两种资源，整合全球资源为我国所用。

二、着力提升流通体系现代化水平

国内循环和国际循环都离不开高效的现代流通体系。我国要以深化供给侧结构性改革为主线，以改革创新为根本动力，以满足人民日益增长的美好生活需要为根本目的，坚持目标导向、问题导向、结果导向，坚持硬件建设与软件提升统筹推进，坚持补短板与强优势紧密结合，加快建设网络健全、设施完备、主体多元、方式多样、畅通高效、开放包容的现代流通体系,努力构建以国内大循环为主体、国内国际双循环相互促进的新发展格局。具体来说,提升流通体系现代化水平有以下六项举措,如图3-5所示:

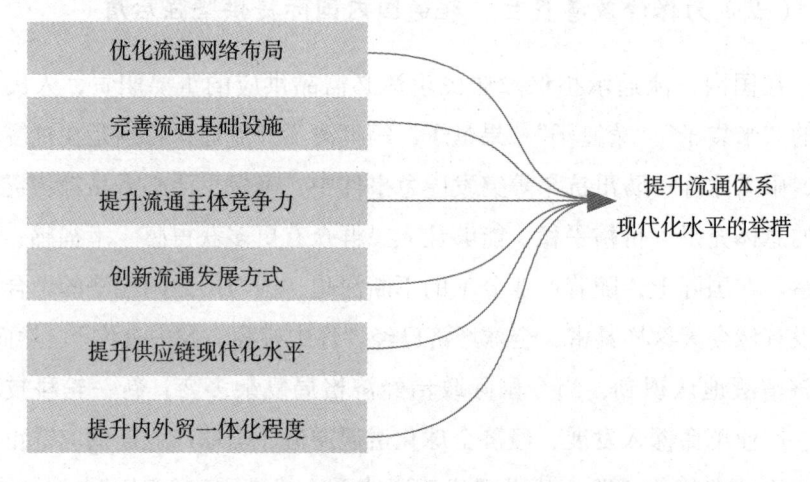

```
优化流通网络布局  ─┐
完善流通基础设施  ─┤
提升流通主体竞争力 ─┼─→ 提升流通体系
创新流通发展方式  ─┤    现代化水平的举措
提升供应链现代化水平 ─┤
提升内外贸一体化程度 ─┘
```

图3-5 提升流通体系现代化水平的举措

(一)优化流通网络布局

正确、科学地布局流通网络,意味着能够确保商品和服务在最短的时间、最低的成本内从生产地迅速、准确地传输到消费地。有效的流通网络布局可以减少不必要的中间环节,避免资源浪费,提高国家整体经济效率。

1. 优化骨干流通网络

优化骨干流通网络是确保整体流通效率和稳定性的关键。骨干流通网络作为整个流通体系的主干和支撑,其效能直接影响商品和服务的流通速度、成本和可靠性。在构建现代流通体系时,骨干网络的优化应侧重以下几个方面:一是构建多模式交通网络是优化的基础,通过结合铁路、公路、航空和水路等多种交通方式,确保骨干网络的连通性和灵活性,这不仅可以缩短商品的流通时间,还可以根据不同商品的特性选择最合适的交通方式，从而节约成本；二是利用数字化和智能化技术提高骨干网络的管理效率，物联网、大数据和人工智能等技术，可以实时监控骨干网络的运行状态，预测可能出现的问题，从而提前采取措施进行调整，数字技术还可以优化物流路径，减少不必要的中转和重复运输；三是加强骨干网络的建设和维护，定期对骨干网络进行检查、维护和升级，确保其始终处于良好的运行状态，对于那些已经落后或无法满足市场需求的部分，应及时进行改造或替换。

2. 推动区域协调发展

由于历史、地理和经济原因，我国各个区域的发展水平和资源禀赋存在差异，这些差异可能导致流通网络的断裂和资源的浪费。因此，协调各个区域的发展、确保流通网络的连续性和均衡性，显得尤为重要。

区域协调发展首先需要识别各区域的优势和劣势，一些地区可能拥有丰富的资源和成熟的产业基础，而其他地区则可能具有地理位置或技术创新的优势。明确各区域的特点和需求，可以有效地配置资源，实现各区域的互补和共赢。另外，加强各区域之间的交流和合作也是推动协调发展的关键，这不仅包括物质资源的交换，还包括技术、人才和资本的流动。例如，技术先进的地区可以与资源丰富的地区建立合作关系，共同开发市场，分享发展成果。为了促进区域协调发展，还需要优化相关政策和机制。例如，制定适当的税收和财政政策，鼓励企业和投资者向欠发达地区转移，从而带动当地的经济发展；加大对基础设施和公共服务的投入，确保各区域的居民都能拥有公平、高质量的生活。

3. 完善城乡配送体系

完善城乡配送体系是实现流通网络高效运行的关键。随着城市化进程的加速和农村经济的变革，城乡之间的流通需求日益增长，形成了一个错综复杂的配送网络。对此，构建一个既能满足城市消费者对于高效、快捷服务的需求，又能确保农村地区得到公平、合理配送的体系变得尤为重要。

打通城乡物流配送的"最后一公里"是推动流通降本增效的重要任务。政府要加快构建以综合物流园区、专业配送中心、末端配送网点为支撑的城市配送网络，优化城市配送车辆通行管理，完善县、乡、村三级物流配送网络，推进快递下乡进村，促进配送资源共建共享、统仓共配，建立高效集约、协同共享、融合开放、绿色环保的城乡高效配送体系，优化工业品下乡、农产品进城双向通道。

（二）完善流通基础设施

建设现代流通体系，流通设施是基础。经过长期持续建设，我国流通设施不断完善，面向不同层次、不同需求的多层级商业网点布局初步形成。但城市商业发展不够均衡、农村流通设施建设滞后、电子商务新型基础设施发展不充分等问题依然存在，公益性流通设施建设存在短板。完善流通基础设施建设，就是要发挥政府在城乡商业网点规划建设中的引导作用，将商业网点布局纳入相关规划，提升城市商业能级，补齐农村流通短板，打通城乡流通"微循环"。

1. 提升城市商业能级

目前，我国城镇消费占居民消费的比重较高，是全面促进消费、促进形成强大国内市场的基本盘。要实施城市商业能级提升行动，就要以培育国际消费中心城市为牵引，以满足不同层次消费需求为导向，逐步完善多层级城市商业布局，更好满足城市居民的品质化、多样化消费需求；重点打造城市一刻钟便民生活圈，形成多业态聚合的社区商圈，实现生活所需步行获得；推进城市商业设施数字化改造，高质量推进步行街改造提升，发展智慧商圈、智慧商店，培育城市消费新载体。

2. 补齐农村流通短板

补齐农村流通短板是优化整体流通体系、促进城乡经济均衡发展的重要措施。农村地区由于受到历史、地理和经济条件的限制，流通设施和服务往往相对落后，这不仅影响了农村消费者的购物体验和生活质量，也制约了农村经济的发展潜力。为了补齐这一短板，流通设施的建设和升级应放在首位，这包括建设现代化的农贸市场、物流中心和配送站，确保农产品能够快速、高效地进入市场，满足农村消费者对各类商品的需求。根据农村地区的特点，政府可以探索其与城市不同的流通模式，如移动商店、农村电商等，为农村居民提供更为便捷、多样的购物选择。技术在补齐农村流通短板中也起到了关键作用，互联网、大数据和物联网等技术的发展，可以实现农村流通的数字化、智能化管理，提高流通效率，减少成本。例如，农户可以通过手机应用直接将农产品销售到城市，消除中间环节，提高收益。加强对农村流通人才的培训和引进也是补齐短板的重要手段，要确保他们掌握现代流通管理知识和技能，应对各种挑战，为农村经济的发展贡献力量。

3. 加大公益性流通设施投入

公益性流通设施通常指那些不完全以盈利为目的，但对于整体经济和社会发展具有重要意义的设施。这类设施往往针对那些市场机制难以有效覆盖的地区或群体，如偏远地区、特定的弱势群体等。对于这类地区和群体，公益性流通设施的建设和升级可以确保他们与外部市场的连接，使他们享受到与其他地区和群体相同的商品和服务。例如，建设农村公路和仓储设施可以降低农产品的损耗，提高农户的收益；在城市边缘或低收入社区建设的公共市场或超市可以满足居民的日常消费需求；加大公益性流通设施的投入也有助于实现资源的优化配置和经济的均衡发展。这类设施通常作为公共商品出现，吸引私人资本和企业参与，形成公私合作的模式，从而实现资源的高效利用。此外，公益性流通设施还可以起到令社会稳定、和谐的作用，确保所有地区和群体都能享受到公平、高质量的流通服务，减少社会不平等和矛盾，为经济的持续、健康发展创造和谐稳定的环境。

（三）提升流通主体竞争力

建设现代流通体系，广大企业是主体。近年来，各类市场主体数量增多、活力增强，商品和服务的供给能力不断提升。但总体上看，我国目前的流通体系组织化程度不高，产业集中度较低，国际竞争力不强。提升流通主体竞争力，就是要提高流通企业的组织化程度、现代化水平，增强其引领生产、促进消费、配置资源的能力，使其成为畅通国内大循环的主力军。

1. 培育大型流通企业

培育大型流通企业是提升流通体系现代化水平的关键一环，大型流通企业具有更强的资本、技术和管理能力，能够在全球市场占据有利位置，吸引更多的资源和机会。对于国家经济来说，大型流通企业不仅可以为社会提供稳定的就业机会，还能够通过规模经济降低成本，为消费者提供更低价、更高质的商品和服务。此外，大型流通企业在供应链管理、技术创新和品牌建设方面都有独到之处，可以形成行业标杆，引领整个行业向更高水平发展。从宏观经济的角度看，培育大型流通企业也有助于提高国家的经济竞争力，促进外贸平衡，提高货币稳定性。为此，国家要建立健全重点流通企业联系制度，引导流通企业加大物联网、大数据、云计算、人工智能等新技术应用，在流通数字化、网络化和智能化方面实现跨越式发展；要加强政策保障和智力支撑，推动企业创新发展、兼并重组，参与"一带一路"经贸合作，布局全球网络，统筹全球资源，提升产业集中度和国际竞争力。同时，国家应该给予大型流通企业更多的支持和鼓励，如税收优惠、资金扶持和人才培训等，确保其健康、快速发展，助力国家经济的长远繁荣。

2. 激发中小企业活力

中小企业灵活、创新并且更接近市场，经常是新兴产业和新技术的孵化器，要想真正激发其活力，关键在于创造一个有利于它们成长和发展的环境。从政策层面来说,可以为中小企业提供税收优惠和财务支持,降低其运营成本,简化行政手续和审批流程,为其节省宝贵的时间和资源。资金是中小企业成长的重要动力,因此,加大对中小企业的金融支持,为其提供低利率贷款或者专项资金是必要的,也需要鼓励私人投资和天使投资者介入,使他们为中小企业带来更多的资本与管理经验。人才是企业的核心竞争力,为此,与高校和研究机构合作,建立人才培养与输送机制,可以让中小企业获得其所需的技术和管理人才。市场准入也是一个关键环节,通过调整行业准入门槛和标准,中小企业能在公平竞争的环境中获得市场份额。中小企业还可以通过技术创新和产品研发,提升自身的竞争力和市场地位;强化知识产权保护,使自身在创新上无后顾之忧,大胆尝试,从而真正发挥其在经济发展中的作用。

3. 推动协同创新

协同创新是中小型企业发挥各自能力优势、整合互补资源、实现加速发展的有效途径。为了真正实现协同创新,需要构建一个跨行业、跨领域的交流与合作平台,这样的平台可以为各方提供交流思想、分享资源的机会,加速技术的传播与应用。企业与高等教育和研究机构建立深度合作关系,使实际产业问题与科研能够紧密结合,形成从基础研究到应用研究,再到产业化的无缝链接。为了保障各方权益,建立清晰、公平的知识产权协议是至关重要的,这能确保所有参与方在协同创新中得到公正的回报,增加他们的参与意愿。资金支持也是协同创新的关键,可以考虑建立专门的创新基金,支持那些有潜力、有前景的协同项目。同时,通过政府和社会各界的鼓励,形成协同创新的良好氛围,使各方更愿意分享资源、知识和技术,共同推进创新进程。在此基础上,中小型企业还应该注重培训和教育,使更多的人员理解和掌握协同创新的理念和方法,进一步加强多方之间的合作与交流,共同推动经济和社会的持续发展。

(四)创新流通发展方式

建设现代流通体系,创新流通方式是有效手段。随着现代信息技术的广泛应用,电子商务与传统流通企业深度融合,流通新业态、新模式发展迅速,流通发展方式更加多样,但数字化、标准化、品牌化、绿色化程度仍旧不高,难以满足群众多样化、品质化的消费需求。提升流通发展方式,就是要顺应消费升级趋势,加大信息技术应用,推动流通网络化、数字化、标准化、品牌化、绿色化发展,增强经济的可持续发展能力。

1. 大力发展电子商务

近年来,我国电子商务蓬勃发展,在流通领域的带动作用尤为突出。电子商务的兴起极大地扩宽了市场边界,使产品和服务能够快速流通到更广大的地域,甚至是之前难以触及的乡村地区。这种广泛的覆盖不仅使消费者享受到了更为便捷的购物体验,还为商家打开了新的市场。流通效率的显著提高使库存成本降低,进一步刺激了生产和供应链的优化。为了更好地推进电子商务的发展,需要强化网络基础设施建设,确保平台的稳定性和速度。同时,对于电子支付、物流配送、售后服务等关键环节,都应注入更多的技术和创新,确保消费者在电子商务平台上的每一次交易都能得到满意的体验。还需强化相关的法律和监管体系,保障消费者权益,确保电子商务在健康、有序的环境中稳步发展。

2. 推动数字化转型

推动数字化转型是创新流通发展方式的核心措施。在数字经济的浪潮下,流通行业也正经历着前所未有的变革。数字化转型主要包括采用先进的技术工具,如大数据、人工智能、区块链等,以实现更高效、更透明的流通过程。通过大数据分析,企业可以更加精准地了解消费者的需求和市场趋势,为产品和服务提供更为个性化的定位。人工智能技术可以自动处理许多流通环节，如智能客服、自动化仓储等，大大提高了效率并降低了成本。区块链技术为供应链提供了更为透明的信息追踪机制，确保了商品和服务的质量与真实性。推动流通领域的数字化转型需从多个维度出发：要促进实体企业创新转型，积极发展智慧商店、智慧街区、智慧商圈，打造数字化场景，实现智能化管理；要推动各类流通业态和互联网深度融合，创新商业模式与服务模式，实现跨界融合，提升商品和服务的供给能力及效率。培训和教育也至关重要，企业要为员工提供数字技能和工具的培训，确保他们能够适应并利用新技术。还要与技术供应商和专家建立合作关系，共同探索和开发适合流通行业的创新解决方案。最后，政策和法规的支持也不可或缺，鼓励企业进行数字化投资，并为其提供相应的税收优惠和资金支持，创造一个有利于数字化转型的环境。

3. 提升标准化水平

提升标准化水平是创新流通发展方式的重要方向。在现代流通体系中，标准化不仅可以确保产品和服务的质量，还能大幅提高供应链的效率和透明度。通过制定统一的标准，企业可以简化生产和销售流程，降低不必要的成本和复杂性。例如，采用统一的包装和标签规范可以减少包装材料的浪费，也可以使消费者更容易识别和选择产品。标准化也有助于提高流通行业的相互操作性，使不同的企业和平台能够更加顺畅地协作和交互。此外，随着经济全球化的深入发展，国际标准在流通领域的重要性也日益凸显，符合国际标准的产品和服务不仅能够更容易地进入国际市场，还可以提高企业的竞争力和品牌声誉。

提升标准化水平需要多方面的努力，首要任务是制定和完善行业内的统一标准，确保各环节的流程和质量得到规范。同时，加强与国际标准化组织的合作，引入和参与全球统一标准的制定，以满足国际市场的要求。在此基础上，进行广泛的行业培训和教育，确保各企业和工作人员深入了解和遵循这些标准。技术也在此过程中发挥着关键作用，采用先进的技术和工具,如自动化、数字化等,来监测和保证标准的执行。此外,政府和行业协会也应加强对国家与行业标准的推广和宣传,鼓励企业采纳和实施,并为那些积极参与标准化工作的企业提供奖励和支持,从而形成鼓励提升标准化水平的良好氛围。

4. 聚力品牌战略实施

聚力品牌战略实施在创新流通发展方式中占有重要位置。品牌不仅是企业的标识,更是其文化、价值观和产品质量的体现,在当今竞争激烈的市场环境中,具有强大品牌影响力的企业更易于获得消费者的信赖,从而实现长期和稳定的市场份额。因此,建立和维护品牌形象变得尤为关键。为此,企业应深入了解目标市场和消费者,确保其品牌信息与市场需求紧密匹配。同时,企业要通过持续的品质保障和创新,为消费者提供超越期望的商品与服务。在品牌传播方面,利用多元化的营销渠道,如社交媒体、影响者营销和线上线下活动,有效扩大品牌覆盖并加深与消费者的互动。企业还可以与合作伙伴建立战略联盟,共同推广品牌,扩大市场影响力。在经济全球化背景下,跨文化的品牌管理也成为挑战,企业需要细致研究各地文化和习惯,确保品牌信息传达准确无误。

5. 推进绿色流通发展

绿色流通不仅关乎资源的高效利用,还涉及整个生态系统的健康与平衡。在流通领域中,"绿色"意味着从产品设计、生产、包装、运输到销售、消费、再利用等每一个环节都要考虑对环境的影响。例如,采用环保材料进行包装,减少不必要的过度包装,从而降低资源消耗和垃圾产出;选择低碳的物流方式,如电动车或者公共交通工具,以减少温室气体排放;鼓励消费者购买环保和可持续的产品,并为消费者提供相关的信息和激励机制,如绿色标签或者优惠政策;在产品生命周期结束后,促进循环经济的实践,如回收、再利用和再制造,减少浪费并延长产品使用寿命。此外,企业可以与供应商和合作伙伴建立绿色的供应链管理机制，确保整个流通过程都符合环境和社会的可持续性要求。推进绿色流通发展是一种对未来负责的做法，它集合了经济、社会和环境的利益，为创造一个更加美好的世界做出了积极贡献。

（五）提升供应链现代化水平

建设现代流通体系，现代化的供应链是重要支撑。近年来，传统流通企业向供应链综合服务商加速转型，但流通对接供需的功能发挥不充分，抗风险能力尚显不足。提升供应链现代化水平，就是要加快供应链创新与应用，推动流通创新与产业变革深度融合，促进上下游、产供销、供给需求有机衔接。

1. 提高农产品供应链组织化程度

农产品的生产和流通特点决定了其对供应链的依赖程度特别高。组织化的农产品供应链可以有效整合资源，确保农产品从田间到餐桌的每一环节都高效运行。在生产环节，组织化可以帮助农户获取更好的种子、肥料和技术支持，提高产量和质量；在流通环节，统一的标准和规范使农产品的储存、运输和销售更加顺畅。对于消费者而言，组织化程度的提高还意味着农产品的质量更为稳定可靠。实现这一目标的关键在于加强对农户的培训和指导，确保其生产行为与市场需求相匹配。同时，鼓励企业介入，利用其在技术、资金和管理上的优势，带动农户走向规模化、现代化生产。政府也应提供相应的政策支持和资金扶持，如税收优惠、低息贷款等，为农产品供应链组织化的发展创造有利条件。

2. 促进制造业供应链协同化发展

在经济全球化的背景下，制造业的供应链日益复杂，涉及多个国家、多个环节，因此，协同化的发展显得尤为关键。协同化意味着供应链中的各个参与者能够共享信息、资源和风险，形成一个高效、灵活的整体。这需要强化信息技术的应用，如ERP、CRM等系统，确保信息在供应链中的实时传递和准确无误。建立长期的战略合作伙伴关系，增强信任和互利,能够使各方更好地协同工作,降低成本、提高效率。此外,对于制造业而言,研发和生产是两个核心环节,企业需要加强研发与生产之间的协同,确保技术的快速转化和产品的快速上市。加强供应商和制造商之间的合作也同样重要,通过建立共同的目标和标准,提高供应链的稳定性和可靠性。为了促进制造业供应链的协同化发展,企业应深入研究市场需求,调整自身的生产和供应策略,同时与合作伙伴建立紧密的交流和合作机制,形成一个真正的协同化供应链,更好地服务于市场和消费者。

3. 提高供应链运行效率

在动态变化的市场环境中,高效的供应链可以快速响应市场需求,确保企业在最短的时间内将产品交付给消费者。技术应用是提高效率的关键。例如,引入先进的物流管理系统和预测工具,可以实时追踪货物流动,准确预测需求,避免过度储存或断货。同时,通过自动化和智能化的解决方案,如无人仓库和自动化拣选系统,能够大大降低人工错误率,提高物流处理速度。数字化转型,包括云计算和大数据分析,使供应链各环节能够共享信息,实现资源的最优配置。构建紧密的供应商关系也是提高效率的有效途径,企业可以定期进行供应商评估,确保供应商的性能达到标准,与其建立长期的合作关系,形成稳定、高效的供应网络。持续改进和优化是提高效率的永恒主题,企业应该定期审查供应链的运行情况,识别问题,突破瓶颈,采取相应的措施进行改进,确保供应链始终保持在最佳状态。

4. 提高供应链安全韧性

供应链韧性指的是在面对外部干扰和风险时,供应链能够快速恢复并维持其运作。提高供应链安全韧性需要全方位、多层次的策略和措施。在技术层面,可以引入先进的监控和管理系统,实时追踪货物状态和供应链的运行情况,确保在出现问题时能够立即发出警报并采取措施。从策略角度来说,多元化供应来源是一种有效策略,可以避免企业过度依赖某一供应商或地区，减少供应中断的风险。建立备用的物流路线和仓储设施，确保在主要路径出现问题时，可以快速切换到备用路径，保障货物的正常流通。人力资源也是关键，企业要重视培训员工，使其具备风险识别和处理能力，确保在危机发生时能够迅速响应。此外，企业要加强与供应商、分销商和其他合作伙伴的沟通和合作，建立共同的风险管理机制和应急响应机制，形成一个统一、高效的危机处理网络。

5. 规范发展供应链金融

规范发展供应链金融是为了提升整体供应链效率并优化资金使用。供应链金融主要是将供应链的各个环节与金融服务相结合，如采购融资、订单融资和应收账款融资等，帮助企业改善现金流，加速资金周转。为了规范其发展，要做到以下四点：一是要确保透明性。各参与方应提供真实、准确的交易数据和财务信息，防止欺诈行为。技术手段，如区块链，可以在其中起到关键作用，确保数据的不可篡改性和真实性。二是要强化风险管理。供应链金融涉及多个参与方，需要对各方的信用风险、操作风险等进行全面评估，并采取相应的风险控制措施。三是要建立健全的法律和监管体系，明确各方的权利和责任，提供法律纠纷时的解决机制。加强行业自律，建立行业协会或其他组织，制定行业标准和规范，促进供应链金融服务的健康、稳定发展。四是要鼓励创新与研究，结合现代金融理论和实践，不断完善供应链金融产品和服务，满足企业多样化的融资需求。这些措施能确保供应链金融为企业和整个国家经济带来真正的价值，而不是潜在的风险。

（六）提升内外贸一体化程度

建设现代流通体系，实现内外贸一体化是必然要求。经过长期的实践探索，我国流通领域的对外开放水平不断提高，内外贸一体化取得长足进步，但内外贸一体化调控体系还不够完善，国内国际市场联动机制尚需优化，统筹利用"两个市场""两种资源"的能力还有待提升。提升内外贸一体化程度，就是要打破内外流通融合堵点，构建国内国外市场通路，为畅通双循环提供着力点。

1. 完善内外贸一体化调控体系

完善内外贸一体化调控体系是为了更好地平衡国内和国际市场的需求，促进经济的健康发展。在经济全球化的背景下，国内外市场的互动和影响日益加深，因此，一个高效、灵活的调控体系显得尤为关键。这需要建立一个统一的政策和法规框架，确保国内和外部市场的规则和标准相一致，避免政策碎片化和不一致性；加强对内外市场的数据收集和分析，通过先进的技术手段，如大数据和云计算，实时了解市场动态，为政策制定提供准确的决策依据；加强跨部门和跨地区的协调和合作，确保各方的政策和措施相互支持、相互补充；加强与国际组织和主要贸易伙伴的沟通和协商，确保我国的调控政策与国际规则和趋势相协调；不断完善和调整调控机制，根据市场和经济的变化，及时调整政策，确保其时效性和针对性。通过实行这一系列的措施，形成一个既能保障国内市场稳定，又能促进国际贸易和合作的调控体系。

2. 构建国内外贸易流通大通道

构建国内外贸易流通大通道意味着要创设一套高效、便捷的物流与信息网络，以保障商品和服务无阻碍地流动。随着国际贸易量的增长，人们对于更为迅速且低成本的运输方式的需求也日益加大。因此，强化基础设施，如港口、铁路和公路，是至关重要的。现代化的港口不仅能为人们提供快速的货物装卸，还能为大型货船提供停靠地点，进一步拉近全球贸易伙伴之间的距离。同时，推进数字化的物流信息系统可以有效追踪货物的实时位置，确保供应链的透明性和可靠性。政府要简化关税和通关程序，减少行政障碍，使商品和服务在国内外之间的流通更为畅通；开展跨境电商平台的建设与合作，让更多的中小企业参与到国际贸易中来，分享全球市场的红利。与邻国和主要贸易伙伴建立特殊的经济区域或自由贸易区，有助于推动国内外贸易的深化与扩展，这些区域通常享有更为宽松的政策环境和税务优惠，能够吸引企业前来投资，加强双边或多边的经济合作。

3. 搭建内外贸融合发展平台

有效的平台能提供安全保障、实现资源共享，帮助企业提高经营效率、拓展国内外市场。国家要发挥自贸试验区、海南自贸港等开放平台作用，持续推进对外投资和吸引外资便利化改革，鼓励龙头企业开展境外港口、海外仓、分销网络建设合作，鼓励流通企业运用电子商务等手段开拓国际市场，加强境内外流通网络融合互动；更好发挥进博会、广交会、服贸会、消博会等重要展会平台作用，支持各国企业挖掘中国商机；提高市场采购贸易方式试点便利化水平，培育一批内外贸结合、经营模式与国际接轨的商品交易市场。

4. 探索内外贸融合发展模式

探索内外贸融合发展模式对于促进国内市场与国际市场的高效接轨具有显著意义，且能够直接影响国家经济的国际竞争力。为了形成内外贸融合发展模式，需推动内外贸产品达到"同线同标同质"，这一做法不仅降低了内外销转型的成本，还能更有效地满足国内消费者日益增长的需求。现代信息技术为流通组织方式的创新提供了新的动力，如从消费者到生产者（C2M）和智能工厂等新业态新模式，有助于进一步实现内外贸的数字化，提高整体效率。此外，国家要发展跨境电商，打破地域界限，使商品和服务能更快速地到达全球消费者手中；要推进中国免税业的发展，为国家经济带来新的增长点，这样才能有效引导境外消费回流，进一步激活国内市场活力。

5. 健全国际流通网络

健全的国际流通网络对维护我国贸易安全、维护产业链供应链安全稳定具有重要意义。国家要优化国际市场布局、加强外贸发展与区域重大战略、区域协调发展战略的对接，加快贸易通道建设，构建与对外贸易规模相适应的国际物流体系；发挥中欧班列枢纽节点作用，拓展进出口货源；加快建设国际陆海贸易新通道，支持建设"一带一路"进出口商品集散中心；支持流通企业"走出去"，加快境外分销网络建设，提高商品跨境流通效率；鼓励传统外贸企业、跨境电商企业和物流企业等各类主体积极参与海外仓建设，引导海外仓优化布局、丰富功能、升级发展；加强渠道对接，引导国内行业协会、自愿连锁组织与国际采购联盟对接，打通国内营销和全球采购体系。

三、着力提高流通治理能力

（一）健全现代流通治理体系

健全现代流通治理体系，就是要在需要政府引导的领域，加强顶层设计和制度安排，使流通治理体系日趋完备和不断科学规范。

1. 完善流通监测预警体系

流通监测预警体系旨在及时掌握市场动态，识别潜在的风险，并做出相应的应对策略。在全球化的经济背景下，商品和服务的流通更为频繁，市场日新月异，此时，建立一个高效、准确的监测预警体系显得尤为重要。该体系应具备高效的数据采集、分析和传输能力，确保各级决策者能够迅速获取到准确的市场信息。通过运用先进的技术手段，如大数据分析、云计算和人工智能等，人们可以更好地识别市场中的潜在危机，并在早期采取措施予以应对。此外，完善流通监测预警体系不仅需要技术支持，还需要建立一套完整的流程和机制，确保各部门之间的协同和信息的流通无阻。这样，不但可以为政府和企业提供有力的决策支撑，还可以避免市场的过度波动，维护经济的稳定发展。

2. 加强市场调控与应急保供

加强市场调控与应急保供是确保流通市场稳定和健康运行的重要手段。随着市场环境的复杂性增加，有效的市场调控能够对抗不稳定因素，如价格波动、供应短缺等。为此，政府和相关机构需要建立一个灵活且有反应性的调控策略，适时干预，确保市场秩序和消费者利益。与此同时，应急保供也是保障社会稳定的核心部分，特别是在自然灾害、公共健康危机或其他突发事件中。建立有效的应急保供机制，可以确保关键商品和服务在危急时期的连续供应，减少市民的恐慌。这需要制定一个综合的策略，包括储备关键资源、建立供应链的冗余性和增加生产能力。与各种供应商和生产商之间的紧密合作也是关键，确保在危机时期可以迅速调动资源。

3. 优化流通监管体系

监管体系是规范市场行为的重要保障。国家要利用大数据优化市场监管，提高对行业风险的发现识别能力，实现线上线下一体化监管；坚持包容审慎监管，严守法律法规和安全底线，打造宽容的法治营商环境；建设全国统一的重要商品追溯体系，构建覆盖生产、流通、消费全链条的可视化追溯系统，真正实现来源可追、去向可查、责任可究。

4. 加快流通信用体系建设

加快流通信用体系建设对于促进市场秩序、保护消费者权益和助力企业发展都具有至关重要的作用。在现代市场环境中，信任成为交易的基石，一个健全的流通信用体系可以为消费者提供关于企业和商品的透明信息，从而帮助消费者做出更明智的购买决策。对于企业而言，良好的信用评级可以降低融资成本，扩大市场份额，并吸引更多的投资。为了实现这一目标，企业应加强用户信用信息的采集、整合和分享，确保数据的准确性和完整性；建立一套公正、公开的信用评估机制，确保评级的客观性和公正性。另外，国家要加强对消费者和企业的信用教育，帮助他们理解信用的重要性，并鼓励其维护自身的信用记录。

（二）健全现代流通管理体制

健全现代流通管理体制是形成工作合力、抓好贯彻落实的重要保障。健全现代流通管理体制，就是要通过优化职责分工、明确权责边界、促进行业自治等方面为现代流通体系建设提供制度保障。具体来说，可以从以下三方面进行：

一是完善部门协作机制。完善部门协作机制意味着在流通管理中各部门要形成合力。各部门之间的沟通、信息共享和资源整合是至关重要的，这不仅有助于避免资源浪费和重复劳动，而且有助于确保策略的连贯性和执行的高效性。部门协作也能够对接不同的市场参与者，确保其合法权益得到保障。

二是明晰央地事权划分。明晰央地事权划分是为了确保政策制定和执行的效率。央地事权的明确划分有助于避免管理的重叠和矛盾，从而使各级政府更为专注其主要职责。对于中央政府来说，主要是宏观调控、政策制定和大方向的指导；而对地方政府来说，更多的是细节执行、地方特色的考虑和日常管理。

三是发挥社会力量作用。发挥社会力量作用意味着政府并非流通管理的唯一主体，企业、行业协会、消费者组织和其他社会团体都在流通环境中扮演着重要角色。他们可以提供市场信息、专业知识和技能，有助于政策制定的针对性和实效性。通过与这些社会力量合作，政府可以更好地调动资源，响应市场变化，并确保流通体系的稳定和健康发展。

第四节 加快建设国内统一大市场，畅通市场循环

当今世界，最稀缺的资源是市场，市场资源是我国的巨大优势，必须充分利用和发挥这个优势，不断巩固和增强国内市场活力，形成构建新发展格局的雄厚支撑。

一、建设国内统一大市场的重要意义

建设国内统一大市场,是党中央统筹中华民族伟大复兴战略全局和世界百年未有之大变局,有效应对国际环境复杂变化,为准确把握新发展阶段、深入贯彻新发展理念、加快构建新发展格局、推动经济高质量发展做出的重大战略决策。建设国内统一大市场具有重要意义,如图3-6所示:

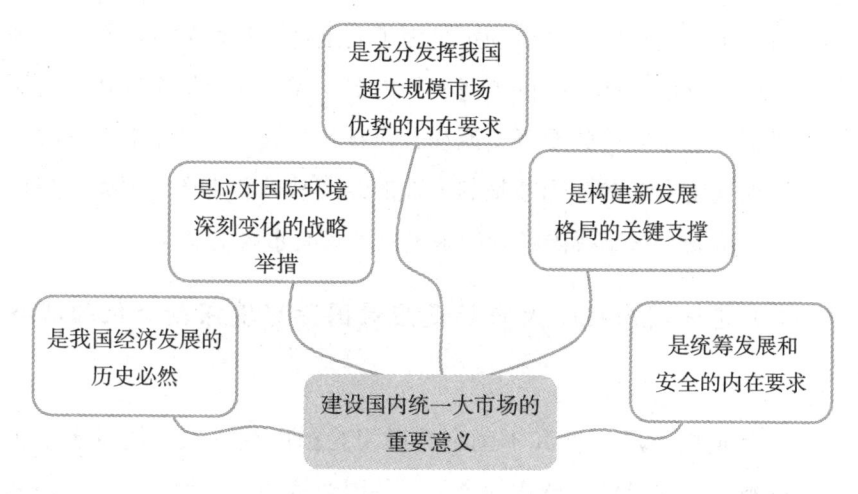

图3-6 建设国内统一大市场的重要意义

(一)建设国内统一大市场是我国经济发展的历史必然

建设国内统一大市场是我国经济发展的历史必然。回顾我国经济发展的脉络,自古以来,中华大地上出现了众多繁荣的市场和商业文明,从古代丝绸之路到近代的各种贸易通道,都昭示着一个国家强大的内部市场对经济的推动力量。改革开放后,我国经济的快速增长得益于外向型的经济策略,但随着全球经济形势的变化,依赖外部市场的战略日渐暴露出其局限性。为了保持经济的持续健康发展,调整发展战略以建立一个更为统一、公平、开放、有序的国内大市场显得至关重要。随着我国经济体量的扩大和人民生活水平的提高，我国人民的消费需求日益增长，创建一个更大规模的统一国内市场可以更好地满足人民群众日益增长的消费需求，也为企业提供了更广阔的发展空间，能够进一步推动技术创新和产业升级。历史已经多次证明，一个统一、公平和有序的市场能够提供稳定的需求，刺激生产，激发创新，并实现资源的最优配置。从长远看，国家发展不仅需要一个稳定的外部环境，更需要一个稳健的国内经济基础。建立统一大市场正是为了满足这个长远的发展需求，为我国经济的持续健康增长提供了坚实的内部支撑。在经济全球化日益深化的背景下，国家之间的经济交流和合作日趋频繁，但真正能够支撑一个国家长期稳定发展的，仍然是其内部的经济基础和市场。因此，建设国内统一大市场，对于我国经济的未来发展具有重要的意义。

（二）建设国内统一大市场是应对国际环境深刻变化的战略举措

国际环境的不稳定性和不确定性确实为国内统一大市场赋予了更加突出的地位。在经济全球化的今天，各国经济相互依赖，但随之而来的是外部风险的传导效应。例如，国际贸易争端、经济制裁或其他政治因素可能导致某些国家的出口受到严重影响，进而影响全球整体经济增长。此时，一个稳定且广阔的国内市场则可以起到"稳定器"的作用，为企业提供更为稳健和可预测的发展空间，使国内经济即便在外部环境极为严峻的情况下，也能维持相对稳定的增长态势。

在外部市场发生波动的情况下，国内统一大市场的作用更为凸显。例如，当某一主要出口市场因经济衰退或贸易摩擦而需求下滑时，拥有强大国内市场的国家可以通过内部消费和投资来平衡经济表现，从而避免经济出现大幅波动。这不仅为企业提供了一个相对稳定的营销场景，而且还为经济政策制定者提供了更多的政策选项和操作空间。

国际技术封锁和供应链重组的趋势进一步凸显了国内统一大市场的必要性。在技术竞争日益激烈的今天，某些国家可能会出于策略性考虑而限制某些关键技术的出口或合作。这种情况下，依靠国内市场进行技术研发和应用推广，将更容易实现技术的自主创新和快速应用。同时，供应链重组可能会导致某些关键原材料和产品的供应中断，而强大的国内市场则可以激励国内产业链上下游企业加强合作，共同研发替代技术或产品，确保经济和技术的持续稳定发展。

（三）建设国内统一大市场是充分发挥我国超大规模市场优势的内在要求

我国作为世界上人口最多的国家，拥有巨大的消费潜力和市场空间，这为国家经济发展提供了独特的竞争优势。超大规模的市场意味着可以实现规模经济，降低单位成本，促进技术进步和创新，并为企业提供更广阔的发展机会。对于企业而言，一个广阔的国内市场可以有效降低其进入市场的风险和成本。当市场规模足够大时，企业能够分摊研发和推广的费用，从而降低产品的单位成本。这不仅可以提高企业的竞争力，而且还可以激励企业进行更多的研发和创新活动。此外，对于那些有志探索新市场、开发新产品的企业，超大规模的国内市场为其提供了足够的试验场所，帮助其迅速验证产品或服务的市场接受度。规模效应还表现在对外经济交往中。一个庞大而统一的国内市场对外资具有强大的吸引力，这可以促进外资流入，引入先进的技术和管理经验，进一步加强与国际市场的联系和合作。国内巨大的消费需求可以使我国在国际贸易谈判中占据更为有利的地位，从而更好地保障国家的经济利益。

在经济全球化的背景下，每个国家都在努力寻找自己的发展优势。对于中国来说，超大规模的市场无疑是重要的资源和优势之一。因此，建设强大的国内统一大市场，能够让这一优势得到充分的发挥，成为推动经济持续健康发展的内在要求。

（四）建设国内统一大市场是构建新发展格局的关键支撑

新发展格局要求高水平的对外开放，而这种开放需要基于一个强大的国内经济循环体系。只有当国内经济具备稳固的基本盘时，国家才能在国际舞台上展现出强大的竞争力，进而形成对全球资源要素的向心力。为了使国内大循环更为顺畅，扩大内需战略的实施变得至关重要，这不仅可以打通经济循环的潜在堵点，更能推动以强大国内市场为中心的经济循环模式。此外，要确保国内和国际的双循环相互促进，国家需要充分依赖庞大的国内市场，通过有效利用全球的资源和市场机会，持续增强国内产品和服务的核心竞争力。只有这样，国家才能在全球产业链、供应链和创新链中持续提高影响力，从而进一步加强与其他国家的合作关系，并在国际合作和竞争中取得显著的优势。

（五）建设国内统一大市场是统筹发展和安全的内在要求

在复杂多变的国际环境中，国家的经济安全与国家的整体安全紧密相关。国内统一大市场能够为国家的经济增长提供稳定和可靠的支撑，降低外部风险的冲击，确保经济的持续健康发展。当外部环境存在不确定性时，一个稳固的国内市场能够为国家经济提供缓冲，降低经济对外部波动的敏感性。与此同时，国家还要统筹考虑发展与安全，国内统一大市场的建设也有助于保障国家的资源安全、技术安全和信息安全。具体来看，资源安全是国家持续发展的基础，一个高效、开放的国内市场可以促进资源的合理配置和循环使用，确保关键资源供应的稳定；技术安全关乎国家的发展潜力和长远竞争力，通过国内市场的规模效应，企业能够得到更多研发投入的回报，进而激发其技术创新活力，降低其对外部技术依赖度；信息安全则关系到国家的政治稳定和社会和谐，一个统一、透明的市场体系有助于有效防范信息失真、传播风险的出现，更进一步，国内统一大市场的形成也是确保国家战略安全的重要途径。在

第三章 构建立足内需的内循环体系

国际竞争日益激烈的今天，经济实力是国家综合国力的重要组成部分。一个健康、稳定、快速发展的国内市场将为国家提供强大的经济支撑，进而增强国家在国际事务中的话语权和影响力。

二、建设国内统一大市场取得的显著成效

党的十八大以来，在以习近平同志为核心的党中央坚强领导下，我国坚持适应把握引领经济发展新常态，深化供给侧结构性改革，坚定实施扩大内需战略，国内统一大市场建设成绩显著。

（一）居民消费提档升级

随着国内市场的完善和发展，居民的消费结构发生了深刻变化，传统的消费模式正逐渐向高质量、高品质转型。消费者对于商品和服务的需求不再局限于基本的生活必需品，而是更加注重个性化、定制化，以及体验性。随着人们收入水平的提高和消费观念的变革，健康、旅游、教育、娱乐等高附加值的服务消费成为新的增长点。技术和创新的快速发展，尤其是数字技术和网络平台的普及，为消费者提供了更为便捷和多样的购物体验，进一步推动了消费模式的转型和升级。此外，绿色、环保、可持续的消费观念也日益深入人心，推动了绿色产品和服务市场的蓬勃发展。居民消费提档升级不仅反映了国民经济的健康发展趋势，也预示着国内统一大市场巨大的潜力和前景。

（二）有效投资持续扩大

在建设国内统一大市场的过程中，国家有效地利用了其市场规模和政策工具，成功地吸引了各种资源和资本，使有效投资持续扩大，为经济的持续健康发展提供了有力支撑。基础设施建设、高技术产业、绿色经济、服务业等领域都得到了显著的投资增长。由于市场规模巨大，预期的回报吸引了大量私人资本和外部投资参与。政府也通过各种政策手

段，如税收优惠、贷款支持和投资补贴等，进一步促进了有效投资的扩大。随着数字经济、人工智能、5G 等新技术的快速发展，相关产业的投资活跃度也大大增强，这些高新技术产业的发展不仅拉动了直接投资，也带动了上下游产业链的整体发展。与此同时，随着消费者对商品品质和生活品质的不断追求，服务业、文化旅游、健康医疗等领域也受到投资者的青睐。得益于国家对环境保护和可持续发展的重视，绿色经济和可再生能源产业也获得了大量的资金注入。

（三）城乡区域协调发展加快推进

在过去，城市与乡村、东部沿海地区与中西部地区之间的发展差距一度显著。但随着国内统一大市场的推进，资源配置变得更加合理，促使各地区间的经济活动更为活跃，进一步缩小了这种差距。为了实现区域经济的均衡发展，大量的基础设施项目被启动，包括交通、通信、能源和水利等，这些项目不仅提高了各地区之间的联系，还为乡村地区带来了新的发展机会。随着交通和通信的便捷，许多乡村地区开始吸引工业和服务业投资，进而带动了当地的就业和经济增长。农产品通过更加完善的物流和供应链迅速进入城市市场，提高了农民的收入，也满足了城市居民对于绿色、有机和高品质食品的需求。另外，城市的先进技术和管理经验也被引入乡村，为乡村现代化和农业产业升级提供了技术支持。为进一步推动区域间协调发展，政府出台了一系列优惠政策和扶持措施，鼓励企业在中西部地区和其他相对落后地区进行投资。这些措施不仅为当地带来了新的经济增长点，也有助于平衡国家整体的发展格局。简而言之，国内统一大市场的建设在推进城乡区域协调发展上取得了显著的成效，为国家的长远发展奠定了坚实的基础。

（四）市场运行机制不断健全

在建设国内统一大市场过程中，市场运行机制得到了明显的健全与升级。随着社会主义市场经济体制的进一步完善，产权保护法治体系初步形成，为市场参与者提供了更加明确和稳固的权益保障。高标准市场体系的加速建设，确保了市场的公平、透明与有效性；要素市场化配置改革的稳步推进，促进了资源的高效配置和流动；"放管服"改革深入推进，为企业提供了更为简便、高效的行政服务，大大优化了营商环境，降低了企业的运营成本；国企改革持续深化，进一步明确了国有企业的定位和角色，提高了其效率和竞争力；金融服务实体经济的体制机制强化，针对潜在的风险隐患，国家有针对性地进行了"精准拆弹"，确保金融市场的稳健运行；社会保障制度的逐渐完善和统筹城乡的基本公共服务体系的加速形成，为市场提供了稳定的社会背景和消费需求。这一系列的制度优化和改革，使市场主体活力得到了有效激发，为国内统一大市场的健康、持续发展奠定了坚实基础。

（五）国内市场的国际影响力显著提升

随着国内统一大市场的持续建设和深化，国内市场的国际影响力显著提升，这种提升并不仅仅体现在经济规模上，更体现在国内市场在全球经济格局中的战略地位和吸引力上。众多跨国公司纷纷选择在中国市场投资和扩张，不仅因为庞大的消费群体和市场潜力，还因为优良的营商环境和高效的市场运行机制。国内市场已经逐步成为全球供应链和产业链的重要一环，无论是高科技产业、制造业还是服务业，都能在这里找到稳定的合作伙伴和广阔的市场空间。与此同时，随着国内技术创新的不断推进，许多先进的技术和产品开始输出到全球，塑造了国内市场在全球技术和创新中的关键地位。金融市场的开放和国际化步伐也为增强国内市场的国际影响力起到了关键作用，外资银行、证券公司和基金进入国内市场，与国内金融机构进行深度合作，促进了金融市场的国际互联互通。此外，国内的大型企业和品牌也走出国门，在全球范围内开展业务，进一步强化了国内市场的国际竞争力。

三、建设国内统一大市场的主要目标

（一）持续推动国内市场高效畅通和规模拓展

持续推动国内市场高效畅通和规模拓展是确保经济活力与持续增长的核心。高效畅通的市场代表着资源和信息在经济体中的流动性得到了保障，使生产与消费能够快速响应并满足变化需求。这种流动性不仅增强了市场的反应速度，还提高了整体经济的适应性和灵活性。规模拓展则确保了市场容量的持续增长，为各类参与者提供了广阔的空间，从而激发了其投资与创新的热情。广大的市场规模与强大的消费需求进一步吸引了国内外企业的参与，为我国经济的持续发展打下了坚实基础。这样的市场特性不仅增强了经济的稳健性，还为未来的创新与研发提供了持续的动力。

（二）加快营造稳定公平透明可预期的营商环境

加快营造稳定公平透明可预期的营商环境是对国内统一大市场的重要承诺与目标。一个稳定的营商环境意味着企业能够在长期内按照一致的规则与政策进行运营，避免因不确定因素导致的计划失误；公平能够保证所有市场参与者，无论其规模大小，都能在同等条件下竞争，促进了市场的活力和创新；透明性则确保了所有的政策和规则对参与者都是公开的，这样企业可以更好地进行长期规划和决策；可预期性意味着企业要能够对政府的政策方向有所预期，从而做出相应的策略调整。

（三）进一步降低市场交易成本

进一步降低市场交易成本对于国内统一大市场的繁荣与活跃至关重要。市场交易成本的高低直接影响到企业的经营效率和消费者的购买意愿，更与经济整体的运行效益紧密相关。低交易成本可以使商品与服务在市场中更为流通,提高资源配置的效率,促进供需之间的快速匹配。降低交易成本意味着减少了企业在获取信息、协商合同、维权和履约中的时间和金钱消耗。在一个高效畅通的市场中,企业能够更容易地找到合作伙伴,更快地响应市场变化,更便捷地进行跨地区和跨行业的交易。对于消费者而言,降低交易成本也意味着他们能够以更合理的价格获得所需的商品与服务,从而提高生活品质。在国内统一大市场中,交易成本的持续降低反映了市场机制的完善和优化,为经济的持续增长创造了有利条件,使市场更具活力和竞争力,为未来的经济发展奠定坚实基础。

(四)培育参与国际竞争合作新优势

培育参与国际竞争合作的新优势,强调了国内大循环与统一大市场的核心地位,并着眼如何与国际市场更好地联通。通过充分利用全球要素和市场资源,国内市场不仅能够满足内部需求,还可以深度融入全球价值链,从而形成内外相互促进的双循环。制度型开放的推进意味着国家不仅要在贸易和投资上进行开放,更要在制度和规则上与国际接轨,从而提升国家在全球产业链、供应链、创新链中的影响力。这不仅增强了国内市场的竞争力,还在国际经济治理中为国家争取到了更大的话语权,确保其利益得到有效维护。

四、建设国内统一大市场的主要举措

建设国内统一大市场可以从以下五个层面进行,如图3-7所示:

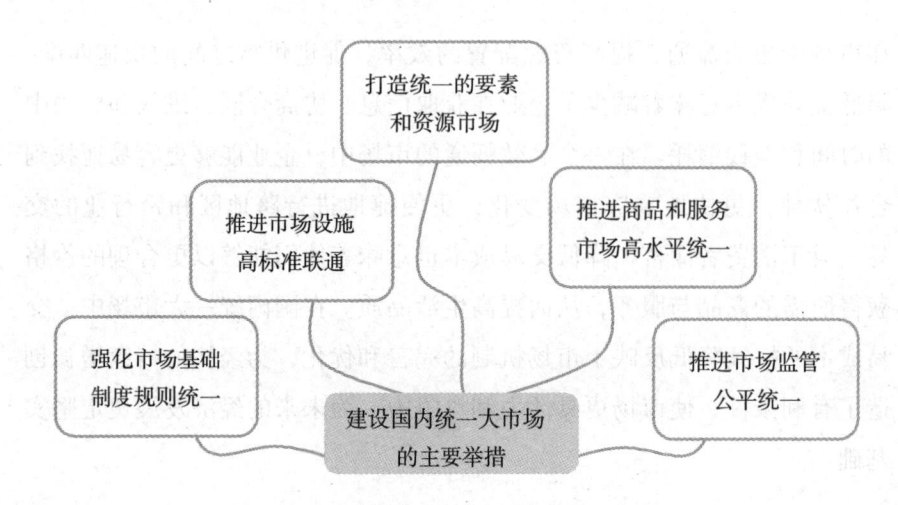

图 3-7　建设国内统一大市场的主要举措

（一）强化市场基础制度规则统一

1. 完善统一的产权保护制度

产权，作为经济活动中的核心权益，其明确、稳定和可依赖的保护关系到市场的有效运作和经济主体的积极性。一个健全的产权保护制度能够确保企业和个人对其资产和投资享有充分的控制权和受益权，从而激发他们的投资和创新的动力。在国内统一大市场的背景下，统一的产权保护制度意味着无论在哪个地区或行业，经济主体都可以依赖同一套明确且公正的规则来保护其权益，这消除了地区间的制度差异，降低了跨地区经营的不确定性和风险。此外，通过对知识产权、技术、品牌等无形资产的保护，企业可以鼓励技术创新和品牌建设，促进产业的升级和转型；对于实物资产，如土地、房产和设备的产权保护，也为长期投资和资本积累创造了有利条件。

2. 实行统一的市场准入制度

实行统一的市场准入制度是确保国内统一大市场畅通无阻的关键措施。统一的市场准入制度旨在为所有经济主体提供公平、公正、透明的市场进入条件，消除行业和地区间的壁垒，确保各类参与者在同等条件下进行竞争。为实现这一制度，需要制定全面、明确的市场准入标准和规定，使其既具有普遍性，又具有特定性。这需要深入调研各个行业和领域的实际情况，综合考虑经济、技术、环境等多方面因素，制定合理的标准。政府要通过建立统一的申请和审查流程，确保各个地区和部门执行同一套准入规则，避免地区和部门的差异性规定，这也要求相关政府部门加强协同和沟通，形成高效的工作机制。为确保市场准入制度的公正执行，政府还需要建立完善的监督机制，这包括对市场准入的监管、对违规企业的处罚以及对公众的制度普及和教育。其中，公开透明的信息发布和查询系统对于维护市场的公平性至关重要，可确保各方主体了解市场准入的相关信息，并为其决策提供参考。

3. 维护统一的公平竞争制度

维护统一的公平竞争制度是确保国内统一大市场健康发展的重要支柱。这一制度旨在为所有市场参与者提供一个公平、公正、透明的竞争环境，消除不正当的市场行为和潜在的垄断障碍。公平竞争是市场经济的核心，可以激发企业的创新活力，提高整体市场效率，促进资源的合理配置。为达到这一目标，需要对竞争政策进行不断完善，确保其在各个行业和领域都能得到有效执行。同时，建立健全的市场监管机制，有利于对违规行为进行及时干预和惩罚，维护市场的公正性。政府还要加强对市场主体的合规培训，提高其对公平竞争制度的认知和遵循，确保市场在健康、有序的轨道上持续发展。

4. 健全统一的社会信用制度

健全统一的社会信用制度对于维护国内统一大市场的有序运行至关重要。通过编制出台全国公共信用信息基础目录，集成并标准化全国范围内的信用信息，可以确保各类信用主体信息的准确、完整、及时。完善信用信息标准和公共信用信息同金融信息的共享整合机制，可以实现跨地区、跨行业的信用信息互通，进一步发展将形成一个覆盖全国所有区域、所有信用信息类别的信用信息网络。为加强市场监管，政府可以建立以信用为基础的新型监管机制，全面推广信用承诺制度，建立企业信用状况综合评价体系，让信用风险成为优化监管资源的导向。政府还可以健全守信激励和失信惩戒机制，将失信惩戒和惩治腐败相结合；完善信用修复机制；加快推进社会信用立法。失信的企业和个体将受到明确的惩罚措施，这些措施都被编制成全国失信惩戒措施基础清单，以确保公正和透明。守信激励与失信惩戒并行，使市场主体有足够的动力维护良好的信用记录。同时，社会信用制度与反腐败措施的结合，可以进一步增强社会信用制度的权威性。完善信用修复机制则为那些真诚改正错误的主体提供了路径，确保了公正性。

（二）推进市场设施高标准联通

1. 建设现代流通网络

建设现代流通网络对于国内统一大市场的高效运作具有核心意义。现代流通网络不仅涉及物流、供应链、仓储等传统的流通领域，还涵盖了电子商务、数字技术等现代领域。现代流通网络的建设，可以有效地缩短产品的流通时间，降低流通成本，实现资源的高效配置。同时，现代流通网络也是满足消费者多样化、个性化需求的重要途径，有助于提升市场的活跃度和消费者的满意度。

在建设现代流通网络时，应重视技术创新和应用。数字技术、大数据、人工智能等现代技术在流通领域有着广泛的应用前景，可以大大提高流通效率。例如，物联网技术可以帮助人们实时监控物品的流通状态，确保物品安全、及时地到达目的地；通过大数据分析，人们可以准确预测市场需求，帮助企业做出更为精准的生产和销售决策。同时，国家要强化现代流通网络的规划和布局，确保各个地区、各个环节都能够得到有效的覆盖和服务，确保资源在全国范围内的高效流通。这也是实现国内统一大市场的重要基础，有助于促进经济的健康发展。

2. 完善市场信息交互渠道

市场信息交互渠道可以为企业、消费者及各个参与者提供准确、及时的市场信息，助力决策过程并优化资源分配。随着数字技术和互联网的发展，信息的传播速度和范围都得到了前所未有的扩大，使市场参与者能更迅速地响应市场变化，调整自身策略。有效的市场信息交互渠道不仅可以为消费者提供关于价格、供应、需求等的基本信息，还可以对市场趋势、消费者行为、竞争态势等进行深入分析。例如，通过对大数据的挖掘和分析，企业可以更准确地了解消费者的偏好，进而推出更受欢迎的产品或服务。同时，透明的市场信息也有助于增加市场的信任度和稳定性，降低交易成本。为完善市场信息交互渠道，国家应强调多元化的交互平台建设，如B2B、B2C、C2C等在线交易平台，并鼓励创新型信息交互工具，如移动应用、VR/AR技术等在市场中的应用。这样，无论是生产者、分销商还是终端消费者，都能在多样化的交互渠道中快速获取和分享信息，实现市场的高效运作。

3. 推动交易平台优化升级

推动交易平台优化升级对于建设国内统一大市场至关重要。随着科技的快速发展，传统的交易方式已逐渐不能满足现代经济的需求，而数字化、智能化的交易平台则成为未来的发展趋势。通过交易平台的优化升级，企业可以提高交易效率，降低交易成本，增强市场的活跃度和竞争力。现代交易平台应以用户体验为核心，注重交互性、实时性和安全性。例如，采用人工智能技术，该平台可以实现更加智能的推荐系统，为用户提供更为精准的产品和服务推荐；区块链技术则可以确保交易的透明性和安全性，降低欺诈风险。此外，交易平台还应注重数据的保护和隐私权的维护，确保用户数据不被滥用或泄露；交易平台的功能也应不断创新和扩展，以满足多样化的市场需求。除了基本的交易功能，现代交易平台还可以加入金融、保险、物流等多种服务，为用户提供一站式的购物体验。不断推进交易平台的优化升级，不仅可以提高市场的效率和活跃度，还可以吸引更多的用户和企业参与，进一步促进国内经济的健康发展。

（三）打造统一的要素和资源市场

1. 健全城乡统一的土地和劳动力市场

土地和劳动力是最基本的生产要素，其流动和配置效率直接关系到整个国家经济的活力和增长潜力。城乡二元结构历来是制约我国土地和劳动力高效配置的主要障碍，因此需要逐步打破这一障碍，实现两者的高效流动。对于土地市场，国家应推进土地的市场化改革，实现土地的有偿使用和转让，让土地可以按照市场规律进行配置，同时确保农民的土地权益得到保障。这将有助于促进土地资源的合理利用，提高土地使用效率，满足产业化、城市化的土地需求。劳动力市场的统一则需要打破户籍制度带来的限制，实现劳动力的自由流动，这既可以满足城市化进程中各产业对劳动力的需求，也有利于解决农村剩余劳动力的问题。同时，通过劳动力的流动可以实现技能和知识的传播，提高社会的整体劳动生产率；健全城乡统一的土地和劳动力市场，可以实现生产要素的高效配置，释放经济增长的潜力，为建设国内统一大市场奠定坚实基础。

2. 加快发展统一的资本市场

加快发展统一的资本市场是促进资金高效配置、支持实体经济发展、维护金融稳定的关键。资本市场作为企业获取融资、投资者获取回报的主要渠道，其健康、稳定、透明的运行对整个经济的健康发展具有至关重要的意义。

统一的资本市场意味着打破地域和部门的壁垒，实现资金的自由流动和高效配置。这需要进一步放宽市场准入，鼓励各类投资者参与，提高市场规则的透明度和公平性，确保市场参与者的权益得到有效保障。加强资本市场的监管和风险防控是确保市场健康发展的前提。国家需要建立健全的信息披露机制，确保投资者能够获取真实、准确、完整的信息，为投资决策提供有力支持。同时，要强化对市场违法违规行为的打击，维护市场秩序，保护投资者权益。深化资本市场改革也是加快其发展的关键，政府应鼓励多层次、多领域的资本市场发展，满足不同类型企业和投资者的需求。例如，发展创业板、中小企业板等多种交易市场，为企业提供多元化的融资渠道，为投资者提供多样化的投资选择。

3. 加快培育统一的技术和数据市场

加快培育统一的技术和数据市场是应对数字经济时代挑战、推动经济高质量发展的必然选择。技术和数据作为新时代的核心生产要素，其流动、交换和应用直接决定了经济的创新力和竞争力。

统一的技术市场意味着更高效的技术转移和商业化应用。国家应推进技术交易制度化、标准化，打破行业和地域壁垒，确保技术在更广泛的领域得到应用，从而刺激技术创新和产业升级；强化技术知识产权保护，为技术创新者和使用者提供清晰、稳定的权益保障，激励更多的创新活动。数据市场的统一则涉及数据的流通、共享和应用。数据已成为现代经济的"新石油"，其价值在于深度挖掘和应用。构建统一的数据交易和服务平台，可以加速数据的流通，提高数据的利用效率，促进数据驱动的创新和产业发展。与此同时，必须确保数据的安全和隐私权得到严格保护，要建立完善的数据治理体系，平衡数据利用和保护的关系。推进技术和数据市场的统一不仅可以提高生产要素的配置效率，还可以释放巨大的经济增长潜力，助力国家在全球竞争中获得有利地位。

4. 建设全国统一的能源市场

建设全国统一的能源市场是实现能源高效配置、确保能源安全和推动绿色低碳发展的重要举措。在全球能源转型的背景下，一个高效、开放、具有竞争性的能源市场对于满足国家的经济发展和环境保护具有至关重要的作用。

统一的能源市场意味着能源资源、产品和服务可以在全国范围内自由流动和交易，有助于消除地域和行业的壁垒，实现价格的市场化，刺激能源供应的多样性，降低能源成本，提高经济效益和竞争力。建设统一的能源市场，需要加强能源基础设施的建设和互联互通，如跨地区的电网、天然气管道和炼化设施；推进能源交易的制度化、标准化和透明化，确保市场参与者在公平、公正的环境中进行交易，避免市场操纵和不正当竞争；鼓励新能源和清洁能源的发展，将其纳入统一的能源市场体系，促进绿色能源的交易和应用，满足国家的减排目标和可持续发展战略。此外，加强对于能源市场的监管，确保市场的稳定、安全和健康运行，也是构建统一能源市场的关键环节。

5. 培育发展全国统一的生态环境市场

培育发展全国统一的生态环境市场是响应全球生态环境挑战、促进绿色发展、实现可持续发展目标的关键措施。生态环境市场的主要目的是将环境资源和生态服务货币化，使其能够在市场中进行交易，从而实现生态效益和经济效益的双重优化。

在统一的生态环境市场中，污染排放权、碳排放权、水权等都可以进行交易。这不仅可以为企业提供经济激励，鼓励其减少污染和碳排放，还可以为环境治理提供资金支持。例如，通过碳排放权交易，企业可以根据自身的实际情况选择减排或购买排放权，从而实现碳排放的总量控制和成本最优化。此外，统一的生态环境市场还可以促进生态补偿和生态服务的交易。例如，林地、湿地、草地等生态系统提供的生态服务可以在市场中进行交易，实现量化和货币化，为生态保护提供经济支持。建立完善的生态环境市场还需要一系列配套措施，如制定明确的交易规则、建立健全的信息披露系统、加强市场监管等，确保市场交易的公平、公正和透明运行。

第三章 构建立足内需的内循环体系

（四）推进商品和服务市场高水平统一

1. 健全商品质量体系

健全商品质量体系是确保商品在全国范围内达到统一标准、满足消费者需求、维护市场秩序的基础。在日益激烈的市场竞争中，商品质量直接关系到企业的信誉和竞争力，以及消费者的权益和满意度。

商品质量体系的健全需要建立一套完整、科学、严格的标准和检验机制，这意味着对商品生产的每一个环节，从原材料、生产工艺到最终产品，都要进行严格的质量控制和检验。同时，建立健全的商品质量追溯系统，确保一旦发现问题可以快速定位并采取措施解决。对于不符合标准的商品，应该有明确的惩罚机制和处置方式，确保问题商品不进入市场。对于持续提供高质量商品的企业，政府可以给予奖励和支持，鼓励其在质量上持续创新和提升。消费者在商品质量体系中扮演重要角色，因此，政府需要加强消费者权益保护，建立健全消费者投诉和申诉机制，确保消费者可以对购买的商品提出疑问并获得及时的解决。此外，加强消费者教育，增强其对商品质量的识别和判断能力，也是健全商品质量体系的重要内容。

2. 完善标准和计量体系

完善标准和计量体系对于确保商品与服务的质量，促进技术进步和市场公平竞争至关重要。一个健全的标准和计量体系为商品和服务提供了统一的评判标准，在确保消费者权益的同时，也为企业提供了技术和质量提升的方向。

标准体系是市场经济的基础。国家要强化标准制定过程的科学性和参与性，确保标准既满足技术发展的需要，又能反映市场和消费者的需求。国际标准的引入和参与也是关键，它不仅可以提高我国商品和服务的国际竞争力，还能促进国内技术和管理水平的提升。计量体系是标准体系的重要支撑。精确、可靠的计量是确保商品和服务质量的前提。因此，企业要不断更新计量设备，培训计量人员，确保计量的准确性和一致性。国家也要加强对计量机构的监管，确保其独立性和公正性，防止计量造假或误导。此外，推广、普及标准和计量知识也十分关键，这可以帮助企业了解最新的技术和管理标准，提高消费者的质量意识，使其在购买商品和服务时能做出更为明智的选择。

3. 全面提升消费服务质量

全面提升消费服务质量是提升消费者满意度、增强市场竞争力和推动经济持续健康发展的关键。在经济全球化和数字化的背景下，消费者对服务的期望和需求日益增高，企业只有提供高质量的服务，才能满足市场需求并获得持续的竞争优势。

消费服务质量的提升涉及多个方面，包括但不限于提供准确、及时和专业的服务；确保服务的个性化和差异化，满足不同消费者的特定需求；确保服务的连续性和稳定性，防止服务中断或下降。技术和创新在提升服务质量过程中发挥着重要作用。例如，通过数字技术，企业可以更好地了解消费者的需求和反馈，优化服务流程，为消费者提供更为个性化的服务。人工智能和大数据分析也可以用于预测消费者行为，企业要提前做好服务准备，确保服务的高效和满意。培训和人才发展也是企业提升服务质量的关键，员工是提供服务的主体，只有通过持续的培训和发展，才能确保他们具备提供高质量服务的能力和意愿。此外，建立健全的消费者反馈机制，及时收集和处理消费者的建议和投诉，也是企业提升服务质量的重要环节。

（五）推进市场监管公平统一

1. 健全统一市场监管规则

健全统一市场监管规则是构建开放、公平、竞争市场体系的基石。随着经济全球化和数字化的加速，市场环境和参与者日益多样，这要求市场监管规则既要满足国际化的需要，也要适应新的市场形态和业态。统一的市场监管规则意味着各地区、各部门的规则应当一致或相互兼容，避免政策碎片化，确保市场参与者在全国范围内面对一致的规则环境。这有助于降低企业的合规成本，提高市场的预测性和稳定性，为企业创造有利的营商环境。为健全统一的市场监管规则，国家需要不断修订和完善现有的法律、法规和政策，使其既能反映新的市场形态和需求，又能与国际规则相协调。同时，要强化跨部门、跨地区的沟通和协作，确保规则的统一和兼容。在制定规则时，还需考虑创新和技术的发展。例如，新技术和业态如共享经济、电子商务等可能会对现有的规则带来挑战，需要制定新的或调整现有的规则以适应市场的变化。

2. 强化统一市场监管执法

强化统一市场监管执法对于维护市场秩序、保护消费者权益及确保公平竞争环境至关重要。在庞大的市场体系中，仅仅制定完备的监管规则并不足够，关键在于规则的执行力度和一致性。统一执法意味着在全国范围内，不同的监管机构和执法部门都应采用一致的标准和方法进行执法，这可以确保市场主体在不同地区和领域都面临相同的法律风险和责任，从而创造一个公平、公正的市场环境。为了强化统一的市场监管执法，需要提高执法人员的专业性和能力，确保他们具备必要的知识和技能，能够对复杂的市场行为做出准确的判断。同时，执法部门应采用现代技术，如大数据分析和人工智能，来协助执法，提高执法效率和精确性。除了加强执法，还需要建立有效的激励和惩罚机制。对于遵守规则的市场主体，应给予奖励或优惠政策，鼓励其继续守法经营；而对于违反规则的市场主体，则应给予严厉的惩罚，使其承担相应的法律责任。

3. 全面提升市场监管能力

全面提升市场监管能力是保障市场公平、竞争和透明运行的核心要素。随着经济复杂度的增加以及新业态、新模式的快速涌现，传统的监管方法和手段已不适应当前的市场需求，因此，提升政府对市场的监管能力显得尤为重要。首先，要加强对新技术、新业态的研究和了解，从而使监管机构能够及时应对市场的变化。例如，数字经济、互联网金融等领域涉及的技术和模式都需要监管机构有深入的了解和掌握。其次，要使现代化的监管工具和手段得到广泛应用。大数据、云计算、人工智能等技术可以大大提高监管效率，帮助监管机构更为精确地识别风险，预测市场趋势，并及时做出决策。例如，通过大数据分析，监管机构可以更容易发现潜在的市场违规行为，从而提前进行干预。再次，培训和人才引进也是提升市场监管能力的关键，政府需要定期为监管人员提供培训，使其保持与国际最新监管实践和理念的接轨，还需要考虑从市场、学界、科研机构等吸引专业人才，使这些人才为监管决策提供支持。最后，与市场主体、行业组织和消费者等多方进行密切合作，形成合力，也是提高监管效果的有效方式。通过听取各方面的意见和建议，监管机构可以更为全面地理解市场的运行情况，制定出更为科学、合理的监管策略。

第五节　推动金融更好地服务实体经济

在新发展格局背景下，如何使金融更好地服务于实体经济，创新发展，帮助实体经济实现循环流转和产业链关联畅通，提高资源配置效率，成为当前摆在金融系统面前的重要课题，对于促进形成双循环新发展格局的意义重大。

第三章 构建立足内需的内循环体系

一、推动金融服务实体经济对于畅通国民经济循环的意义

（一）提升金融服务实体经济能力有助于稳住扩大内需的战略基点

内需是推动大国经济增长的关键和最大动力。双循环格局的战略基点就是强化我国经济的内需驱动，但从目前来看，我国内需不平衡的结构性问题依然存在。为持续健康稳定扩大内需，金融体系须坚持逆周期调节政策，安排好社会融资总量、节奏，更好发挥金融在提升居民收入、扩大最终消费等方面的积极作用；综合运用多种金融工具，支持创新创业，扩大中等收入群体规模；加快普惠金融和"大零售"战略实施，完善消费信贷管理，促进形成更具活力的消费市场。

（二）提升金融服务实体经济能力有助于更好地打通国民经济循环的各个环节

加大金融支持力度，有利于进一步发挥资源配置作用，重点向科技攻关企业提供足够的融资支持，着力提升制造业的核心环节、关键要件的自主化水平，解决"卡脖子"问题和其他突出短板，支持"专精特新"企业发展，提高制造业供给体系对国内需求的适配性；有利于促进科技创新，提升资源利用效率，加强可再生能源开发利用，实现大宗商品进口地多元化，扩大大宗商品产能，减少国内对外部大宗商品的依赖，帮助打通生产、分配、流通、消费各个环节，加速国民经济供给与需求、上中下游、大中小企业等之间的有机循环。

（三）提升金融服务实体经济能力有助于防范化解重大风险

实体经济健康发展是防范化解风险的基础，换言之，防范化解金融风险要跳出金融看金融。唯有坚持金融服务实体经济的导向，把服务

实体经济和防控金融风险有机结合，正确处理恢复经济和防范风险的关系，才能在推动高质量发展的同时有效防范化解金融风险。当前我国金融风险总体呈现收敛态势，但部分领域的风险形势仍然复杂严峻。经济金融"三个失衡"现象依然突出：一是实体经济供需失衡，二是金融业内部失衡，三是金融和实体经济循环失衡。构建新发展格局需要坚持系统观念，注重防范化解重大金融风险，实现发展质量、结构、规模、速度、效益、安全有机统一。在宏观层面，要通过"稳增长"控制债务总量，保持宏观杠杆率基本稳定；在中微观层面，要处理好改进实体经济金融服务与防范风险的平衡，避免陷入消极防范金融风险或片面强调金融服务两个极端，坚决守住"不发生系统性金融风险"的底线。

二、促进金融体系有效配置资源，提升国民经济循环效率

（一）加强党对金融工作的集中统一领导

金融是国家的经济命脉，其稳定、健康与否关系到整个国家的经济安全和发展。党的集中统一领导能够为金融工作提供坚强的政治保障和决策方向，确保金融政策的连续性和稳定性，使其更加适应国家的宏观调控需要。在复杂多变的国内外经济形势下，加强党的领导，可以使金融体系快速、准确地做出反应，灵活调整策略，应对各种风险和挑战。金融工作涉及的领域广泛，需要整合各类资源和力量，党的集中统一领导可以实现各部门之间的协同和配合，避免政策冲突和资源浪费，从而更有效地服务于实体经济。在新的历史阶段，金融工作的复杂性和挑战性都在加大，因此，确保金融工作始终在党的集中统一领导下进行，不仅是金融体系稳定和发展的必然要求，也是推动国家整体经济高质量发展的必要条件。

第三章 构建立足内需的内循环体系

（二）完善货币供应调控机制

货币供应作为宏观经济管理的关键手段，直接影响着市场的流动性、物价水平和经济增长。在经济全球化背景下，面对复杂多变的经济环境，如何调整货币供应已经成为各国中央银行面临的共同挑战。为应对这些挑战，国家需要建立和完善货币供应调控机制，使其更加科学、灵活和有效。完善的调控机制要求有关部门不仅要考虑当前的经济状况，还要对未来的风险和机会做出预测，以实现经济的稳健增长和物价的稳定。此外，完善的货币供应调控机制还应当强调开放性和透明性，使市场参与者能够清晰地了解中央银行的政策取向，从而做出合理的投资决策。随着数字货币和金融科技的发展，调控机制也应与时俱进，吸收新的理念和技术，更具前瞻性和应变能力。

（三）构建多层次、广覆盖、有差异的金融机构体系

构建多层次、广覆盖、有差异的金融机构体系对于满足广大企业多样化的金融需求具有重要意义。一个多层次的金融机构体系意味着不同规模和功能的金融机构共同发挥作用，从大型的商业银行到地方性的农村信用合作社，都有其独特的市场定位和服务对象。这样的结构可以保证资金在各个层面之间流动，从而更好地支持实体经济的发展。广覆盖则强调金融服务的普遍和可达性，无论是城市还是偏远地区，都应该由金融机构为当地企业提供服务，从而推进金融普惠发展。有差异的金融机构体系则强调金融机构应根据其自身特点和市场定位，提供差异化的产品和服务。这样既可以满足客户多样化的需求，也可以降低金融机构之间的同质化竞争，提高金融市场的效率。随着金融科技的发展和创新，新型的金融机构和业务模式也在不断涌现，为金融机构体系的多样化和发展提供了新的动力。

(四)加强金融有效供给，不断优化融资结构

加强金融有效供给是满足现代经济发展需求的必然选择，而优化融资结构则是金融服务实体经济的核心任务。随着经济发展和市场变化，企业的金融需求也在不断地增长和变化。为了更好地满足这些需求，金融机构需要为企业提供更加多元化、灵活且高效的金融产品和服务，这不仅包括传统的存款和贷款，还包括各种投资、融资和风险管理工具。加强金融有效供给可以更好地引导社会资金流向实体经济，促进投资和消费，从而推动经济增长。优化融资结构也是提高金融服务效率和质量的关键。这意味着金融机构需要在直接融资和间接融资之间找到平衡，既要鼓励企业通过资本市场发行股票和债券，也要保障银行信贷的稳定供应。此外，金融机构还需要根据不同客户的风险偏好和投资需求，为其提供定制化的融资方案。随着金融科技的发展，数字化、智能化的金融服务也在成为新的增长点，为加强金融有效供给和优化融资结构提供了新的可能性和机会。

(五)丰富金融产品体系，满足多样化金融需求

丰富金融产品体系对于构建完善的金融市场和满足消费者日益多样化的金融需求具有至关重要的作用。随着经济的增长，企业对金融产品的需求也日益复杂化。他们不再仅仅满足于传统的存款和贷款服务，而是寻求更多元化的投资渠道，期望更高的投资回报，同时也对风险管理有着更高的要求。为满足这些需求，金融机构需要创新产品设计，引入多种资产类别，如股票、债券、衍生品和另类投资等。同时，对于不同的风险偏好和投资期限，金融产品应具备相应的差异，以适应各种客户群体。金融科技的快速发展也为丰富金融产品体系提供了新的机遇，如基于大数据和人工智能的智能投顾、基于区块链技术的数字货币和资产代币化等。这些新兴的金融产品和服务不仅可以提高金融市场的效率和

透明度，还可以为客户提供更加个性化和便捷的体验。而且，丰富的金融产品体系可以增加市场的流动性，降低系统性风险，为经济的稳健发展提供更加坚实的金融支撑。

（六）建设高质量金融基础设施

建设高质量金融基础设施要以新发展理念为引领、以技术创新为驱动、以新型网络为基础，统筹构建独立自主、先进可靠、富有弹性的金融数字基础设施体系；要加强金融基础设施的法治建设、管理统筹和规划建设，推动形成布局合理、治理有效、先进可靠、富有韧性的金融基础设施体系；要探索与数字经济相适应、与金融安全要求相匹配的数据存储方案，稳步推进分布式数据库金融应用，实现基础设施数据高效存储和弹性扩展；要加强金融科技创新研究及其在金融基础设施建设中的应用，运用现代通信技术打造数字金融"高速公路"，构建技术先进、数据广聚、服务高效的数字基础设施，提升企业的金融业务承载能力和交易流转效率，拓展金融基础设施覆盖范围，弥合数字鸿沟，提升运行效率；要加强信用体系建设，进一步发挥征信机构作用。

三、引导金融回归服务实体经济本源，实现金融与实体经济协调发展

金融回归本源就是有效发挥其配置资源的功能，提高中介效率和分配效率，为实体经济提供更好的金融服务。在新发展阶段，金融工作要主动适应高质量发展要求，主动适应全面建设社会主义现代化国家新形势，主动适应深化供给侧结构性改革主线，把更多金融资源配置到经济社会发展的重点领域和薄弱环节，为国内循环提供不竭动力。

（一）完善有中国特色的科创金融体系

完善有中国特色的科创金融体系是深化金融体制改革、推动科技创

新和经济转型升级的重要措施。随着科技进步和创新活动日益活跃,科创企业成为我国经济增长的新动力,但它们面临的金融需求与传统企业存在显著差异。科创金融,作为满足这些特殊需求的金融服务方式,需要细化和创新。针对科创企业的特点,如技术研发周期长、失败率高和缺乏抵押资产等,金融机构应提供更加灵活、多样的金融产品和服务。风险投资、天使投资和知识产权贷款等,可以更好地满足科创企业在不同发展阶段的资金需求。同时,为促进科创金融与科技创新深度融合,国家还需要加强对金融科技的研究和应用,如区块链、大数据和人工智能等,这些技术可以提高金融服务的效率、减少交易成本,并帮助金融机构更准确地评估风险。加强与科研机构、高等院校和技术转移机构的合作,也是完善科创金融体系的关键,这有助于金融机构更好地把握科创领域的动态和需求,为用户提供更加精准的金融服务。

(二)构建绿色金融体系,实现绿色发展

构建绿色金融体系是响应全球气候变化挑战、促进可持续发展的重要举措。绿色金融意味着金融资源被优先配置到低碳、环保、可再生和其他绿色领域,从而助力绿色经济转型。现如今,环境问题日益严重,绿色发展已成为国家和全球的共同目标,而金融作为资源配置的核心工具,其在实现绿色发展中的角色不容忽视。构建绿色金融体系需要推动金融机构增加对绿色项目的投资和融资,如清洁能源、节能技术和生态保护项目。为此,金融机构需要设计和推广一系列绿色金融产品和服务,如绿色债券、绿色基金和绿色保险等。同时,建立完善的绿色金融标准和评价体系是关键,这可以确保金融资金真正流向绿色项目,并对其环境效益进行准确评估。监管机构应加强对金融机构的引导和监督,鼓励它们在业务决策中充分考虑环境风险,从而降低潜在的信贷和投资风险。绿色金融不仅有助于环境保护和气候变化应对,还能为金融机构带来新的业务机会和收益来源。

第三章　构建立足内需的内循环体系

（三）大力发展普惠金融，着力缓解小微和民营企业融资难融资贵问题

完善多元化、广覆盖的普惠金融组织体系，就要推动形成商业性、政策性、开发性、合作性等金融机构共同参与微型金融和普惠金融发展的大格局；深入开展金融机构中小微企业金融服务能力提升工程，引导优化内部资源配置、强化外部激励约束，创新以微型金融和普惠金融为重点服务对象的金融产品和服务，充分发挥数字技术优势，建立健全广覆盖、可持续、互助共享、线上线下同步发展的普惠金融体系，以及信贷风险识别、监控、预警和处置体系；优化微型金融和普惠金融发展生态，加强数字普惠金融领域的金融标准建设，保持小微企业融资"量增、面扩、价降"的良好态势。

（四）发展适应新发展格局的产业链金融

发展适应新发展格局的产业链金融可以更好地服务实体经济，提高金融体系的稳定性和韧性，这也是当前经济转型和供给侧结构性改革的必然选择。随着经济全球化、产业链和供应链的持续深化，企业之间的合作和竞争关系日益紧密，金融服务也需要与之相适应，为产业链上下游企业提供更加精准、高效的支持。产业链金融的核心是针对特定产业链提供综合性的金融服务，如供应链融资、订单融资和应收账款融资等，旨在解决产业链各环节的资金需求，降低交易成本，提高流动性。此外，随着大数据、云计算和区块链等技术的发展，金融机构可以更加深入地了解产业链的动态和风险，为客户提供更加个性化、智能化的金融解决方案。产业链金融还可以帮助中小企业更好地融入全球价值链，使他们获取更多的市场机会和增长动力。在新发展格局下，产业链金融不仅仅是金融机构自身业务创新的需要，更是推动产业升级、促进经济高质量发展的重要工具。

第四章　构建基于双向开放的外循环体系

构建基于双向开放的外循环体系是当代经济发展的新方向。在全球经济一体化的大背景下，单一的内部驱动已难以支撑长期、稳定的增长。双向开放不仅意味着对外资的吸引和利用，更意味着本国企业走出去，参与国际竞争与合作，获取全球资源与市场。这样的外循环策略旨在构建一个对内外均开放的经济循环体系，最大化利用国际与国内两个市场和两种资源，促进全球价值链的深度融合。在这种模式下，国家可以更好地应对外部冲击，增强经济的韧性与活力，同时为全球经济的稳定与繁荣做出更大贡献。本章将深入探讨双向开放外循环体系的构建，挖掘其对经济发展的深远影响。

第一节　构建更高水平开放型经济新体制

开放型经济体制，是指一国或地区参与国际分工与竞争，维护要素、商品与服务在全球范围内有序自由流动和最优配置的制度性安排。

第四章　构建基于双向开放的外循环体系

构建更高水平开放型经济新体制，是畅通双循环的制度基础和政策保障。开放是发展的必由之路，也是我国的重大改革。要想发挥全面深化改革在构建新发展格局中的关键作用，就要围绕实行高水平对外开放深化改革，加快营造市场化、法治化、国际化的营商环境，推动建设更高水平开放型经济新体制。

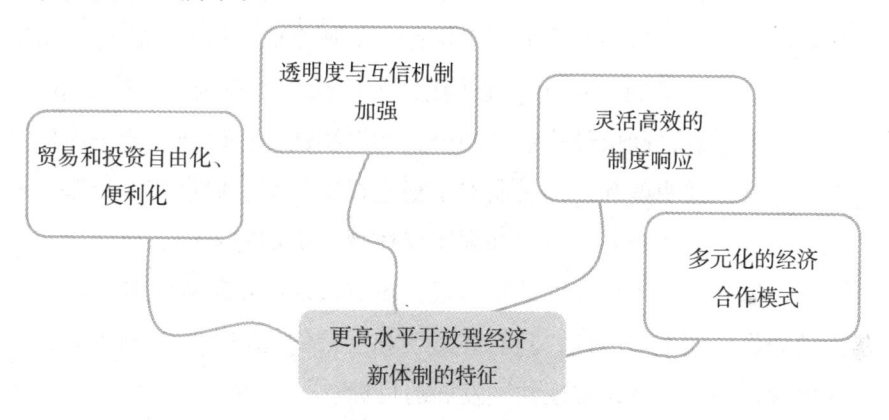

一、更高水平开放型经济新体制的特征

建设更高水平开放型经济新体制既具有积极的意义，也是改革开放达到一定水平后的必然要求。更高水平开放型经济新体制主要有以下特征，如图 4-1 所示：

图 4-1　更高水平开放型经济新体制的特征

（一）贸易和投资自由化、便利化

在全球经济高度融合的大背景下，自由化、便利化不仅代表了更高效、更直接的资源分配和资本流动，而且意味着企业能够更深入地参与全球价值链和市场。贸易自由化确保了商品和服务能够无阻碍地流通，既满足了多样化的市场需求，也加强了国与国之间的经济联系，促进了各国之间技术、知识和经验的交流；投资自由化反映了资本市场的透明度和开放度,为全球投资者提供了更广阔的选择,使资本能够更加灵活地在各个领域和地区之间流动,助力产业创新和产业升级;而贸易和投资的便利化则进一步加强了自由化的深度,通过简化流程、降低交易成本,进一步增强了全球贸易和投资的吸引力。这种贸易和投资的自由化和便利化不仅增强了国家与世界的经济联系,也为国家经济增长带来了更为广泛的机会。

(二)透明度与互信机制加强

透明度不仅关乎政策的明晰和执行的可预见性,而且直接影响到国内外投资者和企业的决策信心。一个高度透明的经济环境能够减少信息的不对称,降低交易和合作的不确定性,使各方更有信心地进行长期规划和合作。互信机制的建立和完善则能够确保各方在经济交往中平等、公正地分享利益,确保经济活动的公正和持续性。在全球经济一体化的复杂背景下,透明度和互信机制对于稳定投资环境、促进技术交流以及加强多边合作至关重要。这种加强不仅体现在更加完善的法律法规和标准上,还体现在更为公开的政策沟通、更有效的纠纷解决机制以及更加稳定的合作预期上。因此,只有在透明和互信的基础上,各国才能更加深入地融入全球经济,实现共同发展的目标。

(三)灵活高效的制度响应

随着全球经济环境的日益变化和不确定性的增加,制度的灵活性和高效性成为决定经济体迅速适应新情况、应对新挑战的关键因素。灵活的制度设计允许经济体在遇到外部冲击或内部变革时进行快速的调整,确保经济活动的连续性和稳定性。这种灵活性不仅体现在政策的制定和执行上,也体现在制度结构的调整、机制创新以及与其他国家的合作模式上。高效的制度响应确保了资源能够在最短的时间内被合理配置,减少了因为延迟响应导致的潜在损失。制度的高效性体现在快速的决策过程、准确的政策执行以及有效的监督和评估机制方面。无论是面对技术革命带来的新机遇，还是应对全球经济环境的波动，灵活高效的制度响应都为我国经济提供了稳定发展的基石。灵活高效的制度响应不仅是更高水平开放型经济新体制的要求，也是保障经济健康、稳定发展的关键。

（四）多元化的经济合作模式

在复杂多变的全球经济背景下，单一、固定的合作模式已难以满足各国日益多样化的经济和社会发展需求。因此，建立多元化的合作形式成为提高经济体适应性和竞争力的关键。在更高水平的开放型经济新体制下，这种多元化体现在与不同国家和地区的合作内容、方式及层次上，涵盖了商品贸易、服务交易、技术合作、资本流动以及人才交流等多个领域。此外，多元合作模式也意味着各国在合作过程中更加注重平等、互利和共赢的原则，努力实现各方的共同利益最大化。随着数字技术、绿色经济和创新驱动的崛起，各国间新的合作领域和方式也不断涌现，为经济体带来了更多的增长机会。这种广泛的、层次丰富的合作模式有助于经济体更好地融入全球价值链，更深入地参与国际分工与合作，同时也为其提供了丰富的外部资源和市场。

二、构建更高水平开放型经济新体制的必要性

构建更高水平开放型经济新体制不仅能实现更高质量的内循环，而且还能填补外循环的动力空缺，培育国内新优势，实现良好的内外双向循环。

（一）更高水平开放型经济新体制能增添我国内循环新动能

在全球经济高度整合的今天，一个更为开放的经济体制不仅能够为国内市场引入全球领先的技术、管理经验和资本，还能够提高资源配置

效率，促进生产要素的优化与升级。当国内经济体制在开放中与全球接轨，不仅可以引导国内产业向更高的价值链层次迁移，还可以刺激创新活动，产生新的经济增长点。此外，更为开放的经济体制将促使国内市场形成更加完善的竞争机制，帮助本国企业提高自身的竞争力，从而在国内外市场中更好地立足。通过与全球市场的深度互动，本国企业可以为国内消费者带来更多样的商品与服务选择，满足他们日益多元化的消费需求，推动消费结构的持续优化。所以说，更高水平的开放型经济新体制在为国内循环提供新的增长动能上，具有明显的优势和作用，为国家经济持续健康发展注入了新的活力。

（二）更高水平开放型经济新体制能提升我国外循环抗风险能力

在当今复杂多变的国际经济环境中，外部冲击和不确定性因素层出不穷，外循环的稳定性和持续性面临挑战。一个更高水平的开放型经济体制能够更有效地分散风险，通过多元化的国际合作与交往，我国能够平衡与多个国家和地区的经济关系，降低对某一特定市场的依赖。此外，开放型经济体制能够吸引全球资本、技术和人才，这不仅能够促进国内技术创新，提高生产效率，还能够使国家在全球价值链中获得更为有利的地位，增强其在国际市场中的议价能力。与此同时，高度的开放性也意味着与世界经济的深度融合，使国家能够更早地预见和应对各种外部风险，建立更为完善的应对机制，从而确保外循环的稳健运行。在全球经济日益一体化的背景下，更高水平的开放型经济新体制无疑使国家在对外经济循环中展现出了更强的抗风险能力，确保经济的长期稳定和健康发展。

第四章　构建基于双向开放的外循环体系

（三）更高水平开放型经济新体制能加快培育参与外循环的国内新优势

在经济全球化的大背景下，国家能够更好地整合全球资源，吸引先进的技术、管理知识和人才资源，从而为本国产业的升级和创新提供有力支持。这种开放性不仅促使了国内企业不断提高其产品和服务的国际竞争力，而且激发了国内创新活动开展的积极性，为企业和产业带来了新的增长动力。与此同时，高度的开放还能促进国内与国际市场的深度融合，使国家在全球价值链中的地位不断提高，从而在国际分工中获取更大的经济收益。更高的开放水平还有助于国内企业学习国际先进的管理和操作模式，更好地理解和满足国际市场的需求，从而使其在全球市场中获得更多的市场份额。总体上看，更高水平的开放型经济新体制为国家在全球经济环境中获得新的竞争优势提供了有力支撑，促进了国内外经济循环的良性互动，为国家经济的持续、健康和快速发展创造了良好条件。

三、构建更高水平开放型经济新体制的总体思路

在全球经济一体化的新时代背景下，构建更高水平的开放型经济新体制不仅是我国发展的必然要求，也是对外部挑战的主动回应。要实现真正的经济发展和可持续性，仅仅依靠传统的开放方式已不足够。因此，我国必须采取创新的策略，突破现有的局限性。构建更高水平开放型经济新体制必须坚持以下思路。如图 4-2 所示：

双循环经济发展新格局构建研究

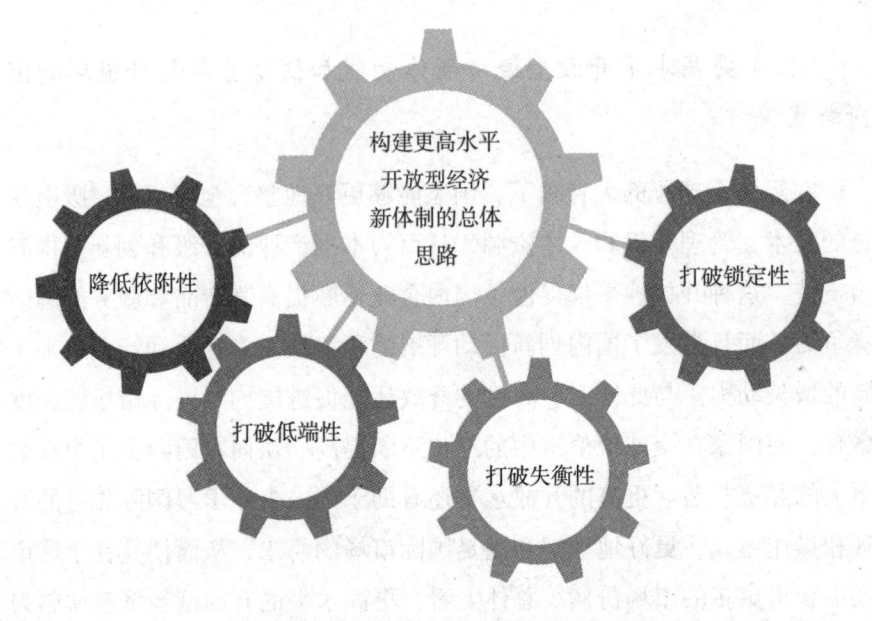

图 4-2 构建更高水平开放型经济新体制的总体思路

（一）降低依附性

降低依附性是为了确保一个经济体在全球环境中具有更大的自主性和韧性。依附性可能来自对外部市场的过度依赖、对某些关键技术或资源的外部供应依赖。过高的依附性可能会导致经济对外部冲击特别敏感，增加不确定性。为降低这种依附性，需要加强内部能力建设，尤其是在关键技术和核心资源上，以此减少经济对外部的依赖。培养和吸引高技能的人才、支持国内研发机构和企业进行原创性研究，都是缩小技术和知识差距的方法。同时，对于资源依赖，可以通过推动资源高效利用、发展替代能源和技术来减少。国家也应鼓励多样化的经济合作，以减少对单一市场或供应链的过度依赖，从而提高经济的韧性和稳定性。降低依附性是确保经济健康、稳定增长的关键，它有助于提高对外部风险的应对能力，增强国家的经济安全。

第四章 构建基于双向开放的外循环体系

(二) 打破低端性

低端性意味着一个经济体在全球价值链中的位置较低，主要集中于原材料供应或简单制造环节，这往往会导致较低的附加值和较小的创新空间。要打破这种低端性，关键是要促进产业升级和技术创新。通过加大对高端技术的研发投入，提升工人的技能和知识结构，以及推进教育体制改革，都是推动产业向高附加值方向发展的有效途径。同时，国家要鼓励企业参与国际竞争，积极拓展高端市场，获得更多的市场份额。打破低端性不仅可以使企业提高经济效益，增强国际竞争力，还能为企业和工人创造更好的发展机会，实现可持续增长。

(三) 打破失衡性

失衡性主要体现在贸易不平衡、区域发展差距大，以及产业结构偏斜等方面。贸易不平衡会导致资本流动不稳定，加大外部经济风险。为缓解这种情况，国家需要促进出口与进口的均衡，在引进先进技术和管理经验的同时鼓励国内企业走出去，进入国际市场，提高品牌价值和竞争力。区域发展差距大会导致资源分配不均和人口流动，从而加大社会矛盾。为解决这一问题，国家应当强化对欠发达地区的扶持政策，鼓励投资和产业转移，实现区域均衡发展。此外，产业结构偏斜会导致经济对某些行业过度依赖，增加经济波动的风险。为此，国家需要推动产业结构优化，发展多元化经济，强化对新兴产业和高技术产业的支持，从而实现经济的稳定增长。打破失衡性，不仅有助于提高经济的稳定性，还有助于实现经济的可持续发展。

(四) 打破锁定性

锁定性意味着一个经济体在某些固定模式、技术或资源上产生了过度依赖，限制了创新和发展的潜力。这种锁定可能源于传统的生产模式、过时的技术或短视的决策。为了打破这种锁定性，需要加强技术创新和研发能力，推动经济从传统的生产模式转型到更加绿色、高效、智能的模式。技术进步和创新不仅能够提高生产效率，还能够开辟新的市场和商机。同时，国家应当强化对新兴产业的支持和扶持，特别是那些具有高技术含量、高附加值和可持续性的产业，从而实现经济的多元化发展。通过改革制度和政策，减少行政壁垒，鼓励企业家精神和创业活力，也是打破锁定性的有效途径。打破锁定性有助于释放经济的活力，促进技术和产业升级，实现长期、稳定和可持续的增长。

四、构建更高水平开放型经济新体制的具体路径

（一）持续深化商品和要素流动型开放

在经济全球化浪潮中，商品与要素的自由流动是实现经济高效运行的基础。深化商品流动意味着进一步减少或消除贸易壁垒，促进国际贸易畅通。无论是实体商品还是服务，流动的加速都能刺激生产和消费，形成更大的市场规模，从而推动经济增长。与此同时，要素流动的深化关乎资本、技术、信息和劳动力等的跨境流通，资本的自由流动能使企业更好地寻找全球最佳的投资机会，为创新和技术进步提供资金支持；技术与信息的跨境流通是推动生产力提升、加快技术扩散和优化全球资源配置的关键；劳动力流动带来了人才的跨国交流与合作，可以促进知识和经验的传播，拓宽视野，丰富文化底蕴。为实现这一流动，需要加强国际合作，打破障碍，优化通关、税收、金融及法规制度。而在国内层面，对外开放策略也需要与国内经济政策和结构改革相结合，确保商品和要素流动带来的红利能惠及更广大的人群，助推经济的持续和稳健发展。

第四章 构建基于双向开放的外循环体系

（二）稳步拓展规则、规制、管理、标准等制度型开放

制度是关系党和国家事业发展的根本性、全局性、稳定性、长期性问题。实施更大范围、更宽领域、更深层次的对外开放，深入推进规则、规制、管理、标准等制度型开放，全面对接国际高标准市场规则体系，有助于以高水平制度供给汇聚高端要素资源，为加快构建新发展格局提供强大保障和动力支撑。

1. 持续推动体制机制创新，改善开放发展的制度环境

持续推动体制机制创新对于改善开放发展的制度环境至关重要。体制机制的创新意味着对现有的政策、法规和制度进行修正或重塑，使之更加适应当前的经济发展和国际环境。在开放型经济体制中，制度环境的健全和完善将为国内外企业提供公平、公正和透明的竞争平台，进而吸引更多的外部资本和技术，促进资源的高效配置。制度环境的改善不仅涉及法律法规的修订，还涉及行政审批、税务、金融、贸易等多个领域的配套改革。简化行政程序、优化税收制度和金融市场的透明度，都是体制机制创新的重要内容。此外，与国际接轨的标准制定也为国内商品和服务的跨境流通提供了基础。当企业在一个稳定、可预测的制度环境中运营时，其经营决策将更为明晰，投资和创新的风险将降低。因此，持续推进体制机制创新，改善开放发展的制度环境，不仅能为经济带来更多的外部机会和利益，还能为经济的长期和可持续增长提供坚实的制度保障。

2. 对接高标准国际规则，不断深化制度型开放

对接高标准国际规则是深化制度型开放的关键。在经济全球化的时代，国际规则与标准已成为跨境交易与合作的通用语言。与高标准的国际规则对接，不仅可以确保国家在全球经济中处于更有利的地位，而且有助于国家建立与国际社会的互信与互利。对接国际规则涉及多个层面，包括贸易政策、投资保护、知识产权、环境保护等，这需要综合考

虑国内外的利益和挑战。高标准国际规则的引入将推动国内法律、政策和实践的更新和完善,使之更具前瞻性、适应性。例如,对接国际知识产权标准可以激励技术创新和研发,保护创作者与投资者的权益;遵循国际环保规则则有助于实现绿色、可持续的经济发展。此外,与高标准国际规则的对接还为本国企业的跨境经营提供了有力支持,使它们在国际市场中更具竞争力。

(三)培育对外贸易新优势,促进我国全球价值链地位提升

对外贸易是开放型经济的重要组成部分,对打通我国内外经济循环、增强产业国际竞争力、提高资源配置效率和加快经济增长,都发挥了十分重要的作用。在新发展阶段,为成功实现从贸易大国向贸易强国的转变,我国要积极推动贸易自由化、便利化,推进贸易创新发展和产业转型升级,提升对外贸易综合竞争力,不断增强我国在全球产业链、供应链、价值链和创新链中的影响力。具体来说,可以采取以下措施,如图4-3所示:

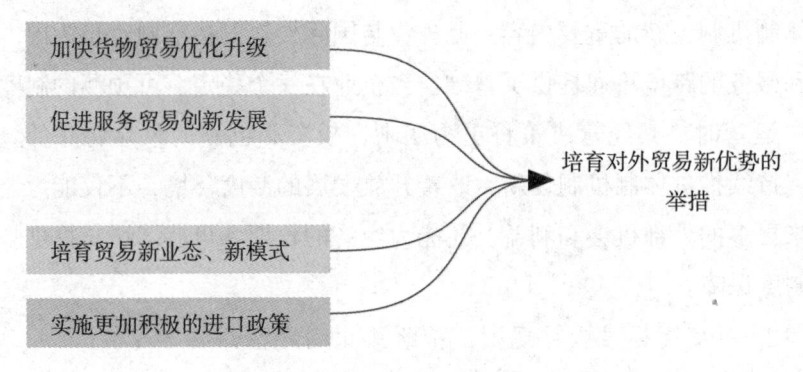

图4-3 培育对外贸易新优势的举措

1. 加快货物贸易优化升级

第一,要着力推动五个优化,即优化国际市场布局、国内区域布局、经营主体、商品结构和贸易方式。优化国际市场布局是为了让商品

第四章 构建基于双向开放的外循环体系

和服务更好地适应不同的市场需求，降低市场风险，使国内企业进一步拓展海外业务；优化国内区域布局则有助于在国内实现资源的最有效利用，从而增强其在全球竞争中的位置；经营主体的优化，是指国家要鼓励多元化的商业实体，如中小企业和家族企业，还要鼓励公私合营，以满足不同市场的需求；商品结构优化旨在更好地满足市场需求，如将重点从传统制造转向高技术产品和服务；优化贸易方式是指采用电子商务和其他现代交易方式提高交易效率，降低成本。

第二，要促进国内外产业转移，培育全球重要加工制造基地和新增长极。随着全球经济的日益一体化，产业转移已经成为一个重要趋势。鼓励行业龙头企业提高国际化经营水平是确保其在全球范围内保持竞争力的关键。这些企业应具备在全球范围内配置要素资源和布局市场网络的能力，以确保他们的产品和服务可以迅速适应全球市场的变化。

第三，要提升一般贸易出口产品的附加值，这是为了提高其在国际市场上的竞争力。高附加值的产品往往具有更高的利润率，能够为企业带来更大的经济效益。同时，推动加工贸易的转型升级可以使企业更好地满足客户的需求，从而在竞争激烈的市场中获得更大的市场份额。

第四，要完善内外贸一体化调控体系，这是确保贸易公正、透明和可预测的关键。促进内外贸法律法规、监管体制、经营资质、质量标准、检验检疫、认证认可等相衔接，可以确保产品质量的一致性和交易的公正性。此外，推进内外贸产品同线同标同质有助于简化交易流程，降低交易成本。加快实施贸易投资融合工程，可以进一步促进贸易和投资的一体化，为企业提供更多的机会和选择，也能够为消费者提供更多的选择和更好的产品。

2. 促进服务贸易创新发展

我国服务贸易进出口呈现逐年上升的趋势，但服务贸易一直是逆差。推动服务贸易创新发展，是使我国形成国际竞争新优势的重要方面。

第一，要持续全面深化服务贸易创新发展试点，不断优化管理体制和政策体系，为服务贸易开辟更广阔的发展空间。试点的作用在于提供一个实验场所，在一个相对封闭的环境中测试新的管理和运营方式，根据试点结果不断调整和完善。这种灵活性和迭代的方法有助于发现和解决我国在实际操作中的问题。通过不断的尝试和优化，我国可以发现促进服务贸易创新发展最有效和高效的方法，并将其推广到更广泛的范围。这样的机制可以大大加速服务贸易的创新和发展。

第二，通过提升技术含量和附加值，提高服务外包产业的发展质量和效益，推进特色服务出口基地建设，促使中国的服务贸易在全球竞争中占据有利地位。服务外包产业是中国的一个重要部分，它能够为全球各地的公司提供各种服务，如 IT 服务、呼叫中心和数据处理等。提升服务外包产业技术含量意味着为全球提供更高端、更复杂的服务，从而获取更高的利润。同时，特色服务出口基地可以集中资源，提供一流的设施和人才，吸引更多的国外客户。

第三，完善技术进出口管理制度，建立健全技术贸易促进体系。完善技术进出口管理制度是对我国当前技术交易格局的积极回应，随着科技的日益进步，技术交易已经成为各国经济发展的关键要素。因此，确保技术交易的公正性、透明性和高效性变得尤为重要。管理制度的完善，可以明确技术交易的权利和义务，为各方提供一个明确、可预测的操作环境。这不仅可以保护技术创新者的权益，还可以鼓励更多的技术交易和合作。同时，建立健全的技术贸易促进体系意味着为技术交易提供更多的支持和服务，这包括但不限于提供技术交易的信息、培训、咨询和市场研究等。这样的体系可以降低技术交易的门槛，帮助更多的中小企业和创新者参与技术交易，这不仅有助于提高技术交易的总量，还可以促进技术的快速流通和应用，从而推动整体服务贸易的创新和发展。

第四，加强服务贸易国际合作，打造"中国服务"国家品牌。加强

第四章　构建基于双向开放的外循环体系

服务贸易国际合作是为了进一步将中国的服务业与全球市场更紧密地结合，打破传统的市场壁垒，促进共同的经济增长。国际合作不仅可以为我国带来外部资源和市场机会，还可以促进人们知识和经验的交流，提高服务业的整体水平。打造"中国服务"国家品牌意味着要构建一个代表中国服务业高品质、高效率和创新能力的品牌形象。一个强大的国家品牌可以为中国的服务企业提供更多的市场机会，增强其在国际市场上的竞争力。更重要的是，这也可以帮助中国提高服务业在国际市场上的知名度和影响力，吸引更多的外部投资和合作伙伴。通过加强国际合作和打造国家品牌，中国可以更好地利用服务业的潜力，实现更快速、更高质量的发展。

3. 培育贸易新业态新模式

第一，推动企业提升贸易数字化和外贸综合服务数字化水平，积极参与全球数字经济和数字贸易规则制定。在信息技术快速发展的今天，数字化已经深入每一个行业和领域，为全球贸易带来了翻天覆地的变化。贸易数字化不仅意味着交易的自动化和简化，还包括对大数据、人工智能、区块链等先进技术的应用，从而实现更加智能、透明和高效的供应链管理。提升外贸综合服务数字化水平则涉及为企业提供一系列数字化的外贸服务，如数字支付、电子单据、在线报关等，有助于提高外贸交易的速度和准确性，降低成本和风险。而积极参与全球数字经济和数字贸易规则制定则是为了在全球范围内构建一个公平、公正和透明的数字贸易环境。随着数字贸易的快速发展，各国面临的挑战和机会也在增加，如何确保数据安全、保护知识产权、促进数字技术的传播和应用等问题都需要通过国际合作来解决。参与全球数字贸易规则的制定，可以确保数字贸易的健康和可持续发展，为企业提供更多的市场机会和更好的竞争环境。

第二，鼓励跨境电子商务、市场采购贸易、外贸综合服务企业、保税维修检测、再制造和离岸贸易等新业态新模式发展。跨境电子商务作为新兴的贸易形式，突破了传统贸易的地域限制，为消费者和商家提供了更为便捷、灵活的交易平台，极大地拓宽了市场边界，满足了人们个性化、多样化的消费需求。市场采购贸易则逐渐成为外贸的新增长点，通过简化的贸易程序，企业能够更快速地响应市场变化，满足消费者的即时需求。外贸综合服务企业能够为出口商和进口商提供全方位的服务，如贸易咨询、物流、金融等，帮助企业降低交易成本，提高交易效率。保税维修检测为产品在全球范围内的流通提供了更为高效、经济的解决方案，能够确保产品的质量和安全。再制造业代表了循环经济的新模式，对旧产品的再生和再利用，不仅有助于企业降低生产成本，还有助于资源的回收再利用。离岸贸易作为一种资本和技术密集型的贸易模式，可以帮助企业获取更为有利的贸易条件，拓展国际市场。这些新业态、新模式都反映了当今贸易的新趋势和特点，为贸易的持续增长和创新提供了强大的动力。

第三，培育一批外贸转型升级综合型、专业型基地，提高产品质量、培育自主品牌。综合型基地融合多个领域的功能，从研发设计、原材料采购、生产制造到销售推广，提供一站式服务，极大降低了交易摩擦和时间成本。这种基地能够适应快速变化的市场环境，满足多种业务需求，助力企业快速响应市场变化，增强其市场竞争力。专业型基地则针对特定领域或产品线，为企业提供深度、细分的专业服务。通过高度集聚同一产业或领域的企业，形成产业集群效应，专业型基地可以促进产业内部的资源共享、技术互补，激发创新活力。这种基地更注重行业深度和垂直整合，帮助企业深化专业化运营，提升其在全球产业链中的价值地位。无论是综合型还是专业型基地，其核心目的都是为企业提供高效、便捷的服务，助推外贸的转型和升级，使之更具竞争力和发展潜力。

4. 实施更加积极的进口政策

第一，开创性举办全球首个国际进口博览会，是我国主动开放的重大举措。我国作为一个"买全球、卖全球"的开放型平台，为世界经济

第四章 构建基于双向开放的外循环体系

增长创造新需求，明确释放了维护开放型世界经济的积极信号。未来，我国要持续办好进博会、广交会、服贸会、消博会等重要展会，培育中国—东盟博览会、中非经贸博览会和中阿博览会等一批高质量区域性展会，发展线上线下相融合的云展会模式。

第二，适时降低进口关税、消除非关税壁垒和削减进出口环节制度性成本是提高中国市场对外开放度和国际化水平的关键。降低进口关税意味着降低了进口商品的成本，使其在国内市场更具竞争力，满足了消费者对高质量商品和服务的需求。消除非关税壁垒可以提高进口商品和服务的市场准入，使市场环境更加公平和透明。削减制度性成本可以进一步优化贸易便利性，提高企业的经营效率，降低他们的交易成本，从而促进进出口协同发展。

第三，努力消除非关税壁垒、大幅削减进出口环节制度性成本，促进进出口协同发展。降低关税成本能够为消费者带来更为丰富和多样的商品选择，满足他们对更高品质生活的追求。同时，对于国内企业来说，更低的进口成本意味着他们可以更为便捷地获取国际先进的技术和原材料，进而提高其国际竞争力，推动产业链向高端迁移。这些壁垒可能会导致进口商品和服务的市场准入被无端限制，进而影响市场的有效供给。消除这些非关税壁垒可以进一步扩大市场开放度，增强市场活力和竞争力，为消费者带来更多的选择和更低的价格。大幅削减进出口环节制度性成本也是提高贸易便利化、降低企业运营成本的关键。制度性成本包括各种审批、检验、认证、报关等环节的时间和金钱成本，这些成本往往会使小微企业和新兴企业在国际市场上处于劣势，限制其发展潜力。因此，大幅削减这些成本，尤其是简化流程、提高效率，不仅可以降低企业的交易成本，还可以激发市场活力，吸引更多的参与者进入国际贸易。以上措施可以促进进出口协同发展，即平衡进口和出口的利益，确保在追求出口增长的同时，不忽视进口的作用和意义。

第四，促进进口来源多元化，降低供应链的风险，确保国内市场的稳定供应。在经济全球化的背景下，单一的进口来源很容易受到外部环境的影响，而多元化的进口来源则可以有效降低这种风险，确保国内市场的稳定供应。要使进口来源多元化，就要做到以下四点：

一是要扩大先进技术、设备和零部件进口，满足国内产业升级的需求。在全球产业链中，获取和掌握核心技术是提升一个国家或地区在产业链中地位的关键。进口先进的技术和设备，可以迅速提高国内产业的技术水平，缩短与发达国家之间的技术差距，从而在全球竞争中占得先机。同时，先进的零部件进口也是确保国内产品质量和性能达到国际先进水平的必要条件。

二是鼓励国内有需求的资源性产品进口。有些资源在国内稀缺或产量有限，必须依赖进口来满足国内市场的需求。例如，一些稀有金属、矿产等资源在国内无法大量生产，但却是很多高技术产品的关键原材料，这时进口就成了保障国内产业正常运转的关键。

三是支持消费升级进口。支持消费升级进口意味着我国要满足人民群众日益增长的对高品质生活的追求。随着生活水平的提高，人们对于食品、服装、日常用品等消费品的需求也逐渐从数量转向质量，这为进口的高品质消费品提供了巨大的市场空间。

四是促进研发设计、节能环保等生产性服务进口，推动国内产业结构的优化和升级。研发设计是提高产品技术含量的关键，而节能环保则是应对全球气候变化和资源日益紧张的现实需求。进口这些生产性服务，可以快速提高国内相关产业的技术和管理水平，为国内产业的长远发展提供有力的技术支持。

（四）优化区域开发政策，促进区域经济结构优化升级

建设更高水平开放型经济新体制，离不开区域经济的发展。因此，我国需要优化区域开放政策，以促进区域经济结构优化，可以采取以下措施：

第四章　构建基于双向开放的外循环体系

1. 扩大区域经济开放程度及开放范围

在当今全球化的经济背景下,各国都在寻求新的增长动力和发展路径,而区域经济的开放则为该地提供了更多的发展机会和选择空间。逐步放宽对外资的引入限制,可以吸引更多的国外投资和高端产业进入我国市场,这不仅可以提高地方的经济活力,还可以推动地方产业的结构优化和升级。扩大开放范围意味着我国不仅要在传统的经济强区加大开放力度,还要在中西部、东北等经济欠发达地区进行开放,从而实现区域经济的均衡发展。这样做可以让不同地区的经济实现优势互补,共同发展,促进国内大循环,而且,开放的程度和范围还需要根据地方的实际情况和产业特点来调整和设计,确保每个地区都能在开放中找到适合自己的发展路径。另外,开放政策的实施还应注重保护和利用本地资源,避免盲目追求规模效应而忽视经济发展的可持续性。同时,为了确保开放带来的好处能够惠及更多的人,政府还需要加强对外资企业的监管,确保它们在享受政策优惠的同时,也能履行社会责任,实现与地方经济的深度融合。

2. 区域之间实现联动,优化区域间的产业布局

在复杂多变的经济环境中,单一地区难以独自应对所有经济挑战,而通过区域联动,各地区可以依靠自己的优势,实现资源共享,促进整体经济的协同增长。优化区域间的产业布局是联动的核心,不同地区往往因为自然条件、资源禀赋、人力资源和历史背景等因素拥有不同的产业优势。有策略地布局产业,可以确保各地区都依据其优势进行发展,避免重复建设和盲目竞争。例如,一个地区若拥有丰富的矿产资源,可以重点发展与此相关的深加工产业;而另一个地区若因地理位置优越,成为交通枢纽,则可以优先发展物流和服务业。要实现优化的产业布局,需要建立一个高效、公正的资源配置机制,使资源可以在各地区之间自由流动,确保其得到最大化的利用。同时,也要建立有效的协调机制,确保在产业布局的过程中,各地区的利益相对平衡,避免出现资源

过度集中或产业空心化的问题。随着技术的发展，尤其是数字化和信息化技术的普及，为区域之间的联动提供了新的可能。通过建立数字化的协同平台，各地区可以实时分享市场信息、技术研究成果和管理经验，进一步加强合作，提高整体效率。

3. 在边境地区建设贸易试点

边境地区作为与其他国家接壤的地方，具有独特的地理和经济优势，为国家与邻国之间的贸易与合作提供了便利条件。在这些地区设置贸易试点，可以测试和探索新的贸易政策、管理方式和合作模式，为整个国家的对外贸易和开放提供经验和参考。建设贸易试点的重要性在于，它可以帮助国家更快速地了解和适应国际市场的变化，及时捕捉国际贸易的新机遇。例如，可以通过试点来研究和应对各种贸易壁垒，如关税、准入限制等，从而为本国企业提供更为公平和开放的外部环境。此外，试点还可以帮助国家探索如何更好地利用外资、技术和管理经验，提高本国企业的国际竞争力。

（五）统筹发展和安全，建立适应更高水平开放要求的安全保障体系

越开放越要重视安全，越要统筹好发展和安全，着力增强自身竞争力、开放监管能力、风险防控能力。牢牢守住安全发展底线，是构建新发展格局的重要前提和保障，是畅通双循环的应有之义。

开放水平的持续提升，在促进改革、发展和创新的同时，也对提高安全保障能力提出了新要求。经过长期的改革探索，我国逐步建立了外商投资安全审查、网络安全审查、特定物项和关键技术出口管制等制度，显著提升了开放条件下的经济安全保障能力。但是在当前的新发展阶段，国际形势不稳定性、不确定性显著上升，风险因素明显增多。面对新阶段畅通双循环的发展需要，我国要把握好开放和安全的关系，树立底线思维，注重堵漏洞、补短板；要运用国际通行规则维护国

家安全，构筑与更高水平开放相匹配的风险防控体系，增强在更高水平开放中防范化解风险、维护国家安全的本领，努力实现更高质量、更有效率、更加公平、更可持续、更为安全的发展；要健全产业损害预警体系，丰富贸易调整援助、贸易救济等政策工具，妥善应对经贸摩擦；要建立重要资源和产品全球供应链风险预警系统，加强国际供应链保障合作；要健全外商投资国家安全审查、反垄断审查、国家技术安全清单管理、不可靠实体清单等制度，优化健全外资管理与服务；要完善境外投资分类分级监管体系，构建海外利益保护和风险预警防范体系；要加强国际收支监测，保持国际收支基本平衡和外汇储备基本稳定。

第二节　构建以境外产业园区为依托的对外援助新模式

一、相关概念界定

（一）对外援助

对外援助是一国或多国向其他国家或国际组织提供无偿或有偿的财政、物资或技术支持，以助力接受援助国家的经济发展、减少贫困、应对自然灾害、促进公共健康等领域的需要。这种支持可以是双边的，也可以是多边的，旨在实现援助国与受援国之间的共同目标或全球性的发展议程。

对外援助的形式多样，主要分为四种：资金援助、物资援助、服务援助、工程援助。

第一，资金援助是对外援助中最直接的形式，是通过货币的转移促进受援助国家或地区的经济和社会发展。资金援助有三种形式：一种是赠款,一种是贷款,还有一种是直接投资。赠款是资金援助的常见方式,它指的是援助国为受援国提供的无需偿还的资金支持。这种形式的资金通常用于紧急救援、人道主义援助或支持某些特定的发展项目。赠款能够为受援国在短时间内保证资金流动性,从而使受援国缓解瞬时的财政压力或满足特定的项目需求。贷款是另一种资金援助方式,这意味着援助国为受援国提供的资金在未来需要偿还。但这种贷款的利率通常较低,或者有一定的宽限期,意在为受援国提供有利的融资条件,支持其长期的发展计划或大型项目投资。直接投资则与传统的援助模式有所不同,它主要指援助国在受援国的实体经济中进行投资,如设立企业、参与基础设施建设或其他长期投资项目。这种援助方式的优点是可以直接促进受援国的产业发展和就业创造,同时也为援助国带来了经济利益和战略收益。

第二,物资援助通常涉及实物商品或必要的生产资料的供应。这种援助形式可以直接满足受援国家或地区在特定时期的需要,如在自然灾害或其他突发事件后。物资援助的内容可以是食品、药品、衣物、帐篷、生活必需品等紧急救援物资,也可以是农业、工业生产或建筑领域所需的设备和原材料。对于一些资源匮乏或生产能力有限的国家来说,物资援助不仅可以迅速提供其紧缺的物资,还可以推动其经济的恢复和发展。此外,物资援助还有助于加强援助国与受援国的经贸往来,培育未来的商业机会和伙伴关系。在复杂多变的国际环境中,物资援助已成为加强双边或多边关系、展现国家人道主义精神和责任担当的有效手段。

第三,服务援助关注的是知识、技能和经验的转移,旨在帮助受援国提高其本地能力和自主发展潜力。这种援助形式涵盖了广泛的领域,如教育培训、医疗健康、技术交流、管理咨询和项目规划等。例如,援助国可以派遣其专家和技术人员到受援国进行短期或长期的技术指导,分享其在某一领域的先进经验和实践,从而帮助受援国提升相关领域的水平。同样,受援国的人员也可以被邀请到援助国接受进一步的教育和培训，以增强其专业技能。服务援助重视的是长期和可持续的影响，它的目标不仅仅是使援助国为受援国提供一次性的帮助，而是帮助受援国建立和强化其本地机构、制度和能力。这种深度的合作和交流不仅有助于这些国家实现具体的发展目标，还可以加深双方的文化理解和友好关系，为未来的合作打下坚实的基础。

第四，工程援助是对外援助的一种具体、可见的形式，主要涉及基础设施的建设和技术项目的实施。这种援助方式往往会对受援国的经济和社会发展产生深远的影响。工程援助包括道路、桥梁、学校、医院、供水和供电设施等基础设施的建设，这些项目直接提高了当地居民的生活质量，同时为经济活动创造了有利条件。除此之外，工程援助还包括技术项目，如农业灌溉、疾病控制和环境保护等，这些项目通过引入先进的技术和管理经验，能够帮助受援国提高其自主发展的能力。工程援助不仅仅是资金和技术的投入，更重要的是它带来的经济和社会效益。一个成功的工程项目可以带动当地的经济发展，吸引更多的投资，创造就业机会，并为社会稳定与和谐发展创造条件。通过这种方式，工程援助成为加强双边关系、推进共同发展的重要手段。

虽然对外援助主要是出于人道主义和发展合作的目的，但在一定程度上，它也可以被视为外交政策的一部分，反映出援助国的国际战略定位和区域利益。对外援助不仅有助于加强双边或多边关系，也为推动全球可持续发展目标提供了重要支持。

（二）境外产业园区

1. 产业园区

产业园区是一个地理上相对集中的区域，内部拥有共同的管理和服务设施，专门为一类或多类相关的产业或企业提供所需的基础设施和公共服务。这种区域内部的企业往往在技术、市场、供应链或业务模式上存在某种程度的互补性或关联性。产业园区的建立目的是促进经济的集聚效应，提高产业的竞争力，加速技术创新和交流，并优化资源配置。产业园区可以是技术研发中心、制造基地、物流中心或商务区，其特色和功能取决于园区的定位和目标市场。在政策扶持、税收优惠、人才培训和融资便利等方面，产业园区往往能获得更多的支持，从而吸引更多的投资和创新活动，带动区域经济的快速增长。

2. 境外产业园区

境外产业园区，是指在"走出去"战略和"一带一路"倡议指导下，由中外双方政府共同推进，由我国的各级政府或企业在境外与外国政府或企业合作建设的产业园区。这些园区具备完善的基础设施，拥有强大的辐射带动能力，涵盖经济特区、农业产业园区、开发区、经济合作区、加工区、工业区、科技产业园、自由贸易区及商贸物流园区等多种形态。这种模式的核心特色在于多个企业联合进行海外投资，不仅能够降低单独某个企业在海外的风险，而且能够助力国内企业在国际竞争中实现产业的转型和升级。从本质上来说，境外产业园区实际上是一种新型的对外投资策略，旨在利用国内的产业优势，在全球范围内进行布局，有助于转移和优化国内的产能。

二、构建以境外产业园区为依托的对外援助新模式的理论基础

（一）产业集群理论

产业集群是指在特定领域中，一群在地理上相邻、有相互关联性的企业和相关机构，它们以彼此的共通性和互补性相联结，绝大部分产业集群包含最终产品或服务企业，专业元器件、零部件、机械设备以及服务的供应商，金融机构和其他相关产业的企业，一般也包含下游产业的企业、互补性产品制造商、专业化基础设施的供应商、政府以及其他相关的机构（如高等院校、标准化机构、教育培训机构、行业协会等）。

产业集群一旦形成，会具有以下三种优势：

第四章　构建基于双向开放的外循环体系

一是成本优势。产业集群的形成往往意味着相似或有关联的企业在特定的地理位置集中布局，而这种布局为企业带来了明显的成本效益。集中的地理布局可以大幅度地降低公共基础设施的平均成本，如一片集中的土地上可以共建供水、供电、通信和物流等公共服务设施，这种共享模式为每家企业节省了大量的资本投入。同时，这种集中的布局也减少了企业间的空间交易成本，物资的运输和人员的流动都因为距离的缩短而变得更为高效和经济。当许多企业在同一个地区聚集时，它们之间可以形成高度专业化的分工体系，这种协同工作模式允许每家企业专注于自己的核心业务，通过与其他企业的合作来降低自身的生产成本。

二是市场优势。产业集群具有独特的市场吸引力。由于地理集中，集群内部形成了高度专业化的市场，这些市场可以更有效地聚集各种资源，包括原材料、人才、资金和信息。这种资源的聚集功能进一步促进了集群与产业的共同发展。例如，原材料供应商可能会因为有大量的需求方而选择在产业集群附近布局，这种布局进一步降低了原材料的交易和运输成本。此外，由于集群内的企业经常是产业链上的不同环节，它们之间的合作关系往往非常紧密，这种关联性可以帮助企业形成品牌效应，提高产品的市场认知度和吸引力。

三是创新优势。创新是现代经济发展的核心驱动力，而产业集群为创新提供了一个理想的土壤。当大量相关联的企业聚集在同一地区时，知识的累积和交流就会变得更加频繁和深入。企业间的技术合作、研发活动和人才流动都为知识的传递和扩散创造了条件，这种知识的互动不仅加速了技术的进步，而且促进了新产品、新技术和新业态的产生。进一步地，这种创新活力吸引了更多的研发机构、高校和创新型企业入驻，形成了一个正向的循环，使产业集群成为一个持续的创新发源地。

境外产业园区是一个特定地理区域内的产业集聚，它的建设和运营深受产业集群理论的启示。这一理论为园区提供了如何优化资源配置、促进企业间合作和提高整体竞争力的指导思路。在园区内，各企业可以享受到集聚带来的优势，如共享基础设施、降低交易成本、快速获取信息和技术等。这种集聚还有助于形成产业生态链，使上下游企业能够紧密合作，实现共同发展。此外，境外产业园区还可以借助集群优势，吸引外部投资和高技能人才，进一步提高其国际竞争力。

（二）国际经济合作理论

国际经济合作理论主要研究不同国家之间如何通过合作共同推进经济发展、达到利益最大化和实现风险分散。这种合作形式可以涵盖贸易、投资、技术转移、资金流动和政策协调等多个层面。随着经济全球化进程的加速，国家间的经济联系变得越来越紧密，国际经济合作逐渐成为世界经济发展的一个重要推动力。

不同国家由于地理、资源、技术和制度等因素，在某些产业上具有优势，而在其他产业上可能处于劣势。国际经济合作允许国家专注其拥有比较优势的产业，同时从其他国家进口其劣势产业的产品和服务，从而实现资源的最优配置和全球生产效率的提高。国际合作也是一种风险分散的方式。面对全球经济的不确定性，如经济衰退、资源短缺和政治冲突等，单一国家很难独自应对。通过国际经济合作，国家间可以共享风险，更好地应对外部冲击。此外，国际经济合作还对技术和知识的扩散起到了关键作用。技术转移、人才交流和研发合作都是国际合作的重要内容，它们有助于技术的快速传播、知识的共享和创新的推动。

基于上述观点，境外产业园区可以被视为国际经济合作的一个具体实践。这些园区往往位于开发中或较为落后的国家，旨在吸引外部投资，推进技术转移，提高当地生产效率，促进当地和外部市场的连接。通过这种方式，境外产业园区不仅为当地经济发展提供了强大的推动力，同时也实现了国际经济合作的目标，为各方带来了共赢的局面。

第四章 构建基于双向开放的外循环体系

（三）战略选择理论

战略选择理论强调企业或国家在面对外部环境变化时，需要做出有针对性的决策来实现其长期目标和愿景。战略选择是指在不同的外部环境和内部条件下，需要进行不同的战略选择，以优化资源配置、提高竞争力并应对潜在挑战。外部环境因素，如市场趋势、技术进步、政策变革、竞争态势等，都能够对企业和国家的决策产生深远影响。对于任何实体来说，了解并预测这些因素的变化，以及如何适应和利用这些变化，是战略选择的核心；而内部条件，如资源状况、技能水平、组织文化和管理能力等，决定了一个实体在做出战略选择时的实际操作和执行能力。

境外产业园区作为对外援助的新模式，其实也可以从战略选择理论的角度进行深入解读。当一个国家决定在另一个国家设立境外产业园区时，这一决策背后实际上是一系列战略选择的体现。这些选择可能基于多种考量，如资源获取、市场拓展、技术传播、风险分散等。例如，一个资源丰富但技术落后的国家可能希望通过与技术先进国家的合作，在境外产业园区实现技术引进和人才培训；而技术先进的国家则可能希望通过这种合作获取稀缺资源、开拓新市场或将过剩产能转移出去。这样的合作基于双方的战略利益和长期愿景，而选择建立境外产业园区则是实现这些目标的一种有效方式。此外，战略选择还涉及如何优化园区的运营和管理，这包括确定园区的定位和目标、选择合适的合作伙伴、设计有效的激励机制、确保持续的投资和创新等。所有这些都需要根据外部环境和内部条件进行细致的分析和决策。总的来说，战略选择理论为理解和指导境外产业园区的建设和运营提供了有力的理论支持，它强调了在不断变化的环境中进行有针对性的战略决策的重要性。

三、构建以境外产业园区为依托的对外援助新模式的意义

在经济全球化日益加深的背景下,对外援助方式亟须创新和升级。境外产业园区作为一个融合技术、资本、文化与人才的综合平台,为这一变革提供了新的视角和机遇。构建以境外产业园区为依托的对外援助新模式具有以下意义,如图4-4所示:

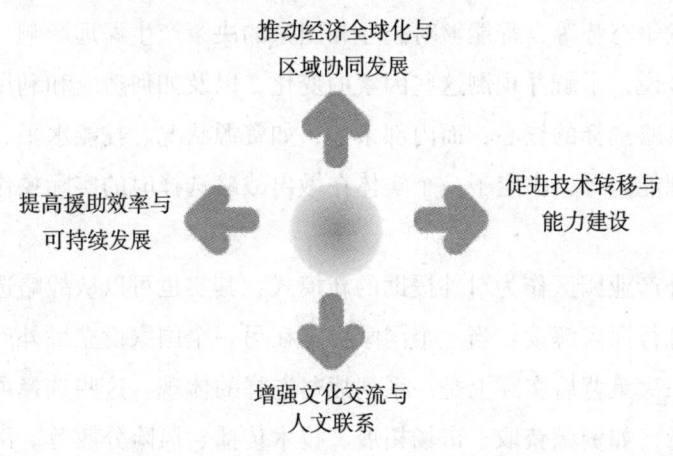

图4-4　构建以境外产业园区为依托的对外援助新模式的意义

(一)推动经济全球化与区域协同发展

构建以境外产业园区为依托的对外援助的新模式,不仅有助于进一步深化全球经济合作,还有助于强化区域间的经济联系。第一,境外产业园区具有独特的地理和产业优势,能够有效地连接不同的市场,并为国际贸易提供更为便捷的通道。随着全球产业链和供应链的日益紧密,这种园区可以为企业提供更多的商业机会,帮助其更好地适应国际市场的变化。第二,境外产业园区可以为所在国和援助国创造双赢的局面。对于接受援助的国家,境外产业园区不仅可以吸引外资,提高当地就业率,还可以借此机会引入先进的技术和管理经验,从而提高本国的产业

第四章　构建基于双向开放的外循环体系

竞争力；而对于援助国，境外产业园区则为其企业提供了一个新的投资和市场拓展的机会，有助于企业在国际市场上获得更大的竞争优势。第三，区域协同发展在经济全球化的背景下越来越受重视。境外产业园区作为一个重要的区域合作平台，能够有效地促进区域间的资本、技术、人才和信息的流动。通过这种合作方式，不同国家和地区可以共享资源，互补优势，实现共同发展。例如，某些国家在资源、劳动力或市场规模上具有明显的优势，而其他国家则在技术、管理或品牌上有着出色的表现，通过境外产业园区这种合作模式，可以将这些优势整合在一起，形成一个更为强大和有竞争力的经济体。

（二）促进技术转移与能力建设

现如今，随着经济全球化的不断深入，技术和知识已经成为各国争夺的焦点。境外产业园区为接受援助的国家提供了一个独特的机会，使其可以迅速接触和掌握国际上的先进技术和知识，从而加速其产业和经济的发展。技术转移不仅仅是设备和软件的移动，更重要的是知识和经验的传递。通过构建境外产业园区，接受援助的国家可以与国际上先进的技术和实践直接对接，缩短技术更新的周期，提高本地产业的竞争力。这种直接的技术转移方式，相较于传统的技术许可或技术引进，具有更高的效率和更大的广度。同时，能力建设是提高国家整体竞争力的关键因素。境外产业园区往往配备了一系列的培训和教育项目，为当地人才提供了学习和成长的平台。这些项目不仅涵盖了技术培训，还包括管理、市场营销、金融等多个领域。通过这些培训项目，当地人才可以更快地掌握国际先进的知识和技能，为本国的经济发展注入新的活力。而对于境外产业园区内的企业，它们也从中受益：技术转移和能力建设使当地的供应链更为健全和高效，降低了生产成本，提高了产品质量。同时，当地培养出的技术和管理人才也为企业提供了更为丰富的人力资源选择。

（三）增强文化交流与人文联系

境外产业园区不仅是经济和技术合作的平台，更是不同文化和价值观念融合的场所。在经济全球化的大背景下，文化交流与人文联系的重要性日益凸显，而境外产业园区为这一交流提供了独特的空间和机会。

当一个国家的企业在境外建立产业园区时，它带去的不仅仅是经济资本和技术知识，更有其独特的文化和价值观。这为接受援助的国家提供了了解和学习另一种文化的机会，也为其带去了新的思维方式和工作方法。这种文化融合不仅能够提高工作效率，还有助于增进双方的理解和信任，为深化双边关系打下坚实的基础。同时，境外产业园区也吸引了大量的外国人才和技术专家前来工作和交流。这为当地居民提供了直接与外国人交往的机会，有助于打破文化隔阂，增进人文联系。通过日常的工作和生活交往，双方都能够学到新的知识和经验，开阔眼界，加深对彼此文化的了解和尊重。文化交流还可以带来更为深远的影响。当两种或多种文化在境外产业园区这样的场所相互碰撞和融合时，往往会催生出新的文化形态和价值观。这种文化创新不仅能够丰富当地人民的文化生活，还可以为全球文化多样性做出贡献。人文联系是建立在人与人之间的情感和信任基础上的，它超越了经济和政治的界限，直接关系到国家间关系的深度和广度。境外产业园区为加强这种联系提供了有力的平台，使不同国家和文化之间的交往变得更为频繁和深入。通过这种方式，境外产业园区不仅促进了经济和技术合作，更为增进国家间的友好关系和人文交流做出了重要贡献。

（四）提高援助效率与可持续发展

境外产业园区的存在与运作，为国际援助注入了新的活力，提高了援助的效率和可持续性。传统的对外援助模式常常面临资源分散、缺乏持续性、效果难以衡量等问题，而境外产业园区则集中了技术、资金、人力等资源，确保援助的精准性和实效性。这种集中化的模式能够迅速对接当地的需求，减少资源的浪费，确保每一份投入都能产生最大的收益。同时，境外产业园区的运作模式还具有很强的自我驱动性和自我更新性。当地人受到培训后，不仅能够在园区内工作，还能将所学知识和技能带到园区外，推动当地经济的全面发展。这种培训—应用—反馈的循环机制，确保了援助的持续性，使援助效果能够长期稳定地延续下去。更为重要的是，境外产业园区还为国际合作和多方参与提供了平台。各国和各方都可以在此平台上贡献自己的资源和智慧，共同推动援助项目的实施。这种多方参与和协同合作的模式，不仅提高了援助的效率，还增强了援助的公信力和接受度。从长远看，境外产业园区为实现真正意义上的可持续发展的援助打下了坚实的基础，它改变了传统援助的被动和一次性特点，使其变得更为主动、持久和全面。这不仅有助于提高当地的经济、技术和人文水平，还为构建和谐、平等、共赢的国际关系做出了贡献。

四、我国境外产业园区的发展历程

总体来看，我国境外产业园区的发展大致经历了以下四个阶段，如图4-5所示：

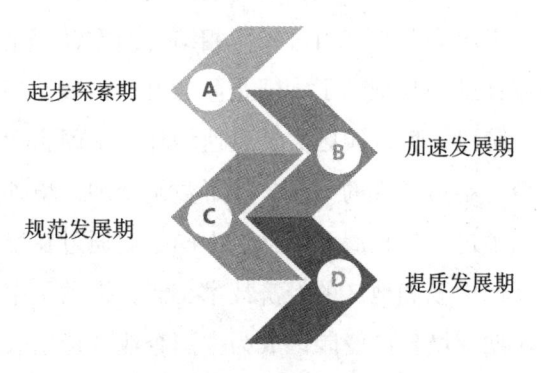

图4-5 我国境外产业园区的发展历程

（一）起步探索期

20世纪90年代是我国境外产业园区的起步探索期，这一时期，中国企业开始走出国门，向海外扩展。越南铃中加工出口区的建立反映了这一时期中国企业的外向型发展策略。在这一阶段，境外园区的主要功能是贸易和加工，这一特点与当时中国企业的发展阶段相符。那时的中国企业主要是利用自身在生产和加工方面的优势，通过境外产业园区来拓展国际市场。此阶段的境外产业园区多为中资企业自主在海外投资建设运营，这表明，中国企业在这一阶段已经具备了一定的国际竞争力和市场开拓能力。虽然境外产业园区在这一阶段仍处于探索和试验阶段，但中国企业的国际化进程已经缓缓拉开帷幕。越南铃中加工出口区等项目的成功运营，不仅为中国企业提供了宝贵的国际运营经验，也为中国今后境外产业园区的发展奠定了坚实的基础。

（二）加速发展期

2001年，我国加入世界贸易组织，这一历史性时刻标志着我国的对外开放步入新阶段，也奠定了境外产业园区加速发展的基础。这一年，我国的国际影响力明显增强，对外经济交流和合作日益深化。第二年，我国坚持"走出去"与"引进来"相结合的方针，全面提高对外开放水平，这一方针进一步推动了中国企业的海外扩展，兴起了一股企业出海潮。在这一阶段，境外园区数量迅速增加，中国企业走出国门，成为全球经济舞台上不可忽视的力量。除了数量增加，境外产业园区的功能和作用也得到了进一步拓展和深化。中国企业通过在境外建立产业园区，加强了与其他国家和地区的经济技术交流，推动了中国经济的全球化进程。这一时期，境外产业园区成为中国企业"走出去"战略的重要支撑，对推动国家经济持续健康发展起到了积极作用。

第四章 构建基于双向开放的外循环体系

（三）规范发展期

2006年，我国境外经济贸易合作区进入规范发展的新时代。在这一阶段，我国政府明确了对外经济合作区的管理、建设和运营标准，确保其健康、稳定和可持续地发展。政府对境外园区的引导和支持力度明显加强，在这一背景下，境外园区的投资、建设和运营工作趋于规范化。各合作区按照政府设定的标准和要求，采取了一系列举措来确保项目的质量和效益。通过优化管理体系、改善基础设施、提升服务水平，合作区的整体竞争力得到了显著提升。同时，这些合作区也成为推动当地经济发展、促进技术交流、加强人文交流的重要载体。这一阶段的规范发展，不仅促进了境外产业园区自身的提升，也带动了与之相关的多个行业和领域的发展。中国企业通过在境外园区的投资和运营，更好地融入了全球经济体系，获取了更为丰富的资源和机会。

（四）提质发展期

2013年，我国境外产业园区进入提质发展的新阶段。"一带一路"倡议的提出和实施，加强了中国与共建国家的经贸联系，也为境外产业园区的发展提供了新的机遇和挑战。境外产业园区在这一时期得到了前所未有的重视和发展，成为共建"一带一路"国家经贸合作的重要平台。开发主体与园区类型在这一阶段表现出明显的多样性，吸引了不同行业和领域的企业参与。园区内的企业通过互利合作，共同探索新的商业模式和发展路径，推动了园区内外经济的快速发展。境外园区成为各类企业展示其技术和产品、拓展国际市场、加强国际合作的重要平台。在这一阶段，园区的可持续性盈利与高质量发展成为主要的发展目标。通过优化园区管理、完善基础设施、提升服务水平，园区的经营效益和竞争力得到了显著提升。园区不仅提供了高质量的产品和服务，也成为推动技术创新、人才培养、文化交流的重要场所。境外园区在全球经济合作中的地位日益凸显，其发展不仅推动了中国企业的国际化进程，也为沿线国家的经济社会发展做出了贡献。通过深化经贸合作，共享发展经验，境外园区成为连接中国与世界，推动全球经济增长和国际合作的重要纽带。在未来的发展中，境外园区将继续优化自身结构，提升服务质量，实现可持续性盈利与高质量发展，为全球经济的繁荣和进步做出更大的贡献。

五、境外产业园区的共建模式

境外产业园区的共建模式有五种，如图4-6所示：

图4-6 境外产业园区的共建模式

（一）托管模式

1. 托管模式的概念

托管模式是指东道国政府（委托方）将产业园区的发展定位、产业选择、园区规划设计、土地开发、招商引资、运营管理、基础和公共设施建设等职能在一定期限内全权委托给具有资金、产业基础、管理经验等优势的中方合作企业（受托方）操作，东道国政府只负责行政审批、

第四章 构建基于双向开放的外循环体系

社会事务管理和日常管理监督等工作，双方通过相关合同协议约定各自权利和义务的共建模式。这种模式借鉴了国际上先进的园区管理经验，通过将管理和运营职责外包，实现了园区运营的专业化和标准化。受托方通常会根据产业园区的具体情况，制定出一套量身定制的运营和管理方案，涵盖园区内的基础设施维护、企业服务、生态建设等各个方面，确保园区能够高效、稳定地运作。在这种模式下，园区内的企业也能享受到更加专业和高质量的服务，有利于其业务的发展和创新。

2. 托管模式的特点

（1）效率优化。在托管模式下，境外产业园区的管理和运营被委托给具备丰富经验和专业技能的第三方团队。这种专业化的运营管理不仅保证了园区服务质量的稳定性，还能根据园区内企业和投资者的特定需求，提供定制化的服务。因此，园区的运营效率得以显著提升，资源配置更为合理，能够更好地促进企业创新和业务发展。

（2）灵活适应。托管模式赋予产业园区出色的适应性和灵活性。第三方团队能够依据市场动态和产业变迁，迅速调整园区的运营策略和服务体系。这一点尤其在面临快速变化的市场环境和技术革新时显得尤为重要，能够帮助园区和入驻企业抓住新的商业机会，实现持续发展。

（3）风险减缓。专业团队凭借其丰富的经验和专业知识，能够识别和管理园区运营过程中的各种潜在风险，实施有效的风险控制和应对措施。这不仅保护了园区和投资方的利益，也为园区内的企业提供了一个更为稳定、安全的营商环境。

3. 托管模式的实施条件

运用托管模式构建境外产业园区时，必须考虑多方面的因素，以确保这一模式能在特定的环境和背景下发挥最大的效用。具体来说，当委托方满足三个核心条件，即明确的产业定位、完善的基础设施以及合理的法律和政策支持时，可以选用托管模式。这三个条件彼此交织，共同构建出了有利于托管模式成功运作的基础环境，也为园区内的企业和投资者创造出了一个稳定、有序、高效的商业生态。

首先，一个清晰、准确的产业定位能为园区发展提供方向，帮助管理团队制定出与园区定位相匹配的运营策略和服务体系。产业定位的明确不仅能吸引特定领域的企业入驻，促进产业聚集和创新，还能使资源配置更加精准，服务更加个性化。在这一前提下，园区可以根据产业特色和市场需求，不断优化环境、设施和服务，以满足企业和投资者的特定需求。其次，产业园区的基础设施和公共服务设施是支撑其日常运营和发展的重要基石。在托管模式中，第三方管理团队依托完善的基础设施，提供高效、优质的服务，满足园区内企业和投资者的多元化需求。具备先进的信息通信、交通物流、公共服务等基础设施的园区，能够在竞争中占据有利位置，吸引更多优质企业入驻，推动产业聚集和创新生态的形成。最后，产业园区的建设和运营必须依赖合理的法律和政策。托管模式要求园区得到当地政府和相关部门的广泛支持，确保其运营的合法性和可持续性。在复杂的国际和国内法律环境下，法律和政策的支持成为园区顺利运营的保障，也为第三方管理团队提供了清晰、稳定的运作框架。它们通过合规的方式，确保园区内企业得以在一个安全、公正的环境中发展，同时也保障了投资者的权益，推动了园区的长期繁荣和稳定发展。

（二）股份合作模式

1. 股份合作模式的概念

股份合作模式是境外产业园区共建时较为普遍采用的一种模式。该模式是指中方企业与东道国政府或东道国企业进行股份合作的共建模式，具体是指合作双方或多方按一定比例出资成立合资股份公司（东道国合作方出资可以是现金也可以是土地），共同建设产业园区，由该合资公司全权负责产业园区的开发、招商、管理等工作，并按股本比例或拟定的合作协议对产业园区的收益进行分配。

2. 股份合作模式的特点

（1）资源整合。通过这一模式，中方企业与东道国合作伙伴能有效地整合各自的优势资源。资金、技术、人才和市场等关键要素被整合在一起，赋能境外产业园区以更高的效率和效果运作。这种整合能够推动园区内外资源的优化配置，打破地域和行业的界限，为园区内企业提供丰富、多元的资源支持。通过资源整合，产业园区不仅能够提升自身的综合竞争力，也能为入驻企业创造更有利的发展环境，促进创新和业务拓展。各方的强强联合，使园区能迅速响应市场变化，适应不断演进的经济格局，实现在经济全球化背景下的稳健发展。在这种资源整合的推动下，境外产业园区将不断吸引更多优质企业和投资，形成良性循环，推动园区向更高水平、更广范围发展。

（2）风险共担。在这一模式下，中方企业与东道国合作伙伴，通过共同投资和运营产业园区，实现了风险的共同承担和管理。这一机制避免了单一投资主体面临的巨大风险压力，使各方在面临不确定因素和挑战时能更有韧性和应变能力。风险的共担带来了决策和行动的多样性，帮助产业园区在复杂多变的市场环境中保持稳健。各方的经验、知识和资源被共享和利用，为风险识别、评估和管理提供了更广泛的视角和更丰富的手段。在这样的合作结构中，园区能有效抵御外部冲击，保护投资并持续发展。风险共担也增强了各方的合作和信任，深化了合作关系，为产业园区带来了长期的稳定和安全，成为推动园区持续繁荣的重要力量。

3. 股份合作模式的实施条件

（1）明确的合作意愿和共赢目标。明确的合作意愿和共赢目标是股份合作模式成功实施的基石。各合作方需要具备强烈的合作动机和明确的目标定向，保证合资企业的建立和运营受到充分的关注和投入。在明确的意愿和目标的引领下，各方能够共同努力，优化资源配置，实现合作的最大价值。共赢目标能够推动各方超越传统利益边界，寻求更广泛的协同效应，为产业园区的长期稳健发展提供动力。

（2）合法合规的操作。合法合规的操作是股份合作模式中的另一个关键条件。所有的合作活动、投资决策以及产业园区的运营管理都需要严格遵守相关国家和地区的法律法规。这一条件不仅保障了各方的权益，也维护了产业园区的正当合法地位，为其持续发展提供了基础。法律和政策的遵守也意味着合作具备了透明度和可预见性，为各方带来了更高的信任度和安全感。

（3）充足的资源和资本。资源和资本的充足是保证股份合作模式得以有效实施的实质性条件。各合作方需要投入足够的资源和资本来支持产业园区的建设和运营，这涵盖了财务投入、技术支持、人才配备等多个方面。充足的资源和资本不仅能够保障产业园区的日常运营，也为其未来的扩展和升级提供了可能，使园区能够应对不断变化的市场和技术挑战，实现持续的竞争优势。

（三）异地生产、统一经营模式

1. 异地生产、统一经营模式的概念

异地生产、统一经营模式是指总部仍在境内原厂区，在境外产业园区建造新的生产基地增加生产能力，或将境内的生产能力转移到境外产业园区中的共建模式。在该共建模式中，境外产业园区的开发建设和运营管理可以是受援政府直接管理，也可以采用企业市场化运营管理。

2. 异地生产、统一经营模式的特点

异地生产、统一经营模式蕴含着中方企业利用境外优势资源进行生产，进一步实现成本优化、规模扩张和市场多元化的战略目标。在这一模式中，东道国通常是经济发展较慢的国家，这为中方企业提供了丰富的自然资源和廉价劳动力的获取途径。此外，该模式也能够助力中方企业有效规避贸易壁垒，顺利进入新的市场领域。由于引入的企业多为建区企业的上下游产业链企业，这促进了产业链的完整和协同，确保了生

第四章 构建基于双向开放的外循环体系

产和供应链的稳定性和连续性。

在实际运作中，异地生产、统一经营模式让中方企业能够灵活地配置全球资源，实现生产和市场的最优整合。由于东道国提供了充足的自然和人力资源，因此，中方企业能够在降低生产成本的同时，保持或提升产品质量，进一步提升企业的核心竞争力。统一经营保证了不同地区、不同市场的协同和一致，使企业能够形成统一的市场响应和品牌形象。在全球范围内，这种模式使企业能够迅速适应各种市场变化，满足不同消费者的多元化需求。

3. 异地生产、统一经营模式的实施条件

异地生产、统一经营模式的实施基于东道国能够提供充足且廉价的土地资源和自然矿藏资源。第一，东道国需具备丰富的自然和人力资源，以吸引与自然资源或廉价劳动力联系紧密的资源密集型企业或劳动密集型企业。劳动力的富裕和用工成本的相对较低是该模式能够顺利进行的关键，它不仅降低了企业的生产成本，也为企业提供了稳定、高效的生产力支持。第二，在产业转移的背景下，东道国与中国的产业梯度差也是一个重要考量因素。若产业园区主要承接加工制造型产业链企业，东道国的生产技术水平和劳动力质量水平需要与中国存在一定的匹配度，过大的梯度差将影响到产业的顺利转移和园区的有效运营。因此，东道国需要具备一定的技术和人力基础，以适应和支持引入企业的生产和运营需要。第三，政策和法规环境也是影响异地生产、统一经营模式实施的重要条件。东道国需要提供友好、稳定的政策和法规环境，包括但不限于投资保护、税收优惠、贸易便利等方面，以促进产业园区和入驻企业的快速发展。一个稳定、开放、透明的法规环境将为中方企业提供有力保障，推动异地生产、统一经营模式在全球范围内的应用和发展。

(四)政府机构间合作共建模式

1. 政府机构间合作共建模式的概念

政府机构间合作共建模式是指中方政府机构与东道国政府机构在东道国境内合作共建产业园区的模式,在该共建模式中,境外产业园区一般由两国政府机构或授权机构负责管理。

2. 政府机构间合作共建模式的特点

政府机构间合作共建模式的显著特征是双方政府的直接参与,这一特点使境外产业园区的开发、建设和管理运营得到了更为广泛和深入的支持。在这一模式下,政府不仅仅是一个引导力量,而是成为参与方,为企业带来了资金、物资和政策资源。每一方的政府都能够根据产业园区的具体需求和发展阶段,提供针对性的政策支持,包括简化手续、财政倾斜、海关优惠、融资支持、人才激励等。这种深度的政府参与为境外产业园区的发展提供了强有力的保障。政府的直接介入确保了资源和政策的高效配置,也为园区的招商引资、贸易经营创建了良好的发展环境。在这一模式下,境外产业园区能够借助政府的力量,获得更为有利的发展条件,克服市场和运营中的各种障碍。同时,政府的参与也提升了园区的公信力和影响力,能够吸引更多企业和投资者的关注。

3. 政府机构间合作共建模式的实施条件

政府机构间合作共建模式的实施条件通常涵盖了东道国政府的积极参与、充分的政府干预手段和有限资源的高效配置。东道国政府的参与成为实施这一模式的基本前提。政府不仅需要提供必要的资金和物资支持,还需要制定有利于境外产业园区发展的政策和法规,为园区的建设和运营提供便利条件。政府的角色不只是资源提供者,还是园区发展的积极推动者,政府要通过各种干预手段促进园区的快速成长。有限资源的高效配置也是实施这一模式的关键条件。东道国需要通过运用政府的力量,集中有限的人、财、物资源,优化资源配置,确保境外产业园区能够获得足够的发展资源和支持。在资源有限的情况下，政府的角色和干预成为确保园区成功建设和运营的重要因素。此外，为了确保境外产业园区成功吸引企业入驻和投资，政府还需要提供一系列的优惠政策和支持措施，包括税收减免、财政支持、人才政策等，创建有利于境外产业园区和企业发展的环境。这种政府间的直接合作和支持，对于境外产业园区起步阶段的推动和发展具有极其重要的作用，能够帮助园区快速建立产业集聚优势，推动本地经济的快速发展。

（五）产业招商模式

1. 产业招商模式的概念

产业招商模式是指东道国在境内现有的开发区中分出一定面积的土地，或在他处新设立一个产业园区，由东道国政府委托给第三方对中国国内特定区域或特定产业展开招商工作，引入相应的产业链企业的共建模式。对于第三方引入的项目或企业，东道国政府应提供一定数额的报酬给予第三方，或者将引入项目或企业在某一段时期内产生的税收按照协定的比例当作报酬给予第三方。该共建模式中的第三方可以是企业，也可以是某个行业协会，还可以是某个机构。

2. 产业招商模式的特点

产业招商模式的核心特点在于第三方的强大招商引资能力。在此模式中，第三方作为关键的中介机构，起着连接产业园区和潜在投资者或企业的桥梁作用。它必须具备精湛的招商技巧、广泛的资源网络和深入的市场洞察，以便有效吸引和引导合适的企业入驻产业园区。招商成功与否直接影响产业园区的发展活力和竞争力，所以第三方的角色不可或缺。

东道国与第三方之间的激励机制也是这一模式的显著特征。为保证第三方充分发挥其招商引资能力，东道国需与其建立清晰、完善的激励机制，这包括但不限于合作协议、利益共享机制、政策支持等方面的明确约定，确保第三方在成功招商的过程中获得足够的回报和支持。这样的激励机制能激发第三方的积极性和创造性，促使其充分发挥专业优势，推动境外产业园区的快速发展和壮大。所以，第三方的专业能力和东道国提供的激励机制共同构成了产业招商模式的基本特征，影响着境外产业园区的招商效果和整体发展前景。

3. 产业招商模式的实施条件

产业招商模式比较适合于经济发展落后，但政府公共服务能力较强的东道国，这些后发国家不仅经济落后，而且生产能力也不强。这些国家为了获得更好的发展，通过激励机制吸引中国国内的第三方，利用其招商能力形成产业集群发展当地的经济。但如果东道国的公共服务能力不好，产业集群也很难可持续发展。

第三节 推动亚太区域经济一体化

双向开放不仅是国内与国际经济的有机结合，也是区域内各经济体之间相互依赖、共同成长的体现。推动亚太区域经济一体化不仅可以优化资源配置，提高生产效率，还能为区域内国家带来更加广泛的市场、更多的投资机会以及更为丰富的技术和人才资源。本节将探索如何通过合作、创新和共享，加强亚太区域的经济联系，实现更高水平的经济一体化，从而为构建更加开放、包容、普惠、平衡、共赢的外循环体系奠定坚实基础。

一、推动亚太区域经济一体化建设的意义

亚太地区是我国对外经济贸易的重要依托。在我国十大贸易伙伴中，大多数是亚太区成员。因此，积极参与亚太地区的经济合作，在亚太地区建立更加开放的贸易和投资环境，对促进我国与亚太区域国家

第四章 构建基于双向开放的外循环体系

和地区的经贸关系及我国国民经济的持续发展具有重要意义,如图 4-7 所示:

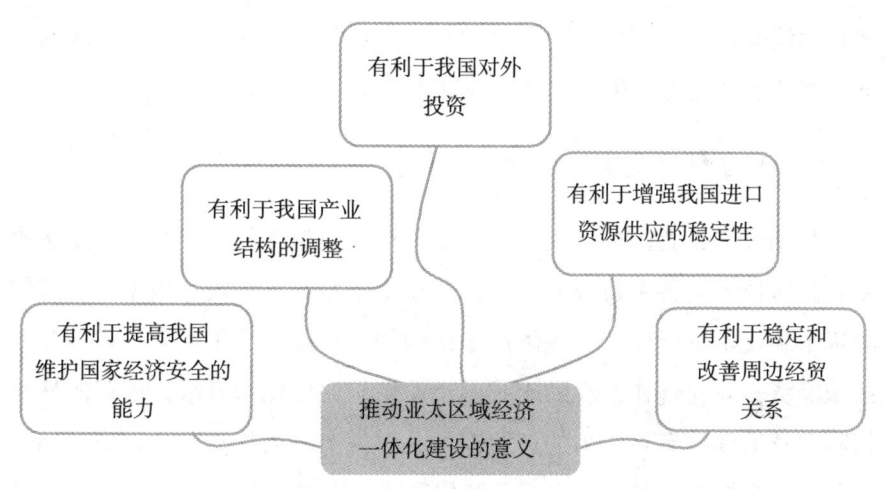

图 4-7 推动亚太区域经济一体化建设的意义

(一)有利于提高我国维护国家经济安全的能力

通过深化区域合作,可以实现经济资源和市场的优化配置,为国家经济发展提供更广阔的空间和更多的机会。亚太经济一体化意味着加强区域内国家间的经济联系,这不仅有助于增强国家经济的韧性,也为应对各种经济风险提供了更多的工具和选择。特别是在全球经济不确定性增加的背景下,区域经济一体化能够减少国家对外部冲击的依赖,增加内生动力,提高国家经济安全的保障水平。在亚太区域经济一体化的框架下,各成员国能够更加紧密地协作,分享信息和资源,共同应对经济安全方面的挑战。加强经济技术合作,开展贸易和投资便利化,这些都有助于提高整个区域的经济竞争力,使各成员国共同抵御外部经济风险和压力。经济一体化建设还意味着各国要加强政策沟通和协调,通过共同制定和执行经济政策,减少政策冲突和不一致性,增强区域经济的稳定性和可预测性。在国际贸易和投资方面,亚太经济一体化有助于构建开放、包容、平衡的经济贸易体系，推动贸易和投资自由化，促进市场准入和公平竞争，保障国家的经济利益和安全。区域内更为畅通的资本和技术流动，以及劳动力和资源的合理配置，能够提升国家和区域的经济效率和创新能力，为维护和增强国家经济安全提供有力支撑。

（二）有利于我国产业结构的调整

长期以来，我国的比较优势在于劳动密集型产品，但是随着发达国家的高新技术向各个行业的渗透，劳动密集型产品在发达国家以更密集的资本和技术进行生产，我国产业结构的劣势就凸显了出来。积极开展区域经济一体化合作，有助于我国产业结构的优化和升级，使资源从比较利益较低和没有竞争力的产业部门及时撤出，向比较利益较高、国际竞争力不断加强并且与未来产业结构升级有重大关联的产业部门转移。

产业结构调整的核心是提高我国产业的国际竞争力，继续完成工业化，引导各产业向深加工方向发展，实现多样化效益和深加工效益；改变我国出口市场过于集中、产品过于单一的情况，推动我国信息化进程，获取水平分工利益；把工业化与信息化结合起来，采用信息技术等高新技术改造传统工业，努力提高工业化水平和产品的国际竞争力。

（三）有利于我国对外投资

第一，在经济一体化的背景下，区域内国家会形成更加统一和开放的市场规则和法律制度，降低投资壁垒和运营成本。国家企业在此环境中进行对外投资，能够得到更多的便利和保障，提升投资的效率和回报率。区域经济一体化还能促进资本、技术和人才的自由流动，为企业提供更广阔的发展空间和更丰富的资源。

第二，对外投资在区域经济一体化的背景下，也会受益于更加稳定和可预测的经济政策环境。区域内国家通过政策沟通和协调，能够减少政策的不确定性和风险，给予企业更多的信心和保障。同时，经济一体化能够推动贸易和投资便利化，有助于企业更好地利用区域内的供应链和产业链，实现生产和运营的优化。

第三，国家的对外投资也能通过区域经济一体化得到多边支持和协作。在更为紧密的区域合作框架下，国家可以与其他成员国共同推动投资项目，分享信息和资源，降低投资风险和成本。这不仅有助于国家企业更好地把握和利用国际市场机会，也有助于国家提升自身在区域乃至全球经济中的影响力和竞争力。在这一进程中，国家经济的外向型程度将得到进一步加强，国家的经济实力和国际地位也将随之上升。

（四）有利于增强我国进口资源供应的稳定性

第一，区域经济一体化意味着各国间贸易壁垒的降低和贸易流动的增强，有助于保障国家对关键资源和原材料的稳定获取。通过深化区域内合作，国家可以更加便利地获得所需的资源和商品，缓和因供应链中断和资源短缺带来的经济波动和不确定性。更加紧密的区域合作有助于构建更为稳定、高效和灵活的供应链，使国家能够在面临外部冲击和挑战时保持经济的平稳运行。

第二，在亚太区域经济一体化框架下，贸易和投资的便利化将成为显著特点。这不仅意味着更为畅通的贸易渠道和更低的交易成本，也意味着国家可以更好地分散进口资源的来源，降低对单一来源的依赖。各成员国通过协调政策和规则，可以使区域内资源更为合理地配置和流动，有助于保障资源供应的持续和稳定。

第三，我国在此背景下可以拥有更广泛的贸易伙伴和更丰富的资源选择，从而增强对外部经济波动的抵御能力。通过加强与区域内国家的经贸合作，我国还可以在资源价格和供应条件方面获得更有利的条款，进一步增强经济的抵抗风险能力。这样，国家的经济将在更为稳健的资源供应保障基础上持续发展，经济增长的质量和稳定性也能够得到进一步提升。

（五）有利于稳定和改善周边经贸关系

首先，通过加深区域合作，我国能够与周边国家建立更为紧密的经贸联系，共同构建一个公平、透明和可预测的贸易和投资环境。这样的环境能够减少经贸摩擦，增强各国之间的互信和合作意愿。

其次，亚太区域经济一体化有助于建立更为完善的区域贸易规则和标准，使周边国家的经济政策和业务操作更加一致。这种一致性有助于减少各国的贸易壁垒和限制，使区域内的贸易更为畅通，从而增强整个区域的经济稳定性和韧性。在这样的合作框架下，我国与周边国家的经贸关系能够得到持续改善，共同面对外部挑战和不确定性。

再次，在亚太经济一体化的推动下，国家能够与区域内其他国家共享经济增长的成果，共同发展，实现互利共赢。这样的合作关系能够增加各国间的经济互依性，减少冲突和摩擦的可能性，从而为区域内的和平与稳定作贡献。

最后，国家在享受经济增长红利的同时，也能够与其他国家共同维护一个开放、稳定和有序的区域经济秩序。这种秩序有利于为国家吸引更多的外部投资，引入更多的技术和人才，从而进一步推动区域内的经济发展和创新。在这一过程中，我国与周边国家的经贸关系持续优化，能够为整个区域带来持久的繁荣和稳定。

二、推动亚太区域经济一体化建设应遵循的原则

推动亚太区域经济一体化需要遵循一系列核心原则，以确保该进程的有效性和可持续性。具体如图 4-8 所示：

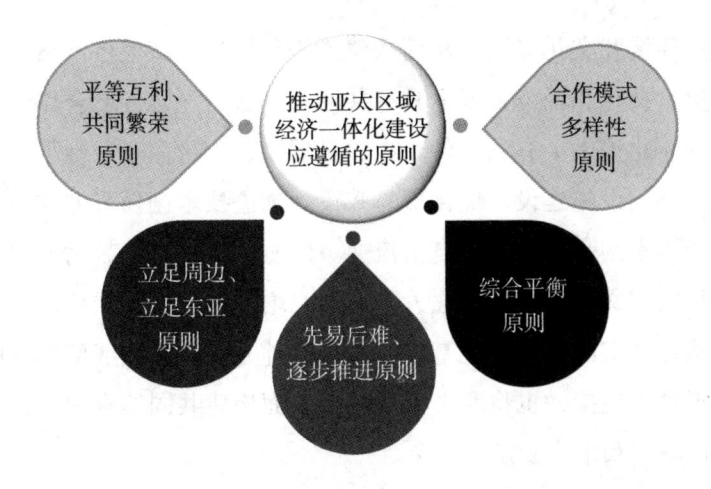

第四章　构建基于双向开放的外循环体系

图 4-8　推动亚太区域经济一体化建设应遵循的原则

（一）平等互利、共同繁荣原则

平等互利、共同繁荣原则是推动亚太区域经济一体化建设的基石。在这一原则的指引下，各国应以相互尊重、平等对待的态度参与区域经济合作，确保各方利益得到充分考虑和保护。各国需要放眼长远，共同制定和实施有利于整个区域的政策和战略，促进区域内资本、技术和人才的自由流动。同时，亚太经济一体化也需坚持可持续发展，保护和利用好区域内的自然资源，以实现各国人民的福祉提升和生活质量改善。这一原则强调的是"共赢"模式，每个国家都要在互利的基础上分享经济一体化带来的红利，共同为区域和平、稳定和繁荣作贡献。在平等互利、共同繁荣的原则下，亚太区域将形成更紧密、更有凝聚力的经济联盟，能够有效应对全球经济和政治挑战，增强整个区域的国际竞争力。

（二）立足周边、立足东亚原则

立足周边、立足东亚原则强调亚太区域经济一体化建设的地理和文化连贯性。该原则意味着各国需充分认识和利用地理优势，加强邻近国家之间的经济和文化交流，从而构建紧密联结的区域经济网络。东亚国家在历史、文化和经济发展上具有共通性，这为深化区域合作、促进区域经济一体化提供了有利条件。在立足周边、立足东亚原则下，各国可通过加强基础设施建设、优化贸易政策、推进技术创新等方式，实现区域内生产要素的高效配置和自由流通。同时，该原则也鼓励各国充分挖掘和保护区域文化特色，加强人文交流，增进相互理解和信任，为经济一体化奠定坚实的社会文化基础。通过这种方式，亚太区域不仅能在经济上实现紧密连接，也将在文化和社会层面构建共同体意识，共同维护和发展区域的和平、稳定与繁荣。

（三）先易后难、逐步推进原则

先易后难、逐步推进原则强调以实际行动，按照从简单到复杂的顺序，推动区域一体化进程。起初，国家可以从消除贸易壁垒、促进投资和技术交流等较为简单、直接的方面入手。通过这些初级阶段的成功实践，各国可以积累经验、增强信心，为处理更复杂的区域一体化问题做好准备。随着时间的推移，可以逐渐延伸到金融融合、法规协调、环境保护等更深层次、更具挑战性的领域。这一原则旨在通过逐步、有序的方式，避免因急功近利导致的失误，确保区域一体化的健康、稳定发展，使所有参与国都能在区域一体化过程中受益，共享一体化的果实。每一步进展都是基于深思熟虑和充分协商的结果，保证了区域一体化进程的可持续性和有效性。

（四）综合平衡原则

综合平衡原则强调各成员国在推进一体化过程中应确保各方利益得到平衡考虑。不论经济实力、发展水平或地理位置，每个国家的利益和诉求都应受到充分的重视和尊重。各成员国要通过综合考虑各方面的因素和条件，制定出既能促进区域整体利益，又能兼顾各国特定利益的策略和政策。在具体实施中，涵盖贸易、投资、技术交流、环境保护等多个领域，确保各方在不同层面上都能获得实质性的利益。综合平衡原则有助于缔造一个公正、公平的经济一体化环境，防止任何单一国家或小集团的利益主导，从而促进区域内各国共同、和谐发展，共享经济一体化带来的红利。这种平衡思维也有助于维护区域内的和平稳定，构建长久持续的繁荣格局。

（五）合作模式多样性原则

合作模式多样性原则体现在亚太经济一体化进程中，强调各成员国在推进合作和一体化时，可以根据各自的国情、经济发展阶段和特定需要选择不同的合作路径和方式。合作没有固定不变的模式，灵活性和包容性是该原则的核心。这允许各国根据实际情况，创新合作方式，发挥各自优势，同时也为区域内多元文化和不同发展水平国家的共存提供了空间。例如，贸易自由化、技术交流、人文交流等可以采取多种形式和层次的合作，以适应不同国家和地区的实际需求和能力。该原则鼓励创新和多样的合作机制，致力构建一个开放、包容、多元的区域经济体，确保亚太区域经济一体化不仅能在经济上实现多样性，还能在文化和社会层面保持多元、和谐的特质。

三、推动亚太区域经济一体化建设的路径

（一）制定推进我国参与亚太区域经济合作的总体战略

我国的区域经济合作起步较晚，为了更主动、有效地参与地区经济事务，在这些事务中争得更多的发言权，提升参与地区和国际合作的地位，我国应从长远、全局考虑，选择合适的区域经济合作对象，制定我国的区域经济合作发展规划和战略布局。

我国制定区域经济合作战略应做到以下7点：第一，在合作目标

上，从促进对外开放、缓解贸易摩擦、实现优势互补和追求政治利益等多个角度出发；第二，在合作范围上，从强调参与多边贸易谈判转向多边、区域及双边合作共同发展；第三，在区域合作原则及形式上，从侧重非机制化合作向机制化与非机制化合作并重的方向转移；第四，在合作的区域安排上，立足周边，突出重点，着眼市场多元化战略，实现全球战略布局的总体协调；第五，在合作内容上，针对不同的合作区域和不同的合作目的，统筹提出贸易、投资、金融等政策措施，必要时多管齐下；第六，在步骤安排上，按照周边优先、经济互补优先、重要贸易伙伴优先的原则展开；第七，在国内体制协调上，整合对外投资、贸易、金融、服务等各种资源，从战略上综合统筹，从机制上总体把握，建立并着手实施一整套区域经济合作战略。此外，我国应扩大区域经济合作的领域，使其逐渐涵盖货物及服务贸易自由化、投资自由化以及贸易投资便利化等诸多问题，最终形成一个多方位、多层次、多区域、多形式的区域经济合作网络。

（二）积极参与区域经济一体化的机制建设与合作交流

机制建设是确保一体化进程顺利进行的关键，而合作交流是促进各国间相互了解、增强互信的桥梁。机制建设需考虑整个区域的经济特点、文化背景以及发展水平差异。有效的一体化机制不仅要促进经济合作，还要考虑政治、社会和文化因素，确保其实施不会带来非预期的社会影响。这样的机制可以鼓励各国积极参与，提高区域合作的整体效率和质量。例如，制定明确、公正的贸易规则、投资准则和争端解决机制，是机制建设中的重要内容。合作交流在亚太经济一体化中同样占据重要地位。通过定期的高级别会议、工作组交流、学术研讨会等形式，各国可以分享经验、交流信息，进一步加深对各方发展策略和需求的了解。这种交流有助于缩小各国之间的认知差异，形成共同的发展目标和战略方向。更重要的是，深入、广泛的交流可以培育区域内的合作氛

第四章 构建基于双向开放的外循环体系

围,为经济一体化的深入发展奠定坚实基础。总之,通过积极参与机制建设和强化合作交流,各国可以更好地理解和信任彼此,有效地解决合作中的问题和挑战,从而实现真正的经济一体化,共同创造亚太地区的繁荣和稳定。

(三)采取措施积极推进双边自由贸易谈判

通过积极推进双边自由贸易谈判,亚太区域不仅能够在经济上实现更紧密的联系,还可以在政治、文化和社会层面加强交流和合作,为整个区域的一体化和发展奠定坚实基础。为了使双边自由贸易谈判取得成功,各国需要进行充分准备,了解对方的经济结构、市场需求和政策限制。基于这些信息,各国可以设计具有针对性的谈判策略,寻找各方利益的最大公约数,确保谈判结果带来互利共赢的局面。在推进双边自由贸易谈判的过程中,透明度和公开性是关键因素。通过公开谈判进程和结果,各方可以更好地理解谈判的动态和影响,为谈判的顺利进行提供支持。同时,这也有助于增加谈判的可信度,减少不确定性和风险。实施更灵活、更具包容性的谈判策略也是推动谈判成功的重要途径。每个国家都有其独特的经济和政治条件,因此,在谈判中各国都需要展示足够的灵活性,适当调整自己的立场和要求,以促成具有实质性的协议。在双边自由贸易谈判中,各国还需要充分考虑非贸易方面的因素,如环境保护、劳工权益和知识产权保护等。通过整合这些因素,各国可以确保自由贸易协定不仅在经济上有益,而且能够促进社会和环境的可持续发展。

(四)认真借鉴全球区域经济一体化的经验,选择合适的发展模式

世界各地的区域经济一体化进程提供了丰富的实践经验和教训,能为亚太区域的一体化提供参考和启示。例如,欧洲联盟通过深化政治和经济合作,实现了成员国间的紧密连接。亚太地区的国家拥有更为多

元和复杂的文化和政治体系,因此,亚太地区的国家在学习外部经验的同时,需要注重保持自身特色和独立性。分析外部经验的适用性和局限性,这涉及如何平衡通用原则和地方特色,如何调和各国间的利益冲突,以及如何在全球价值链中定位亚太地区的角色等核心问题。通过全面分析、评估并整合这些问题,亚太国家可以构建出一个既包容又高效、既稳定又灵活的区域经济一体化框架,推动亚太地区在全球经济中发挥更加重要的作用。

(五)国内应建立区域经济一体化的统一协调机制

协调机制主要从两个方面来分析:一方面是建立区域经济一体化的内部协调机制,另一方面是我国参与的不同层次区域经济合作组织之间政策的协调。在建立区域经济一体化的内部协调机制方面,需要细化和明确各政府部门和地方政府在区域经济一体化中的角色和责任。实现政策的连贯性和一致性,避免政策重叠或冲突,确保国家在区域经济一体化进程中能够发挥最大效益。内部协调机制还涉及如何更好地整合国内资源,优化产业结构,以适应区域经济一体化的需求和趋势。例如,建立高效的信息共享平台,加强政策沟通和信息交流,可以提高政策制定和执行的效率,使国家能够快速、准确地了解区域和国际经济的变化。我国参与的不同层次区域经济合作组织之间政策的协调也是统一协调机制的重要组成部分。在多边和双边经济合作日益增多的背景下,如何协调和整合不同经济合作组织的政策和标准,成为影响国家在区域经济一体化中效能的关键因素。建立有效的协调机制,可以确保国家在不同经济合作组织中的政策和立场保持一致,避免政策冲突,从而提高国家在区域经济合作中的影响力和竞争力。这需要国家在政策制定和实施过程中,充分考虑与其他区域经济合作组织的关系和互动,建立全面、细致的政策评估和修订机制,确保国家政策能够适应复杂多变的区域和国际经济环境。

第四章 构建基于双向开放的外循环体系

（六）积极推进国内的改革和开放，不断提高国际竞争能力和综合国力

第一，加强政府的宏观调控能力和驾驭经济的能力。一方面，参加区域经济一体化组织将对我国的市场开放程度提出更高的要求，可能会对国内产业带来一定程度的冲击；另一方面，由于区域经济一体化所涉及的贸易和投资自由化进程要快于世界贸易组织，一旦参加，关税减让和降低非关税壁垒就必须同时执行不同的时间表，这无疑会增加宏观经济管理工作的难度。因此，应对区域经济一体化，不仅要求政府制定出有利于参与经济全球化和区域经济一体化进程的经济政策，而且还要注意防范区域经济一体化甚至全球化的经济风险，提高工作效率和监管能力。

第二，大力推进经济结构的战略性调整。要根据我国的具体情况和比较优势，利用世界贸易组织提供的有利规则，积极实施以质取胜和市场多元化战略，优化出口商品结构，提高出口商品的竞争力，改善投资环境，促进出口贸易和引进外资。同时，也可以主动出击，将优势产品投入区域经济一体化成员国内生产，绕开贸易壁垒，达到扩大市场占有率和降低生产成本的目的。

第三，加大改革力度，促进中国跨国公司的成长。在日益全球化的世界经济中，拥有强大而有竞争力的跨国公司是一个国家综合国力的重要体现。为了促进这些公司的成长和发展，深化改革是关键。改革应着眼于创造一个有利于企业创新、扩张和竞争的环境，这包括但不限于简化行政程序，优化税收政策，以及推动金融市场的发展和完善。在充分考虑国内经济和社会条件的基础上，我国要引入和借鉴国际上成功的管理模式和运营策略，进一步推动跨国公司的全球竞争力。同时，国家应鼓励企业进行技术创新和品牌建设，以提升其在全球市场中的影响力和认知度。每一次成功的改革都将为跨国公司的成长提供更为广阔的空间

和更为丰富的资源,从而推动国家的国际竞争能力和综合国力不断向前发展。

第四节 积极参与全球治理和公共品提供

在外循环体系的构建中,积极参与全球治理和公共品提供显得尤为重要。在全球经济相互依存的今天,国家的发展与全球治理体系及公共品的可获得性密切相关。我国作为一个有着广泛国际影响力的经济体,积极插手全球治理,参与公共品的提供,不仅有助于国内经济的繁荣,也将推动全球经济的稳定和发展。本节将详细探讨积极参与全球治理和公共品提供的意义和策略,探索世界各国在全球治理体系中确保双向开放和共同繁荣的有效路径。

一、相关概念解读

(一)全球治理的概念

全球治理是一个涵盖多层面、涉及多领域的综合概念,主要指的是各国政府、国际组织、非政府组织共同努力,以合作、协商和谈判的方式解决全球性问题、维护国际秩序和增进全球福祉的过程。在全球治理结构中,不同国家和组织需要超越传统的国家主权观念,采取包容、开放的态度,实现资源、信息的共享。全球治理不仅涉及国际政治和安全问题,还广泛涵盖经济、社会、环境等方面,目标是建立一个更加公正、有效和可持续的国际秩序。通过诸多国际条约、协定和机制,全球治理能够平衡各国利益,缓解国际冲突,实现全人类的共同发展。

（二）全球公共品

全球公共品是指那些超越国家边界，其利益和价值被全球共享的商品或服务。这些公共品的特点包括非排他性和非竞争性，非排他性意味着无法排除任何个体或国家享受其利益；而非竞争性则表示一个实体的消费不会减少其他实体的消费量。全球公共品包括气候稳定、国际安全、公共卫生和知识产权等，这些公共品的提供和维护需要国际社会的共同努力和合作。在经济全球化的背景下，各国都受益于全球公共品，也都面临由于缺乏全球公共品而产生的全球性挑战和威胁。因此，有效的全球治理机制和国际合作对于保障和增进全球公共品的提供具有至关重要的意义。

二、我国积极参与全球治理和公共品提供的意义

面对日益严峻的全球性挑战与问题，我国逐渐增强其在全球治理和公共品提供中的参与是一个必然的选择。作为世界上最大的发展中国家，中国的崛起不仅改变了国内社会经济格局，更在国际舞台上产生了深远影响。通过深入参与全球治理，中国有望在塑造和完善国际法规、制定国际政策与标准中发挥更为积极的作用。同时，通过提供全球公共品，中国能够积极推动国际社会合作，与各国共同应对如气候变化、公共卫生和安全等领域的全球性挑战。这样的参与不仅能够增强中国的国际影响力，也将直接和间接推动国家经济的可持续发展，从而实现国家利益和全球公共利益的和谐统一。具体来说，我国积极参与全球治理和公共品提供具有以下意义，如图4-9所示：

双循环经济发展新格局构建研究

- 拓展国际市场准入
- 强化国际贸易伙伴关系
- 优化全球供应链整合
- 提升国际竞争优势

我国积极参与全球治理和公共品提供的意义

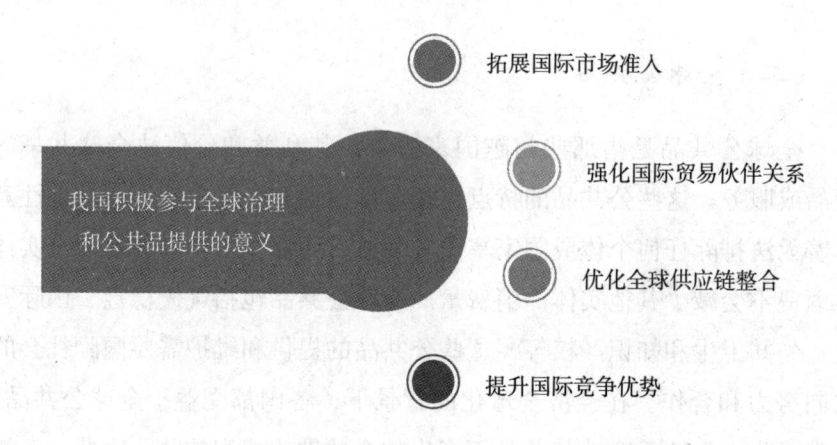

图 4-9　我国积极参与全球治理和公共品提供的意义

（一）拓展国际市场准入

积极参与全球治理和公共品提供能有效拓展国际市场准入。通过与不同国家和地区的深度合作，我国可以推动国际贸易和投资自由化，降低贸易壁垒，创造更加公平和开放的国际经济环境。加强在全球治理中的作用不仅能够塑造有利于自身发展的国际规则，也促进了我国与其他国家的经济和技术交流。当国际准入门槛得以降低，产品和服务便能更顺畅地进入全球市场，实现市场多元化，降低对单一市场的依赖。全球公共品的提供，如环境保护、公共卫生等，也能增强国家形象和声誉，使我国赢得国际社会的信任和支持。这一过程不仅能够使我国获取更广泛的市场信息和商业机会，也有助于吸引外国投资，引入先进技术和管理经验。在全球治理体系中占据积极位置，意味着我国能够主动塑造和参与国际经济政策和规则的制定，为国内企业在全球市场的扩张和竞争提供有力支持，从而促进外循环的稳健发展。

（二）强化国际贸易伙伴关系

积极参与全球治理和公共品提供能够使我国在深化和强化国际贸易

第四章 构建基于双向开放的外循环体系

伙伴关系方面发挥重要作用。通过参与多边贸易体系和国际经济组织，我国能够加强与其他国家和地区的经济合作，实现互利共赢。国家间的贸易关系不仅基于商品和服务的交换，更涉及技术、资本、人才和信息的全球流动。在这一背景下，我国积极参与全球治理，在全球构建更为紧密的经济联盟和合作网络，增强国际贸易伙伴关系的稳定性和可持续性。例如，国际协议和合作框架的建立，可以实现贸易便利化，降低交易成本，增加贸易效率，这为国内外商贸活动提供了便利条件。在全球公共品提供方面，通过共同应对气候变化等全球性挑战，我国可以进一步巩固和深化与其他国家的合作关系，增强互信。

（三）优化全球供应链整合

通过积极参与全球治理和公共品提供，国家有能力影响和推动全球供应链的优化和整合。在全球化的经济环境中，供应链已经成为国际贸易和投资的核心。各国的生产和消费都嵌入了复杂的国际供应链网络。在这一背景下，全球治理的角色变得尤为重要，因为它可以协调和平衡各国的利益，促进供应链的效率和稳定性。全球公共品的提供与全球供应链的整合紧密相关。例如，在应对气候变化方面，国际合作可以推动绿色技术的创新和传播，形成绿色供应链；在公共卫生领域，国际合作可以构建更有韧性的全球医疗和健康供应链。这样不仅有助于我国应对全球性的挑战，也为各国经济的稳健增长提供了保障。积极参与全球治理也意味着我国能够更好地捕捉全球供应链中的商业机会，通过对国际标准、规则和协议的制定，推动供应链的透明化和标准化。这为国内企业提供了更广阔的市场空间，也为国际商业活动减少了不确定性和风险。

（四）提升国际竞争优势

在经济全球化的背景下，技术、创新和知识资本成为国家竞争的核心要素。通过全球治理机构和框架，国家能够参与国际技术和知识的流动、分享和创新，推动国内产业技术升级，增强在全球市场中的竞争力。同时，通过参与解决全球性问题，如气候变化、能源安全和公共卫生等，国家展现了责任和领导力，这不仅增加了其他国家和企业对我国的信任度，也为我国企业打开了更多国际市场，寻找到了更多合作机会。

三、我国积极参与全球治理的策略

（一）秉持共商共建共享的全球治理观

共商就是以开放为导向，坚持理念、政策、机制开放，充分听取社会各界的建议和诉求，鼓励各方积极参与和融入，不搞排他性安排，防止治理机制封闭化和规则碎片化；共建就是以合作为动力，各国在全球治理体制机制的调整改革中加强沟通和协调，照顾彼此利益；共享就是提倡所有人参与、所有人受益，不搞一家独大或者赢者通吃，而是寻求利益共享，实现共赢目标。坚持共商共建共享的全球治理观为推动全球治理体系向着更加公正合理的方向发展提供了中国方案，为纠正旧有全球治理秩序中的不公正不合理成分贡献了中国智慧。

共商共建共享的全球治理观倡导国际关系民主化。每一个国家无论其经济实力、地理位置或政治影响力大小，都应有权参与全球治理，共同塑造国际规则和决策，发展中国家的声音和利益应得到充分重视和保障。在这一框架下，广大发展中国家能够更积极地参与国际事务，促使国际规则和决策更好地反映其利益和需求，从而推动构建一个更为公正合理的国际秩序。

共商共建共享的全球治理观旨在促进公平正义的全球治理。这一治理观充分认识到了当前全球治理结构中存在的不平衡和不公，力图通过国际合作和对话，构建一个反映所有国家和人民利益的全球治理体系。

第四章 构建基于双向开放的外循环体系

这样的全球治理观致力在国际政治、经济和社会领域实现更广泛的公平和正义,确保各国在全球决策和资源分配中享有平等权利。这不仅包括国家间的平等,还涵盖不同社会群体和个体之间的公平和正义。它鼓励的是一种基于共同利益和共同价值的国际合作方式,把人类的福祉和地球的可持续发展置于核心位置。在这一全球治理观的引领下,国际社会可以共同探索更有效的解决方案来应对全球性挑战,以达到全球长期稳定和可持续发展的目标。

共商共建共享的全球治理观确保全球治理各方实现合作共赢。共商共建共享的全球治理观是合作共赢理念的体现,它强调全球治理各方的共同参与,以实现共同利益和目标。在这一理念指引下,国际合作不再是单一方面的努力或者强势国家的主导,而是各国通过对话和协商,共同制定和实施国际政策和规则。这样的合作模式确保了每个国家都能在全球治理中发挥作用,共同承担责任。这也意味着,无论大小、强弱,各国的权益都能够得到尊重和保护,全球治理的结果反映了各方的利益和意愿。这一全球治理观鼓励各方在平等和相互尊重的基础上,通过合作和协调,解决国际问题,应对全球挑战。这不仅有助于构建更加稳定和可持续的国际秩序,也为各国带来了更广泛的发展机会,有助于实现真正的合作共赢。

(二)积极参与新兴领域国际规则的制定

全球正经历科技、经济、社会和文化等方面的深刻变革,新兴领域,如人工智能、生物技术、数字经济等日益崭露头角。面对这一情况,我国有必要积极投身这些领域国际规则的制定,以确保国家利益和安全,推动公正、公平和可持续的全球发展。在外交领域,通过构建多层次、多渠道的国际交流和合作机制,我国能够有效表达自己的利益和立场,影响国际规则制定的方向和内容。同时,我国强调坚持公正、公平和包容,致力构建一个更加开放、平衡和多元的国际体系。我国在新兴领域国际规则的制定中，也应遵循这些原则，推动国际社会更好地适应、管理科技和经济的快速发展。

（三）讲好中国故事，加强与外部世界的价值沟通

我国更好地参与全球治理的一个重要前提便是实现自身与外部的无碍沟通。当前，国际社会对中国仍存在许多错误认知的一个重要原因，就是他们关于中国的一手信息极度匮乏，远不足以反映当代中国的真实面貌与深厚的历史文化。对此，我国必须提升对外传播能力，加强对外话语体系建设，提升对外话语的创造力、感召力、公信力、穿透力，讲好中国故事。

具体来讲，我国应积极运用各类对外传播渠道，展现国家的负责任大国形象。真实、客观、准确地阐释中国对于全球问题的主张，旗帜鲜明地向世界表达中国维护世界公平正义的坚定立场，从而让外部世界更好地了解中国，为中国争取更多的国际支持。同时，也要讲好中国故事。通过分享我国的发展经验、文化传统和国家价值观，外界可以更加全面、深入地了解中国。我国不仅关注自身发展，也致力为世界的和平、稳定与繁荣作贡献。我国一直倡导共建共享、合作共赢的国际关系，与世界各国共同维护国际公平正义，推动建设开放、包容、清洁、美丽的世界。这种精神和行动展现了中国对增进世界人民福祉的承诺。总之，讲好中国故事，可以帮助外界看到一个真实、立体、全面的中国。

（四）加速推进国家治理体系和治理能力现代化，为中国参与全球治理奠定坚实的基础

国家治理是全球治理的重要组成部分，也是参与全球治理的重要基础和前提条件。一个国际行为体的国家治理能力深刻影响其在全球治理中的威望和治理水平。所以必须加速推进国家治理体系和治理能力现代

第四章 构建基于双向开放的外循环体系

化。具体来说,在政治上,要始终坚持以人为本,不断增强人民群众的幸福感、满足感、获得感,最大限度地保持社会稳定;在经济上,要构建以国内大循环为主体、国内国际双循环相互促进的新发展格局,进一步解放和发展生产力,从而为我国进一步参与全球治理奠定充足的物质基础;在民生上,要着力解决好发展不平衡、不充分的问题,不断满足人民日益增长的美好生活需要,进一步缩小贫富差距,最大限度地增进民生福祉,这样就可以大大减少我国每年在民生工作上的压力,从而有更多的精力参与全球治理;在科技上,要抓住新一轮科技革命和产业革命的机遇,加快建设创新型国家,紧跟世界科技前沿,加强基础研究,力争在关键共性技术、前沿引领技术、现代工程技术、颠覆性技术上取得重大创新,提升中国在全球治理中的国际影响力、话语优势、竞争优势。可以说,中国只有在国家治理上更为成功,才能最大限度地减少自身参与全球治理的负担,进而有充足的政治意愿和更多的能力与精力参与全球治理。

(五)培养国内参与全球治理的多元主体

参与全球治理作为中国的对外战略目标,仅仅发挥政府的作用是不够的,还应加强对公民、企业、社会组织等多元主体的培养和引导,以充实和拓展中国在全球治理中的影响和作用。公民通过提高全球视野和国际化素养,积极参与全球议题和公共事务的讨论和处理,展现了中国公民的国际责任和担当。企业,特别是跨国公司和高科技企业,通过积极担任全球责任,不仅推动了自身的国际化进程,也为全球治理提供了中国的企业智慧和解决方案。社会组织与非政府组织则通过国际合作和交流,参与全球性问题的治理,贡献中国方案,推动全球公共产品的供给。这种多元主体的参与,可以加强中国在全球治理中的深度和广度,推动了全球治理体系的改革和发展,也为解决全球性挑战提供了更多的中国智慧和中国方案。中国将继续坚持多边主义,秉持开放、包容、合作、共赢的国际合作原则，推动建设更加公正合理的全球治理体系。

四、我国积极参与全球公共品提供的策略

由于全球公共品供给具有复杂性和多样性，因此，我国采取了一系列策略来推动全球公共品的供给和管理，主要策略如图4-10所示：

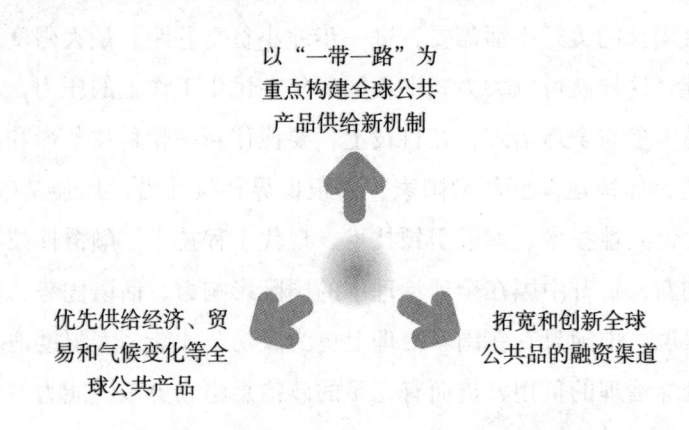

图4-10 我国积极参与全球公共品提供的策略

（一）优先供给经济、贸易和气候变化等全球公共产品

经济增长和全球贸易是世界各国共同关注的焦点。为推动世界经济稳步增长，我国积极参与全球经济治理，推动国际贸易规则的完善，以适应新的全球经济形势和需求。在全球贸易方面，我国致力构建开放和包容的国际贸易体系，通过参与和支持多边贸易机制，努力消除贸易壁垒，推动贸易自由化和便利化。气候变化是关乎人类未来的全球性问题，我国坚决履行国际责任，推动全球气候治理的深化。世界各国通过加强国际合作，共同研究和实施应对气候变化的策略和行动，我国正在为减缓全球气候变化、保护生态环境作贡献。在各项国际气候协议和目标的实施过程中，我国的策略和行动都表明了对全球气候治理的坚定支持和积极参与。我国的这一策略有助于加强全球经济和气候治理的协同

和效率，促进全球公共品的供给，实现各国在经济、贸易和气候变化等方面的共同利益和目标。通过加强国际合作，推动全球治理规则和体系的完善，我国正为构建人类命运共同体、实现全球的可持续发展目标而努力。

（二）以"一带一路"为重点构建全球公共产品供给新机制

全球公共产品的非排他性、正外部性以及"三个共同体"的互惠共赢理念具有灵活、共享和开放的弹性空间。我国可制定"一带一路"国际公共产品供给指导纲要，研究各国家公共产品的需求，以及各国家在公共产品供给上的比较优势，通过更为高效的方式提供国家公共产品，对于国际公共产品的级别分类，有计划、有步骤地付诸实施。与共建国家共同探讨包括建立全球价值链伙伴关系、基础设施融资制度、贸易投资便利化、金融风险与稳定互助等方面在内的公共产品构建，可以在全球范围内推广复制公共产品的供给新机制。

（三）拓宽和创新全球公共品的融资渠道

拓宽和创新全球公共品的融资渠道是实现全球公共品有效供给的重要手段，主要有以下五点内容：第一，通过与世界各国及国际金融机构的合作，探索多元化融资机制，加强国际金融市场的连通性。第二，发展多边开发银行和区域金融合作。通过这些银行和国际金融机构合作，我国与其他国家共同投资、共享风险，进一步动员和整合资源。这些机构为各国政府、企业和社会组织提供了重要的融资平台，支持了一系列公共项目和发展计划的实施。多边开发银行与区域金融合作的发展，不仅加强了国际金融合作，也为我国解决跨国和全球性问题，提供了更为灵活和高效的融资方案。第三，国际金融组织和国家政府携手，积极探索公私合营和混合融资模式，动员更多的社会资本投入全球公共品的供给。第四，在技术创新和数字经济方面，我国积极推动金融科技的发展，利用数字货币、区块链等新技术，优化全球资金流动和融资环境。第五，通过参与国际经济治理，推动全球融资规则和标准的优化。在保持金融市场开放和透明的基础上，鼓励更多国家和地区参与全球公共品的融资，共同推动全球公共品的多元化和高质量发展。

第五章　数字经济：畅通双循环的新动能

数字经济作为新型经济形态，以数字技术为核心，通过数字技术深度赋能实体经济，驱动国内循环大市场释放内需潜力，协调推进国内高质量发展和高水平对外开放，推动国内国际双循环相互促进。我国要加快数字经济发展，促进数字经济与实体经济相融合，将为"双循环"发展注入新动力。首先，本章对从数字经济进行概述；其次，探讨数字经济如何有效助力双循环新发展格局；最后，对数字经济的发展策略进行深入剖析，为逐步形成和完善的数字经济发展大局提供全面、具体的指引和建议。

第一节　数字经济概述

一、数字经济的概念

数字经济是继农业经济、工业经济之后的一种新的经济社会发展形态。人们对数字经济的认识是一个不断深化的过程。

(一) 数字经济的定义

目前，数字经济尚没有明确的定义。学术界对数字经济的定义主要有以下两种观点：

（1）数字经济是以知识为基础，在数字技术的催化作用下，在制造领域、管理领域和流通领域以数字化形式表现的新经济形态。这一定义的界定包括两个方面：在形式上，表现为商业经济行为的不断数字化、网络化和电子化，即电子商务的蓬勃发展；在内容上，体现为传统产业的不断数字化以及新兴数字化产业的蓬勃发展。由此可见，数字经济的实质是在以创新为特征的知识社会中，当以1和0为基础的数字化技术发展到一定阶段，信息数字化扩展到整个经济社会的必然趋势。

（2）数字经济就是在数字技术的基础上形成的经济，是数据信息在网络中流行而产生的一种经济活动，其基本特征主要有三点：第一，数字技术在大范围内被推广使用，使经济环境与经济活动发生了根本性改变；第二，经济活动在现代信息网络中发生的频率增多；第三，信息技术使经济结构得以优化，并有效地推动了经济增长。

虽然以上定义各有侧重，且范围不同，但都认为数字经济是一种基于数字技术的经济。目前，对于数字经济，较为权威的定义是在2016年G20峰会发布的《二十国集团数字经济发展与合作倡议》中提出的，即数字经济是指以使用数字化的知识和信息作为关键生产要素、以现代信息网络作为重要载体、以信息通信技术的有效使用作为效率提升的经济结构优化的重要推动力的一系列经济活动。[1]

---

[1] 佚名：《中共中央关于制定国民经济和社会发展第十四个五年规划和二〇三五年远景目标的建议》，《人民日报》2020年11月4日第1版。

第五章　数字经济：畅通双循环的新动能

（二）数字经济的层次和类型

数字经济以数字化信息为关键资源，以信息网络为依托，通过信息通信技术与其他领域紧密融合，形成了五个层次和类型，即基础型数字经济、融合型数字经济、效率型数字经济、新生型数字经济和福利型数字经济，如图 5-1 所示：

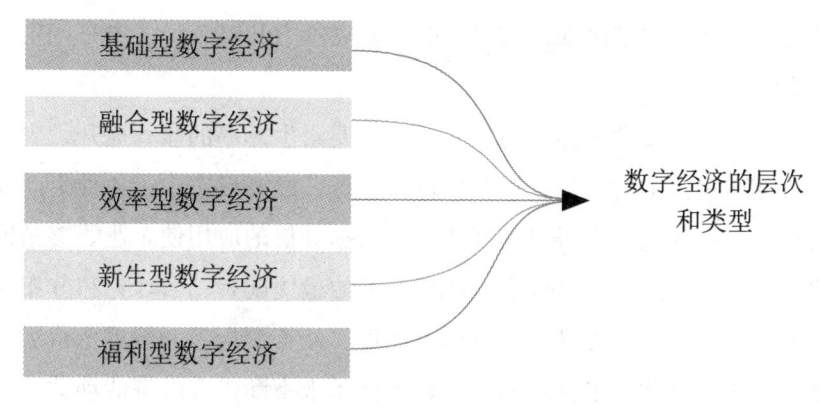

图 5-1　数字经济的层次和类型

第一，基础型数字经济以信息产业为核心，成为推动现代经济发展的重要引擎。在这一经济形态中，电子信息制造业、信息通信业和软件服务业等行业发挥着关键作用。电子信息制造业通过创新和技术进步，不断推出更高效、更先进的电子产品和系统，助力各行各业实现数字化转型；信息通信业也在不断壮大，该行业通过提供更快、更稳定的数据传输和通信服务，将全球的信息和资源链接成一个高度互动的网络，从而促进了经济全球化和知识的共享；软件服务业是基础型数字经济的重要组成部分，通过设计和开发各类应用软件和系统，满足不同行业和领域对数据处理、分析和应用的需求，推动整个社会向信息化、智能化方向发展。在基础型数字经济的推动下，数字技术逐渐渗透传统经济的各个方面，为后续更深层次的数字经济发展奠定了坚实的基础。

第二，融合型数字经济标志着信息资本和信息通信技术与传统产业的深度整合。在这一阶段，信息通信技术不仅改变了企业的生产和运营方式，更催生了新的商业模式和市场机会。传统产业通过引入先进的信息通信技术，实现了生产效率、管理水平和服务质量的全面提升。数字技术与传统产业的融合，带动了产业结构的优化和更新，推动经济实现更高质量和可持续的发展。在融合型数字经济中，信息资本成为推动经济和社会发展的关键因素，对我国的企业竞争力和整个经济生态产生了深远影响。

第三，效率型数字经济的核心在于全要素生产率的显著提升，主要源自信息通信技术的广泛应用和普及。在这一经济形态中，各种生产和经营活动经技术优化变得更为高效。大数据分析的应用使企业能够精准预测市场需求，减少库存成本，达到资源的最优配置；云计算和分布式系统的使用则进一步提升了企业的灵活性，使资源配置和管理变得更为灵活、迅速。这种通过创新和应用先进技术来不断提升经济活动效率的经济形态，标志着数字经济向更高阶段的演进。

第四，新生型数字经济的兴起标志着新技术、新产品和新业态的蓬勃发展。信息通信技术与传统产业的深度融合，孕育出一系列创新的应用和商业模式，共享经济、电子商务、远程医疗等的兴起便是典型例证。这些新型业态不仅揭示了巨大的商业潜力和价值，更在不断推动社会和经济结构的全面变革。新生型数字经济将传统经济和数字技术的界限变得越来越模糊，为我国带来了一场深刻的经济和社会变革，定义了未来发展的新坐标。

第五，福利型数字经济着重信息通信技术在社会各领域的广泛应用及其所产生的正外部效应。这种经济模式的优势在于它能够通过数字化改善人们的生活质量和解决一系列长期存在的社会问题。例如，智能交通系统的应用减少了交通拥堵和环境污染，实现了城市更加绿色、高效的运作；数字医疗服务的推广不仅极大提升了医疗服务的效率，也使偏

第五章 数字经济：畅通双循环的新动能

远地区的居民享受到优质的医疗资源和服务。在福利型数字经济中，技术的价值不仅在于推动经济增长，更在于它为社会福利的增加、人民生活质量的提升所做出的显著贡献。这一层次的数字经济将信息技术的益处扩展至每个社会成员，推动了全社会的共同繁荣和进步。

二、数字经济的特征

数字经济的特征如图 5-2 所示：

数字经济的特征
- 数据成为驱动经济发展的关键生产要素
- 数字基础设施成为新的基础设施
- 数字素养成为对劳动者和消费者的新要求
- 供给和需求的界限日益模糊
- 人类社会、网络世界和物理世界日益融合

图 5-2　数字经济的特征

（一）数据成为驱动经济发展的关键生产要素

移动互联网和物联网的快速发展确实赋予了数据一种前所未有的价值和影响力。在这种背景下，人与人、人与物、物与物的互联互通不仅得以实现，还带动了数据量的爆发式增长。根据大数据摩尔定律可知，全球数据量大约每两年翻一番，这样庞大的数据量及其处理和应用需求成为推动大数据概念崛起的关键因素。因此，如今的数据不再仅仅是一种信息记录手段，而是逐渐转化为重要的战略资产和企业核心实力的象征。掌握了数据的企业或组织，便在市场竞争和创新发展中具备了显著优势。

同农业时代的土地和劳动力、工业时代的技术和资本相比，数据已经上升为数字经济时代最为关键的生产要素。这一转变不仅影响了商业模式和市场竞争，还在进一步改变科技研发、经济和社会结构等多个方面。数据驱动型创新，如人工智能、机器学习和大数据分析等，已经成为国家创新发展的关键形式和重要方向。通过深入分析和应用数据，企业不仅可以更精准地预测市场需求、优化供应链管理和提高生产效率，还可以推动多个领域内的创新活动，从而在全球范围内产生深远的社会经济影响。因此，数据的重要性不仅体现在其是一种资源价值，更体现在其是驱动现代社会各个方面发展的核心动力。

（二）数字基础设施成为新的基础设施

在工业经济时代，经济活动主要依赖以铁路、公路和机场为代表的物理基础设施，但在数字经济崛起的背景下，网络和云计算已经成为新型的、至关重要的基础设施。不仅如此，数字基础设施的概念也在持续扩大，不仅包括宽带、无线网络等信息传输工具，还包括对传统物理基础设施的数字化改造。例如，配备了传感器的自来水总管能实时监测水质和流量，数字化停车系统能优化车位使用，数字化交通系统能提高交通效率和安全性。

这些新型基础设施为数字经济发展提供了必要的支撑，从而推动了从依赖"砖和水泥"的物理基础设施向以"光和芯片"为核心的数字基础设施的转变。这样的转变不仅为企业的运营方式带来了革新，也为智能城市、远程医疗、在线教育等多个领域的发展提供了有力支持。在全球范围内，数字基础设施成为连接各地区、各行业、各领域的关键纽带，越来越多的服务和应用依赖于这一现代化的基础体系。因此，数字基础设施不仅是数字经济的发展引擎，也成为现代社会各种活动和交流的基石。

第五章　数字经济：畅通双循环的新动能

（三）数字素养成为对劳动者和消费者的新要求

在农业经济和工业经济的背景下，社会对于消费者和劳动者的文化素养需求相对较低，通常仅限于特定职业和岗位。然而，数字经济打开了全新的局面，数字素养成为劳动者和消费者必须具备的基础能力。与之相应，劳动者在多数行业中都需要具备双重技能——数字技能和专业技能——以应对数字技术在各领域的普及。这一转变的紧迫性也反映在企业的招聘困境上，很多的公司表示难以找到符合需求的数据人才。因此，拥有高水平的数字素养成为劳动者在就业市场中具有竞争力的重要标准。

对消费者来说，缺乏基础的数字素养可能导致他们无法充分利用数字化产品和服务，甚至可能被视为数字时代的"文盲"。这不仅限制了他们在日常生活和工作中的信息获取和决策能力，还影响到他们在市场上的消费选择。从这一点来看，数字素养不仅是数字时代的基本人权，还是与听、说、读、写等基本能力同等重要的素质。

（四）供给和需求的界限日益模糊

在传统经济模型中，供给侧和需求侧往往被清晰地划分，但数字经济的快速发展已经打破了这一界限，供给和需求现在更趋向融合，逐渐塑造出"产消者"这一新角色。例如，在供给侧，新兴技术，如大数据和3D打印使企业能够更灵活地应对消费者需求，从而开发更有针对性的产品或服务。这不仅满足了市场需求，也改变了行业内的价值链。大数据技术能够精准地捕捉消费者的行为和偏好，进而指导产品设计和生产，而3D打印则允许更高程度的个性化。同样，在公共服务领域，政府也通过分析社会经济数据更精准地进行政策决策。在需求侧，透明度的提升和消费者参与度的增加也促使供应商调整自己的操作模式。消费者现在拥有更多的信息和选择权，能够对供应侧产生更大的影响。新的消费模式，如众包或共享经济，进一步模糊了供需双方的界限。这些变化不仅影响了产品和服务的设计、推广和交付，也重新定义了供应链和价值链，导致了更加动态和互联的经济生态系统的出现。因此，供给和需求之间界限的模糊是数字经济发展的一大特点，它要求各方适应这种趋势，重新思考经济行为和商业模式。

（五）人类社会、网络世界和物理世界日益融合

数字技术的快速发展不仅改变了人们对网络世界的认知，也正在重新塑造人类社会与物理世界的关系。数字经济时代，网络世界已经不仅是物理世界的虚拟映象，更是成为一种新型的社会和生存空间。在这一过程中，信息物理系统（Cyber-Physical Systems，CPS）起到了关键作用。CPS 是集成了计算、传感器、制动器和通信功能的系统，使物体和环境能进行智能化的互动。这种集成不仅加速了物理世界的发展，也使人类社会的发展速度呈指数级增长。

不仅如此，随着人工智能、虚拟现实和增强现实等技术的发展，新一代的信息物理生物系统也应运而生。这一系统不仅改变了人与物理世界的交互模式，还促进了人与机器之间更为有机和协调的互动。这种"人机物"的融合进一步加速了物理世界、网络世界和人类社会之间界限的消失，构建了一个全新的互联网生态系统。在这个系统中，人类、物理实体和虚拟实体能够无缝交流和互动，开启了一个全新的、互联互通的时代。这样的融合不仅加速了创新和进步，也提出了新的挑战和问题，如数据安全、隐私保护和伦理问题，这些都需要在构建更为高效和智能的系统时予以充分考虑。

三、数字经济的发展历程

从技术角度来看，数字经济经历了两个大的发展阶段：数字经济 1.0 阶段和数字经济 2.0 阶段，如图 5-3 所示：

第五章　数字经济：畅通双循环的新动能

数字经济2.0
"互动""智能"

数字经济1.0
"连接"

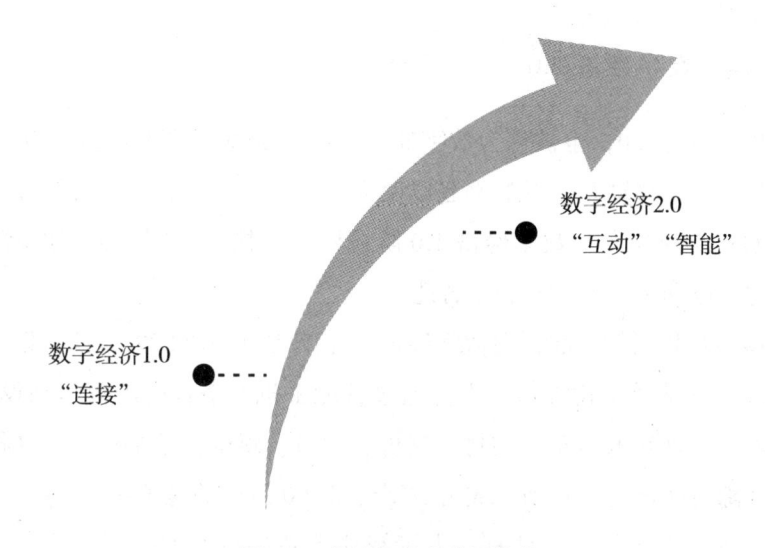

图5-3　数字经济的发展阶段

（一）数字经济1.0

数字经济1.0，亦称为数字经济的第一阶段，时间为20世纪70年代至20世纪90年代，主要是以电脑和互联网的普及作为标志。这个阶段的关键词是"连接"，其核心是通过数字化手段将人、数据和设备连接起来。

在数字经济1.0阶段，一系列数字化技术和产品诞生，并迅速发展。其中，个人计算机和互联网技术的广泛应用，是这一阶段的明显标志。个人计算机的普及，使数字技术开始深入生活的方方面面，让更多的人有机会接触和使用数字产品。互联网技术的发展，使信息的传播速度和范围得到了前所未有的提升，也使人们的生活方式发生了重大的变化。

这个阶段，人们利用数字技术进行信息的获取、处理和传播，极大地提高了生产力和生活质量。同时，数字技术的应用也催生了一批新兴的数字产业，如软件开发、网络服务等。这些产业在短时间内快速发展，成为经济增长的新引擎。

（二）数字经济 2.0

数字经济 2.0，也被称为数字经济的第二阶段，时间为 21 世纪初至今，其核心是移动互联网的崛起以及大数据、云计算、人工智能等先进技术的广泛应用。与数字经济 1.0 阶段的"连接"不同，数字经济 2.0 阶段的关键词是"互动"和"智能"。

移动互联网的崛起，使数字经济的影响力进一步扩大，社会生活的各个方面都被数字化渗透。人们通过智能手机、平板电脑等移动设备，能够随时随地获取信息、购物、支付、学习、娱乐，甚至社交。这种全面的、随时随地的"互动"成为数字经济 2.0 阶段的显著特点。

此外，大数据、云计算、人工智能等新兴技术的广泛应用，进一步推动了数字经济的发展。这些技术不仅提高了信息处理的效率，也使信息更加有价值。特别是人工智能技术，通过学习和模拟人类的认知过程，为人们提供了一种全新的决策支持工具，使数字经济呈现出"智能"的特点。

数字经济 2.0 阶段的发展，不仅极大地改变了人们的生活方式，也对经济社会的发展带来了深远的影响。新的商业模式如电商、共享经济、社交电商等应运而生，成为经济增长的新动力。同时，一些传统行业也因为数字化的影响，开始进行深度的转型和升级。

第二节　数字经济助力双循环新发展格局

本节将深入探讨数字经济如何从三个维度助力双循环新发展格局的形成。首先，激发内需市场动力是核心，数字技术和应用推动消费者需求多样化，使市场活力不断涌现，为经济增长提供稳健动力。其次，增强国内产业支撑也是关键，数字经济通过推动产业结构优化，促进技术创新，形成新的产业生态，为国内大循环提供强大支撑。最后，强化对外贸易纽带作为国际大循环的关键，在全球价值链中，数字经济助力企业提升竞争力，加强国际合作和交流，形成开放、包容的国际经济循环。每个方面都是数字经济展现巨大潜力的领域，共同推动着双循环新发展格局的形成与完善，如图5-4所示：

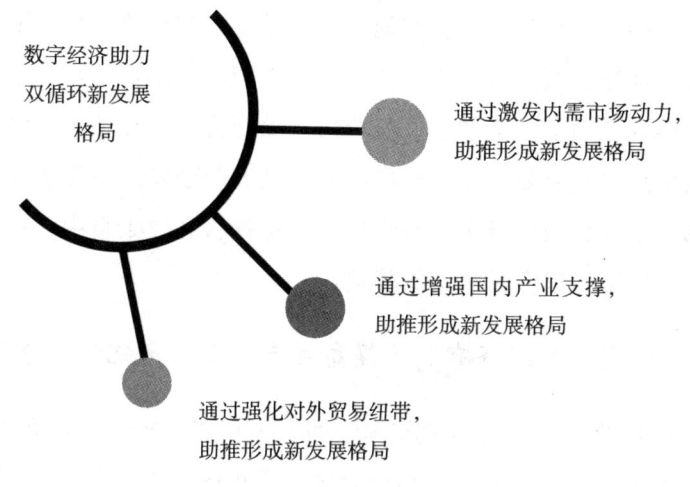

图5-4 数字经济助力双循环新发展格局

一、通过激发内需市场动力，助推形成新发展格局

（一）发展数字经济有利于打通消费堵点

发展数字经济成为解决消费堵点的有力途径。在这个过程中，以传统电商平台为载体的数字消费不断衍生出大量的消费信息，这些宝贵的数据通过数字技术的抓取、挖掘和分析，为商家和消费者建立了一座高效、直接的桥梁。商品和服务能够根据消费者的具体需求和喜好，实现精准推送和个性化定制，避免资源浪费和消费者满意度低的问题。数字技术能够实时捕捉市场动态，对消费者行为和需求进行深度解析，帮助企业做出更为明智的决策，进一步优化产品和服务。此外，以需求为导

向的数字经济迅猛发展,能够激活内需市场的扩张能力。借助通信工具与消费者进行充分的信息交互,形成直播带货等这一创新消费模式,不仅改变了消费者的购物习惯,也为商家打开了新的市场路径。在这个模式中,消费者可以实时与主播互动,获取产品的详细信息和使用体验,这种实时互动显著提升了消费者购物的信任度和满意度。商家通过直播形式展示产品,能更生动、直观地展示产品特点和价值,减少消费者的购物犹豫,加速购买决策过程。这一新型消费场景不仅丰富了市场的多样性,也推动了消费潜能的进一步释放。简而言之,在数字经济的推动下,消费堵点得到有效疏通,市场活力得到充分激发。消费者在更为开放、灵活和个性化的市场中享有更广泛的选择权和决策自由,这无疑为形成新的发展格局提供了坚实的基础。

(二)发展数字经济有利于提高生产效率、优化收入分配

在生产环节,应用前沿的技术,如人工智能、机器学习和大数据,企业能够实现生产流程的优化和自动化。这些技术使生产过程更加精确和高效,有助于企业降低错误率和人力成本。数据的实时收集与分析帮助企业更好地理解市场需求,调整生产策略,减少存货和浪费。同时,数字技术的应用也意味着更快的决策速度和更灵活的生产调度,使企业能够迅速响应市场变化,满足消费者多样化、个性化的需求,从而提升整体生产效率。在数字经济浪潮下,数字经济的发展成为就业市场和收入分配的重要推动力,新的行业和职位不断涌现,为人们带来了广泛的就业机会。这种多样化的就业生态不仅增加了就业数量,还通过提供技术密集型和知识密集型的岗位,有效提升了社会的整体就业质量。随着更多的人员投入价值创造活动,居民收入有了显著增加,进而推动收入分配结构向更加公正和合理的方向调整。增长的收入水平直接影响到居民的消费能力,居民有效需求得到显著提升,消费市场进一步激活,为经济增长注入了持续动力。数字经济也在缩小城乡居民收入差距方面发

挥着重要作用。通过技术赋能和市场拓展，农村地区的就业和创业机会增加，城乡发展差距逐渐缩小，贫富差异得到缓解，进而为社会和谐与经济可持续发展奠定了基础。

（三）发展数字经济有利于畅通流通环节堵点

流通环节的效率直接影响着市场的经济活力和消费者的消费体验。在数字经济的推动下，流通领域经历了显著的变革。第一，通过应用先进的技术和工具，数字经济能够提高流通效率，降低交易成本。例如，区块链技术可以实现供应链的透明化，帮助企业实时追踪产品和服务的流通状态，有效解决信息不对称问题，减少信任缺失带来的阻碍。数字支付作为数字经济的重要组成部分，也在简化交易、提高流通速度方面发挥了不可忽视的作用。通过移动支付、在线支付等方式，交易双方可以迅速完成支付结算，消除了传统支付方式中的时间和空间障碍。此外，大数据技术在优化库存管理、预测市场需求、提升供应链效率等方面也具备显著优势。企业可以基于大数据分析获得的深刻洞见，制定更为精确的生产和分销策略，减少库存积压和滞销问题。第二，通过高速、高效的算力，先进的算法和丰富的数据资源，数字经济为生产和消费之间的快速、精准链接铺平了道路。生产信息能迅速、准确地传达给消费者，而消费者的需求和反馈也能实时传递给生产端。这种高效的信息流动极大地减少了供需错配的问题，使市场更灵敏地响应消费者的多样化需求。第三，供应链和物流系统的数字化转型，进一步畅通了产品和服务的流动渠道，为消费者带来了更加便利、快捷的消费体验。这不仅推动了消费市场的繁荣和活跃，也为国内大循环注入了新的生机和活力。

（四）发展数字经济有利于优化国内市场环境

第一，数字经济的推广促进了信息的公开透明，为市场主体提供了更为公正和公平的竞争环境；第二，产业间、城乡间要素的流动也因为数字技术的推动而变得更加畅通无阻，从而有效促进了国民经济的循环；第三，通过互联网、大数据、人工智能等先进技术，数字经济不仅优化了交易过程，降低了交易成本，也有助于激发市场活力，增加市场主体的参与和活跃度。因此，数字经济对于构建更加开放、高效、公平的市场环境，推动经济的持续、健康发展具有积极的意义。

二、通过增强国内产业支撑，助推形成新发展格局

先进技术的快速扩散、集成应用有利于提升自主创新能力，通过数字产业化和产业数字化的创新发展为新发展格局构筑产业支撑。一方面，数字产业化作为数字经济的"根"，是指由数字技术带来的产品和服务，如电子信息制造业、信息通信业、软件服务业、互联网业等。数字产业化推动产品和服务逐步向高质量发展，着力打造新兴数字产业并促进我国全球价值链向更高层跃进。另一方面，产业数字化作为数字经济的"魂"，通过数字技术为传统产业调结构、转方式、促升级，提升我国产业现代化水平。

第一，数字技术作为一种通用技术，在传统产业的转型升级中扮演着关键角色。应用数字技术可以推动产业跨界融合，重构组织模式，使之变得更为灵活和高效。实例包括通过AI、机器学习、大数据等技术，企业能够实现精准的市场分析和预测，定制个性化的产品和服务，进而降低运营成本、提高生产效率。数字技术还能拓展创新路径，引领产业进入新的发展阶段，催生新的商业模式和经济增长点。

第二，依托虚拟网络，进一步拓展市场空间，拓宽中小企业嵌入产业集群的渠道，促进各地区合理分工，专注发展具有比较优势的产业，增强竞争力，延伸国内产业链，畅通国内产业循环。虚拟网络的广泛应用打破了地理和时间的界限，为中小企业提供了市场接入机会。通过运用互联网和其他数字技术，这些企业能够以较低的成本进入市场，获取

大量的消费者和业务数据，从而实现快速增长。在虚拟网络的帮助下，中小企业不仅能够更容易地嵌入产业集群，还能够享受到更大规模的市场和更丰富的资源，这进一步促进了各地区的合理分工。地区之间可以依据自身的资源和技术优势，专注发展具有比较优势的产业，实现优势互补，增强整体竞争力。虚拟网络也推动了国内产业链的延伸和优化。企业能更便捷地连接上下游业务，实现资源和信息的快速流动，增强响应市场变化的灵活性，这不仅有助于提升各个环节的效率，还能够减少运营成本，提升产业的整体价值。在这个过程中，国内的产业循环也变得更为畅通，各种资源和要素能够更高效地配置和流动，为经济增长注入持续动力。所以，虚拟网络不仅为中小企业和地区带来了机会，更推动了国内产业的整体发展和创新。

第三，数字经济产生的网络连接效应在推动国内企业融入国际经济大循环中扮演着关键角色。这种连接效应降低了跨境商务的障碍，使国内企业能够更加灵活和迅速地响应全球市场变化，获取国际商机。利用数字平台和工具，国内企业能够更便捷地与国际合作伙伴沟通、协作，进一步整合全球资源，提升自身竞争力。此外，网络连接效应还促进了技术、资本、人才和信息的全球流动，使国内企业能够及时吸收和应用国际前沿技术和管理经验。与此同时，高技术水平的国际经济大循环所带来的技术溢出效应和示范效应对国内产业的转型升级具有显著推动作用。国内企业可以通过国际合作和竞争，吸收先进技术和创新理念，加速技术进步和产业升级。这不仅提升了国内产业的技术水平和创新能力，也有助于培养和吸引高层次人才，增强整体竞争力。在这一过程中，国内经济大循环得到强化，产业结构不断优化，为持续、健康的经济发展提供了有力支撑。

三、通过强化对外贸易纽带，助推形成新发展格局

数字经济中各技术模块的融合、集成应用有利于优化对外贸易的各

环节及其运行过程，促进实现内需和外需、供给和需求联动发展，降低对外贸易成本、提高对外贸易效率，为国内国际双循环相互促进奠定良好基础。例如，对贸易对外数据的实时抓取与深度挖掘，可以降低信息搜集费用、时间及风险，有利于打破贸易信息壁垒；数字技术与物流服务融合，实现货物仓储、分拣运输智能化，可以降低运输空载率以及运输成本。又如，实时分析对外贸易数据实现决策处理自动化，可以提高出口企业运行效率；推动公共服务信息化进程，可以缩短贸易时间、提高对外贸易效率。再如，发展数字经济不仅可以促进国内供给能力提升，而且可以通过数字经济平台扩大进口规模，强化对外贸易纽带，推动国际经济大循环。进口规模扩大，又可以促进国内消费升级，进而加速产品更新迭代、促进国内产业升级，为出口贸易创造条件，推动国内国际双循环相互促进。

第三节 数字经济发展策略

一、数字经济赋能新发展格局面临的挑战

虽然数字经济已成为我国加速经济增长的新杠杆和市场发展的重要方向，正借助超大规模内需市场的优势助力构建新发展格局，但数字经济赋能新发展格局仍面临一些挑战，如图5-5所示：

第五章 数字经济：畅通双循环的新动能

数字技术原创性不强

数字经济发展存在区域失衡

数字监管能力有待提升

全球数字服务规则有待统一

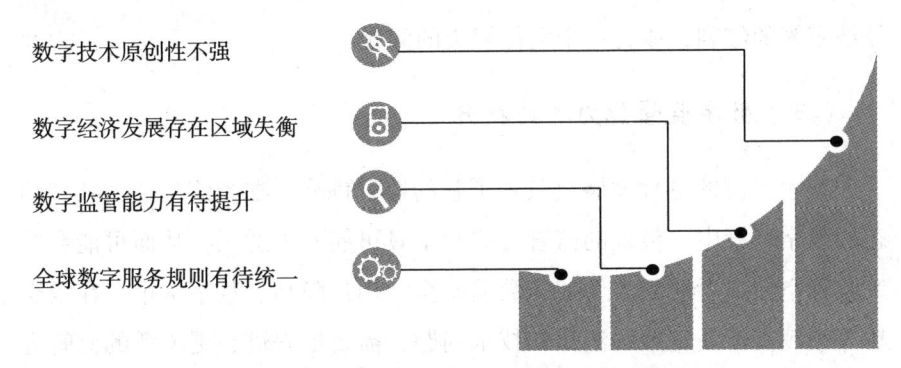

图 5-5 数字经济赋能新发展格局面临的挑战

（一）数字技术原创性不强

在全球范围内，数字技术的创新与发展日益成为推动经济和社会进步的重要动力。然而，数字技术原创性不强可能会导致技术进步和应用创新的缓慢，影响数字经济的健康、快速发展。例如，虽然人工智能、大数据、区块链等技术在国内得到了广泛应用，但在核心技术和算法的研发方面，还面临与国际先进水平的差距。这种差距不仅体现在技术的深度和广度上，也反映在相关产业的竞争力和市场份额上。原创性不强意味着在全球数字经济的竞争中，我国可能会面临更激烈的竞争压力和更高的技术依赖风险。

（二）数字经济发展存在区域失衡

区域间数字经济发展不平衡，主要表现为不同地区在数字技术应用、人才集聚、创新能力等方面存在一定的差距。例如，一些具备优质资源和先进技术的地区可能迅速崛起为数字经济的高地，而其他地区则可能因为资源和技术限制而发展缓慢。这种失衡可能导致经济和社会发展的不均衡，加剧地区间的贫富差距和发展机会的不平等。对于正在经历快速数字化进程的国家来说，如何保证所有地区都能平等地享受数字经济带来的红利，成为一个亟待解决的问题。

（三）数字监管能力有待提升

数字经济的迅猛发展也带来了新的监管挑战。在当前日益复杂和动态的数字环境中，传统的监管方法和工具可能不再适用，从而可能会导致监管空白或者滞后。例如，数据安全、用户隐私、数字货币、在线交易等领域都涉及复杂的法律和技术问题，需要更先进、更灵活的监管方法。因此，现有的数字监管能力有待提升，以适应数字经济多元、快速变化的特点。

（四）全球数字服务规则有待统一

在国际层面，不同国家和地区对数字服务的管理和监管存在显著差异，包括数据保护、隐私保护、网络安全等方面的法律和规定各不相同。这种不统一导致数字服务提供商在跨境运营时面临复杂的法规环境和不确定的法律风险。同时，消费者也可能因为法规的不清晰或不一致而面临权益保护的难题。为解决这一问题，国际社会需要共同努力，推动全球数字服务规则的协调和统一。

二、数字经济赋能新发展格局需要处理好的五大关系

数字经济在赋能新发展格局的过程中，需要明确和处理好一系列核心关系，以保证经济增长的健康和可持续性。各个关系的妥善处理将决定数字经济在推动国家经济转型、提升产业效率、创新商业模式和满足消费升级需求方面的成效，其也是构建新发展格局、实现经济高质量发展的关键因素。因此，每个方面都需要细致入微的探索和调整，确保在快速发展的同时，保持经济的稳定、公正和包容性。这五大关系包括数字经济与实体经济的关系、数字产业化与产业数字化的关系、消费互联网与产业互联网的关系、数字经济发展的国内市场与国际化的关系，以

第五章 数字经济：畅通双循环的新动能

及监管与创新的关系，如图 5-6 所示：

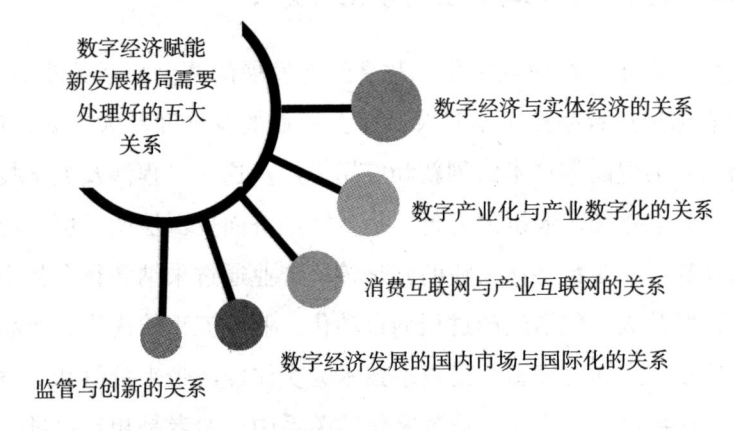

图 5-6 数字经济赋能新发展格局需要处理好的五大关系

- 数字经济与实体经济的关系
- 数字产业化与产业数字化的关系
- 消费互联网与产业互联网的关系
- 数字经济发展的国内市场与国际化的关系
- 监管与创新的关系

（一）数字经济与实体经济的关系

数字经济与实体经济的关系是相辅相成的，而非相互排斥的。在当前的经济发展模式中，数字经济已经成为推动实体经济创新和增长的重要力量。数字技术，如大数据、人工智能、区块链等正在广泛应用于实体经济的各个领域，帮助企业优化生产流程、提升运营效率、创新商业模式。实体经济则为数字经济提供了丰富的应用场景和数据资源。两者之间的深度融合可以带来生产力和生产关系的重大变革，在这种相互关系中，数字经济不是替代实体经济，而是赋能、扩展和丰富实体经济。通过对数字技术的应用，实体经济可以实现更高的自动化和智能化水平，生产和服务质量也可以得到显著提升。同时，数字经济也借助实体经济不断扩展其应用领域和市场规模。企业和政府需要认识到两者之间的协同关系，通过制定适当的政策和战略，推动数字经济与实体经济的深度融合，实现经济的高质量、可持续发展。在这一过程中，保护数据安全、维护用户隐私、确保市场公平竞争等问题也需得到充分关注和妥善处理。

（二）数字产业化与产业数字化的关系

数字产业化与产业数字化是数字经济发展的两个相互关联的维度。数字产业化是指数字技术本身及其相关产业的发展和壮大，如云计算、大数据、人工智能等技术的创新和应用推广。这一过程涉及数字技术的商业化、标准化和产业链的完善，是数字经济向更深层次、更广泛领域拓展的表现。产业数字化关注的则是传统产业通过采纳和整合数字技术实现的转型升级，包括生产过程的自动化、业务流程的优化、产品和服务的个性化等方面的创新，是数字技术为实体经济带来价值和效益的具体体现。在数字产业化与产业数字化的关系中，两者是相互促进、相互赋能的，数字产业化为产业数字化提供了必要的技术基础和支撑，推动传统产业创新和发展；而产业数字化对数字技术和产品产生了广泛的需求，推动数字产业的繁荣和壮大。在这一动态互动中，企业实现了生产效率、创新能力和市场活力的显著提升。为了最大限度地发挥两者的综合效应，政府需要加强政策引导、技术研发、人才培养等多方面的支持和投入，建立和完善数字技术与传统产业的融合机制和平台，推动数字经济与实体经济的协同发展。

（三）消费互联网与产业互联网的关系

我国消费互联网已经具备相对成熟的基础，成为经济活力和创新的源泉。消费互联网的持续创新正在推动新型消费模式和业态的兴起，加强线上线下消费的融合发展，其广泛的用户基础、丰富的数据资源和灵活的服务模式为经济增长和消费升级提供了强大动力。与此同时，产业互联网正逐渐成为未来的发展重点，其在优化生产流程、提升工业效率、促进产业创新等方面具有显著优势。发展产业互联网能有效实现资源的优化配置，推动新的产业协作和价值创造体系的形成。为实现数字经济"赋能"内循环，国家需要大力发展产业互联网，推动形成万亿级的产业互联网平台。在这一背景下,消费互联网与产业互联网的关系表现为相互赋能和协同发展,消费互联网不仅为产业互联网提供了市场需求、用户数据和创新模式,也推动了其技术和应用的快速进步;反过来,产业互联网通过优化生产和运营,为消费互联网提供了更高质量、更多样化的产品和服务,推动消费互联网向更高层次发展。在这一相互作用中,两者共同推动数字经济的快速、健康发展,为经济结构优化和增长动力转换提供了有力支撑。

(四)数字经济发展的国内市场与国际化的关系

国内市场作为数字经济的基础,为其提供了巨大的市场空间和丰富的数据资源,是数字经济快速发展的根本保障。在当前形势下,以国内大循环为主体,充分利用国内市场和资源,把发展数字经济的立足点放在国内,能够有效应对外部不确定性,保持经济的稳定增长。然而,数字经济本质上具有全球化的特征,为了不断提高数字经济的发展质量,必须加快国际化进程,提高国际竞争力。这包括参与全球数字经济规则的制定,积极开展国际合作,学习借鉴国际先进经验,推动国内数字技术和产业的创新和升级。在国内市场和国际化之间,应当实现良性互动和协同发展。国内市场的繁荣为数字经济的国际化提供了坚实的基础和支持;而国际化进程中获取的技术、资本、人才和经验,也能够反过来推动国内市场的进一步发展和创新。在这一过程中,政策和战略的指引至关重要,其能够使数字经济在充分发挥国内市场优势的同时,不断拓展国际视野,提升国际影响力,实现在全球范围内的可持续发展。在这一路径上,平衡和协调国内与国际的关系,将是数字经济发展的关键任务。

(五)监管与创新的关系

数字经济具备明显的跨界特征,这使传统的监管体制和手段面临诸多挑战。为了应对这些挑战，监管层需要灵活应变，不断创新监管方法和手段；要在考虑全球数字经济发展趋势、数字经济全球竞争格局和国内数字经济发展战略等复杂因素的基础上，制定和实施更加适配的竞争治理规则和政策。此外，在监管与创新之间，监管层还需要找到一个平衡点。过于严格的监管可能会抑制创新活力，限制数字经济的发展潜力；而缺乏有效监管的环境可能导致市场失序、数据安全和消费者权益受损等问题。因此，建立一个更加良性的产业竞争机制，创新政府、平台、用户之间的互动治理模式，是实现监管与创新平衡的关键。

三、数字经济赋能新发展格局的现实路径

数字经济赋能新发展格局是一项具有前瞻性、系统性的复杂工程，根据现阶段资源禀赋条件，我国政府在实践中应重视以下方面的工作：

（一）强化数字产业自主创新能力

1. 保持战略耐心，强化技术研发

在数字经济的竞赛中，战略耐心是获得长期成功的关键。这意味着对待技术研发要有足够的耐心，注重长期投入和积累。在当前快速变化的市场环境中，常有一种误解，那就是追求快速的短期回报而忽视深入、持续的技术探索和创新。但实际上，只有通过持续、长期的投入，才能在数字技术领域取得突破，建立和维护竞争优势。为此，国家需要处理好发展与安全、宏观与微观、政府与市场、供给与需求、继承与创新的关系。围绕数字技术产业发展整体工作部署，发挥好重大项目引领作用。

2. 坚持经济全球化战略，提升创新能力

面对全球知识和技术资源的广泛分布，把握和利用国际资源、市场和人才是获取创新优势的关键。企业和国家需要积极参与全球创新网络，通过开放的姿态吸引国际顶尖人才、技术和资本，推动技术交流和

第五章　数字经济：畅通双循环的新动能

合作。全球视野能帮助国内企业和研究机构了解和引进最新的技术、管理模式和市场需求，加速技术创新和产品开发。在这个过程中，跨国合作和多边交流成为推动创新的重要手段。国内企业与全球创新中心、高技术企业的合作能带来技术和知识的交融，提升国内数字产业的创新能力和竞争力。同时，维护多边贸易和投资的开放，保护知识产权和商业秘密，也是营造健康、稳定的国际创新环境，实现国内数字经济持续、快速发展的关键因素。

3. 加快构建自立自强创新体系

构建自立自强的创新体系是实现数字经济发展的基石，这需要从政策、资金、人才和技术多方面加速推进。制定有利于创新的政策环境，促进科研、教育和产业三者之间的紧密联系和协同发展是关键。国家需要加大对基础科学研究的投入，着眼长期和前瞻性技术的发展，鼓励企业加大研发投入，推动技术成果的商业化应用。人才是创新的源泉，国家需要通过改革教育培训体系，培养更多具备国际视野和创新能力的高层次人才。在技术层面，要加强核心技术的研究，推动自主知识产权的创造和保护，减少对外部技术的依赖。国家还要推动开放创新，通过与各方合作共享创新资源，实现技术和知识的快速迭代更新。在这个过程中，国家不仅是推动者，更是协调者和服务者，通过灵活、高效的服务和协调机制，为创新体系的建设提供有力支持。

（二）推进产业数字化深层次转型

1. 加强政府引导，推动数字化发展

政府在产业数字化转型中扮演着至关重要的角色。为推动数字化发展，政府需制定明确、具体的政策框架和发展目标，确保全面、协调的发展；通过科学的法规和标准来引导产业的健康发展，创建有利于创新和投资的环境。政府支持在资金、技术、人才等方面表现得尤为重要，政府可以通过财政补贴、税收优惠、投资引导基金等方式，来刺激产业数字化的发展；建立公共服务平台，提供数据、技术和知识支持，促进各类企业的数字化转型。为推动区域协同发展，政府可通过制定相应政策，鼓励不同地区、不同产业的数字化融合，构建数字经济产业链和生态圈。在经济全球化背景下，政府还需要积极参与国际交流与合作，引入先进的技术和经验，完善国内的数字化发展体系。

2. 厚植产业数字化发展的坚实基础

构建多层次工业互联网平台体系，加强大型企业对中小型企业的技术指导和人才交流合作，大力培育工业互联网龙头企业和"专精特新"中小型企业，形成大型企业引领、中小型企业广泛参与的健康可持续生态圈。要加快发展产业数字化，就要推动工业互联网应用走深走实，加快先进工厂培育，推动企业积极利用5G等技术开展工厂数字化改造，促进新技术、新场景、新模式的广泛应用；深化重点行业拓展，广泛开展供需对接，加强工业互联网在重点产业链的普及，以工业互联网的规模化应用促进实体经济高质量发展。

3. 深入推进企业开展数字化智能化改造

企业的数字化智能化改造是未来竞争力的关键所在，这意味着从生产、管理到服务，全面提升企业的数字化水平。引入先进的信息技术，如云计算、大数据和人工智能，能够使企业实时获取和分析数据，为决策提供支持。在生产流程中，通过智能化改造，能够实现自动化、精准化生产，减少资源浪费，提升效率。数字化智能化不仅体现在生产环节，也需要渗透产品设计、供应链管理、客户服务等方面，以构建灵活、高效、响应迅速的运营体系。要实现这一目标，企业需要拥抱开放创新，与外部创新生态系统协同，共享技术和数据资源，加速自我革新。同时，政府和社会各界也需要为企业提供适切的支持和服务，降低改造升级的门槛和成本，推动数字经济进一步赋能实体经济。

第五章 数字经济：畅通双循环的新动能

（三）提升数字化治理水平

良好的治理体系本身就是一种竞争力，我国要探索符合数字经济特征的新型监管模式。

1. 提升数字化治理水平

在数字化时代，提升数字化治理水平已成为一个紧迫的任务，这包括构建更加完善和科学的数据管理体系，确保数据的安全、准确和有效利用。引入先进的技术，如人工智能和大数据，可以实现对大量复杂数据的快速处理和分析，为政策制定和决策提供准确、及时的信息支持。国家需要加强数字安全体系的建设，确保数据和网络的安全，保护个人和企业的隐私权和数据权；在法规和政策层面，需要不断更新和完善相关法规，建立符合数字化时代特点的法治体系，为数字化治理提供法治保障。公民和企业也应该加强数字素养的培养，理解和遵守数字时代的规则，共同参与数字化治理。这些措施可以帮助我国建立高效、安全、公正的数字化治理体系，推动社会和经济的健康发展。

2. 持续推动数字政府建设

持续推动数字政府建设涉及多方面的综合实施和升级，这包括但不限于优化公共服务、提升政府决策效率和透明度、强化数据安全与隐私保护。为实现这一目标，政府需要运用现代信息技术，如云计算、大数据和人工智能等，改进公共服务的质量和效率，实现服务的个性化和便捷化。数据共享和一体化的服务平台，使公民和企业能够更方便地获取信息和服务。政府自身的决策过程也将受益于数字技术的应用——实现数据驱动的决策，提高政策的准确性和有效性。公共参与是数字政府建设的一个重要方面，政府需要建立机制，让公民和企业能更容易地参与政策制定和公共服务的改进过程，增加政府工作的透明度和公信力。在全面推进数字政府建设的同时，国家也要关注和解决数字鸿沟问题，确保每个人都能公平享受数字化带来的便利和福利。

3. 依托数字孪生，推动城市治理数字化转型

数字孪生是指通过构建一个虚拟的城市模型，政府可以实现对实体城市的精确复制和模拟，从而支持更高效、智能的城市管理和服务。利用数字孪生，政府和相关部门可以在虚拟环境中模拟和分析各种情景，预测和响应各类事件，从而优化资源配置，提升决策效率。在公共服务方面，数字孪生能实现服务的个性化和精准化，满足居民多样化的需求；在安全和应急响应方面，数字孪生提供了实时、准确的数据和分析工具，支持快速、有效的应急响应，保护居民的生命和财产安全。随着5G、AI、大数据等技术的发展，数字孪生将赋予城市更多智能、自动化的功能，推动城市治理向更高效、可持续和人本的方向发展。

（四）推进数据要素市场建设

数字经济本质上是以数据资源为重要生产要素的经济形态，数据要素遍布国民经济各个环节和社会生活各个角落。因此，国家必须大力挖掘数据价值，坚持技术应用、市场流通、制度设计三路并举的数据要素价值释放的中国模式。

1. 夯实技术支撑基础

夯实技术支撑基础是推动数据要素市场建设的前提条件。第一，可信工业/产业数据空间和信息基础设施的统筹布局至关重要，此方面的发展侧重加速研制基于工业互联网标识解析体系的工业数据采集与集成设备产品。这不仅关乎技术的进步，也关乎数据的可靠性和安全性。第二，基础技术研究，特别是数据要素资源的标识确权、认证授权和安全交换等方面的研究，为数据流通与安全提供了充足保障。第三，推动跨软硬件、组织、地域、国别的数据互操作系统的研制，鼓励隐私计算、云计算、区块链等关键技术的落地应用。这些先进技术的整合和应用不仅推动了数据要素市场的繁荣，也为政府、企业和个人提供了更为丰富、安全的数据服务和管理工具。

第五章 数字经济：畅通双循环的新动能

2. 支持数据要素市场建设

探索创制数据确权，要坚持产权分割、分类分级、安全发展的数据确权基本原则，在充分保护国家安全和个人信息的前提下，构建以促进产业发展为导向的包含更多数据产权内容的确权框架，兼顾不同类型数据的管理和使用需求，因类施策；建立全国数据统一登记确权体系，分层分类地对个人数据、企业数据和公共数据进行权属界定和流转，推动数据确权实践；制定数据定价标准，研究建立基于数据属性的数据资本资产定价模型，统一数据资产价值评价指标体系；构建多样化、多层级数据要素市场，将数据要素市场划分为一、二、三级市场，一级市场登记权属，二级市场交易流转，三级市场开展数据质押、数据信托等资本化交易活动，市场主体根据自身需要自由选择在场内或场外交易。

3. 健全数据要素制度体系

健全数据要素制度体系是实现数据资源有效管理、利用和保护的核心环节，这需要构建一个包容且灵活的法规框架，明确数据所有权、使用权和传输权。第一，在法律层面，对数据的采集、存储、传输和应用等环节设立明确规范，保护数据安全和隐私权，确保数据的流通和创新应用。构建一个多层次、多领域的数据治理体系，涵盖公共数据、企业数据和个人数据等多个层面，因地制宜地调整和完善相关政策和措施。第二，在数据交换和共享方面，推动建立开放但又充分保障数据安全的交换和共享机制，激发数据的活力和创造力。第三，构建公正、透明、高效的数据市场，促进数据资源的有效配置和价值实现，强化数据安全管理，建立完备的安全防护体系，对不同级别和类别的数据实施相应级别的保护措施。在全面健全数据要素制度体系的过程中，需要平衡各种利益关系，以实现对数据资源的最大化利用和保护。

第六章　以国有企业作为双循环的微观引领

国有企业作为国家经济的重要支柱，对于维护国家利益、推动经济发展、保障社会福利具有重大作用。随着我国经济进入新发展阶段，构建以国内大循环为主体、国内国际双循环相互促进的新发展格局已成为当前和今后一个时期我国经济发展的总体战略。在这一战略背景下，如何赋予国有企业更加重要的地位，使其发挥更加重要的作用，成为双循环新发展格局的微观引领，是国家必须深入研究和探讨的问题。

第一节　国有企业概述

一、国有企业的概念

关于国有企业的概念，有狭义和广义之分。从狭义上说，国有企业仅指中央政府或其授权单位代表国家全部投资或控股，并通过国有股权施加控制性或支配性影响的法人企业，即所谓的中央国有企业。从广义上说，国有企业是指中央或地方政府或二者的授权单位代表国家全部投资或控股，并通过国有股权施加控制性或支配性影响的法人企业。

关于广义层面上国有企业概念的界定，可以从以下四个方面做进一步的解读：

（1）国家是企业全额或部分出资人，按照规定，中央政府和地方政府要分别代表国家履行出资人职责。

（2）国企的属性不完全由国有资产的份额决定，国家可以通过特许权或其他规定对企业施加影响。

（3）企业受政府直接或间接支配性影响，必须按政府意图办事，成为政府调控经济、稳定社会的重要抓手，这就是国企的性质。

（4）政府调控经济社会的工具很多，国企是其中之一，其区别在于它是以市场化运作为主的经济组织。

在本章论述中，如果没有特殊说明，采用的都是广义上的国有企业的概念。

二、国有企业的类型

中国的国有企业包括国有独资企业、国有独资公司、国有资本控股公司三类。

（一）国有独资企业

国有独资企业是依据全民所有制企业法设立的、全部注册资本均为国有资本的非公司制企业。这些企业是全民所有制的经营单位，享有自主经营、自负盈亏和独立核算的权利，它们对国家授予的财产享有占有、使用和依法处分的权利，其财产归全民所有。在这种类型的企业中，企业的高级管理人员由政府或履行出资人职责的机构直接任命。这些企业的内部治理结构与公司制企业不同，政府会派出监事组成监事会，以此对企业的财务活动及企业负责人的经营管理活动进行监督。

（二）国有独资公司

国有独资公司是依照公司法设立的、全部注册资本归国家所有的公司制企业。在这类公司中，由国有资产监督管理机构履行出资人职责，不设股东会，并由该机构行使股东会职责，也可以授权董事会行使部分职权。国有独资公司的公司章程由国有资产监督管理机构制定或者董事会制定，并报国有资产监督管理机构批准。这类公司的董事会成员、监事会成员都由国有资产监督管理机构委派，公司的合并、分立、解散、增减注册资本、发行债券等重大事项都由国有资产管理机构批准。

（三）国有资本控股公司

国有资本控股公司属于第三类国有企业，这类企业是依据《中华人民共和国公司法》（以下简称《公司法》）成立的，国有资本具有控股地位，可以是有限责任公司，也可以是股份有限公司。在这类公司中，国有资本控股股东要么出资额占有限责任公司资本总额的50%以上，要么持有的股份占股份有限公司股本总额的50%以上。按照《公司法》对"控股股东"的定义，即使一个股东的出资额或者持有的股份比例不足50%，但如果其享有的表决权已足以对股东会或股东大会的决议产生重大影响，那么该股东也会被视作控股股东。国有资本控股公司在我国经济发展中占有重要地位，其结合了国有资本的稳定性和私有资本的灵活性，在市场竞争中具有一定优势。此外，由于国有资本的介入，这类公司还能更好地体现国家的战略意图和政策导向，实现国家和社会的共同目标。这样的结构也有助于优化资源配置，推动企业的持续健康发展。

除上述三类国有企业外，还有一类特殊的企业，即国有参股公司，它并非严格意义上的国有企业。在这类公司中，政府仅仅是一名普通的股东，并受到《公司法》的规范和约束，这类公司与其他竞争性的商业企业没有本质上的区别,它们主要以追求经济利益为目标,不具备强制执行社会公共目标的责任。如果这类国有参股公司为社会提供了公共服务,那么这主要是基于它们对履行社会责任的自觉意识和选择,这种行为是值得鼓励和支持的。政府参与这类公司的股权,主要是出于壮大国有经济实力的考虑,除了这一点,政府对于这些公司并没有其他附加的要求或义务。

三、国有企业的特征

(一)兼具营利与非营利目的

国有企业从事生产经营活动虽然也有营利目的,但也有非营利性目的,或者说它不以营利为主要目的。具体而言,主要体现在以下两个方面:

1. 社会责任与公益性质

国有企业是国家经济发展和社会稳定的重要组成部分,这类企业不仅有责任实现经济效益,还有责任在提供基础设施、支持社区发展、维护环境和提供必需的社会服务等方面发挥作用。因此,国有企业常常需要权衡利润和社会价值,可能需要牺牲一部分利润来实现其社会责任和公益性质。

2. 长远目标优先

国有企业往往更加重视长远的发展目标,这使它们能够在研发、技术创新、人才培养等方面进行更多的投入。长期的战略规划和持续的投资,即便在短期内没有明显的回报,也可以为国家的未来发展打下坚实基础。

(二)只有或主要为国家一个出资人

国有企业虽然是一个组织体,但它只有或主要为国家一个出资人,这一特征使国有企业在决策过程、资本分配与管理、风险承受能力等方面有了不同于私营企业的特点。

1. 决策过程

国有企业的决策结构和私营企业不同，它们的决策过程和方向往往与国家的政策紧密相连。国家会通过设定明确的政策目标和任务，对国有企业的发展方向进行引导；而国有企业也需要在经营管理中，考虑和实现国家的经济和社会发展目标。

2. 资本分配与管理

国有企业的资本来源主要是国家的财政拨款或国家控股，所以这类企业的运营和投资决策通常需要符合国家的发展规划和政策导向。国有企业的资金使用和管理也需严格遵守国家的相关规定和标准，确保资本的有效和合理使用。

3. 风险承受能力

国有企业依靠国家强大的经济实力，通常能够获得更多的资源和支持，因此，比市场上的其他企业具有更强的风险抵御能力。即便面临市场低迷或其他经济困境，国家也可能会提供必要的援助和支持，帮助这些企业渡过难关。这使国有企业在面对经济风险时，具有更大的稳定性和安全性。

（三）依法设立，但所依据和适用的法律有所不同

国有企业，同其他各类型企业一样，其设立必须符合法律。然而，与其他企业有所不同，国有企业的设立和运行是基于国家专门制定的关于国有企业的特定法规，虽然它们也适用一般企业法的许多一般性规定。比较国有企业法与一般企业法，不难发现，在企业建立过程、企业权利和义务，以及国家与企业的管理关系等方面，两者存在不同。设立国有企业的法律程序通常比设立其他企业的法律程序更加严格和复杂。

国有企业常常能够享受国家提供的一些政策优惠和特殊权利，如

第六章 以国有企业作为双循环的微观引领

在某些领域的经营独占、财政支持、信贷优势，在资源使用、原材料供应、国家订单和产品推广、国际贸易等方面的优势，以及在亏损和破产时得到的特殊待遇等。当然，国有企业也会面临国家和相关管理部门的政策性限制，并负担一些特别的责任和义务，如执行国家计划、遵守价格管制、受到生产经营自主权的限制。此外，还要优先满足国家和社会的需求，符合国家调节经济的要求，有时即便微利或无利，也必须运营。

相较于国有企业，国家对其他企业的管理主要表现在制定其组织和活动的基本规范，要求其合法经营和纳税方面。对于国有企业，国家则需以政府和所有者的双重身份进行管理。在很多情况下，国家（或其代表）与企业及企业中的相关方需直接建立各种法律关系，特别是在国有且国营的情况下，这种情况更为显著。

四、国有企业的地位

（一）国有企业是中国特色社会主义的重要物质基础和政治基础

国有企业是中国特色社会主义的重要基础：既是社会主义制度的物质基础，也是中国共产党执政的政治基础。

从物质基础层面来说，国有企业掌握着国家的战略性资源和关键性生产资料，其占据主导地位确保了社会主义制度下生产资料公有制的主体地位。国有企业的稳固和强大，保障了国民经济的平稳运行，构成了支撑中国特色社会主义制度的经济基石。国有企业以服从和落实国家战略为导向，是实现中华民族伟大复兴、工业化、全球战略的重要力量，推动着国家经济社会的持续健康发展。

在政治基础层面，国有企业同样发挥着不可忽视的作用。中国共产党作为中国特色社会主义制度的领导核心，其根本任务是追求国家富强、民族振兴以及人民幸福。国有企业是实现这一使命的坚强支柱,其战略定位和功能定位,与中国共产党的执政理念和国家发展战略紧密相连,成为中国共产党实现执政理念、维护国家利益和人民利益的重要手段。通过参与全球经济治理,国有企业进一步确立了中国共产党和中国特色社会主义制度的国际地位和影响力。

(二)国有企业是国家安全的重要保障

第一,国有企业在维护国家安全方面发挥着至关重要的作用。在国民经济中,一些关键领域,如国防军工、能源、信息、金融、和粮食储备等,是国家安全的重要组成部分,这些领域的稳定与安全直接关系到国家整体的安全与社会稳定。由于这些领域风险高、影响深、作用广,任何微小的问题都可能带来严重的社会损失,甚至威胁国家安全。

第二,国有企业在这些关键领域中起着主导和稳定的作用。与民营资本追求利润最大化不同,国有企业更加注重社会利益和国家利益的平衡,其能够在社会利益和个体利益发生冲突时,更好地捍卫国家利益,减少"道德风险"的发生,确保这些领域的稳健运行和国家的安全稳定。同时,国有企业还能够通过优化资源配置、增强自主创新能力和提升管理水平,增强国家的核心竞争力。

我国作为一个发展中国家,市场尚未完全成熟,许多关键领域与发达国家相比仍存在竞争劣势。如果这些领域完全暴露在自由市场竞争和外资控制之下,那么国家的主权和安全将很可能受到威胁。国有企业的存在和发展,可以有效防范外部风险,保障国家的经济安全和主权独立。国际经验也显示,许多国家,包括一些发达国家,在关键领域普遍采用国有企业来运营,以确保国家利益不受损害。通过国有企业的参与和管理,这些国家能够更好地实现经济社会与国家安全的协同发展。

第六章 以国有企业作为双循环的微观引领

（三）国有企业是国家宏观调控的重要手段

国有企业在国家宏观调控体系中占据着重要地位，是政府纠正市场失灵、稳定经济运行的重要手段。市场经济虽以"无形的手"自我调节，但其盲目性和局限性使市场在某些领域无法完全满足社会需求。在这种背景下，国有企业展现出了不可替代的重要性，通过实现生产资料公有制与生产社会化的统一，使国家宏观调控更加精准、迅速和有效。

国有企业不仅是宏观经济调控的执行者，而且还是国家产业政策和产业干预的中介，是政府治理市场失灵的有力工具。国有企业通过对关键行业如金融、电力、铁路和土地供应等的管理和运营，克服市场在公共产品、自然垄断、信息不对称和存在外部性等领域的失灵现象，保障国家的经济安全和社会稳定。此外，国有企业在一系列自然灾害和经济危机中展现了巨大的稳定作用，成为维护国民经济平稳运行的坚强后盾。

（四）国有企业是创新发展的重要推动力量

国有企业不仅是经济增长的支柱，更是推动技术进步与产业升级的主力军。在面对外部压力，特别是与发达国家产生技术与贸易摩擦时，我国的发展会受到一定程度的制约。核心技术的封锁、关键零部件的断供等问题直接影响到我国的现代化步伐和中华民族伟大复兴的目标。在这种情况下，单纯依赖自由市场的力量是难以突破这些瓶颈的。

作为社会主义市场经济的重要组成部分，国有企业始终坚守以解放和发展生产力为核心的使命，在克服市场经济弊端、掌握核心技术、领跑关键领域方面具有不可替代的作用。国有企业不仅有能力对抗外部压力，更有能力通过其独特的优势，突破资源和市场的限制，持续推进我国的产业创新与技术进步。这样的创新发展不仅是为了当前的经济增长，更是为了引领我国产业实现转型升级，顺利跨越"中等收入陷阱"。

第二节　国有企业在构建新发展格局中的作用

实现"双循环",就是要均衡国内和国际两个市场、两种资源,使国内市场与国际市场更好地相互融合、相互促进。显然,国有企业在这个过程中发挥着重要作用。具体而言,主要表现在以下四个方面:

一、维持经济和社会稳定

国有企业对国家经济稳定的支持,表现为能够在经济不确定性和市场波动中提供一定的稳定性。国有企业因为掌握着国家的重要产业和关键资源,因此,能够更好地应对经济环境的变化,减轻经济环境变化对国家经济的负面影响。在经济下滑时,国有企业能够继续实施投资计划,保持生产活动,抑制失业率的上升;而在经济繁荣时期,国有企业可以通过增加生产量,投放更多产品来满足市场需求,推动经济增长。

国有企业的稳定性和可持续性也有助于社会稳定。在经济困难和市场波动的情况下,失业和贫困可能导致社会动荡,而国有企业通过保持生产和投资,有助于减少失业,维持社会稳定。与此同时,国有企业通常会承担一些社会责任,如为群众提供社会福利和公共服务,这也有助于维护社会稳定与和谐。

综上可知,经济和社会的稳定是实现国内循环的基础,国有企业在其中发挥的作用为国内循环的实现提供了支撑。

二、引领产业发展

国有企业在诸多关键行业中占据主导地位,可以引领相关产业的发展方向和标准,推动科技创新,助力双循环的实现。具体来说,国有企业的产业引领作用主要体现在以下三个方面：

（一）国有企业可以引领技术创新

国有企业通常拥有大量的资源和资金，这让它们有能力进行大量的研发和技术创新投入。例如，国有企业能够进行基础科学研究，开发新技术、新材料和新能源。这种大规模的投入可以带动整个行业的技术进步，推动相关产业的技术更新和升级。国有企业的研发成果可以通过知识产权转让、技术输出等方式传递给整个产业链，推动产业技术水平的整体提升。

（二）国有企业可以促进产业链的完善与拓展

由于国有企业在一些关键领域占据主导地位，因此它们能够对产业链进行整合与优化。通过与其他企业进行合作与整合，国有企业可以完善产业链，推动产业集群的形成，这不仅有助于提升相关行业的竞争力，还有助于吸引更多的投资和人才，从而为整个国家和社会创造更多的价值。这种产业链的完善与拓展更有利于国家在全球产业链中提高地位与影响力。

（三）国有企业可以推动行业标准的制定

国有企业的领导地位使其能够积极参与行业标准的制定。通过引导和参与行业标准制定，国有企业能够确保行业的健康有序发展，促使各企业遵循公平竞争的原则。合适的行业标准可以确保产品和服务的质量，保护消费者的利益，维护市场的稳定。对于新兴产业来说，合适的标准更能够促进其快速成长。

三、优化资源配置

国有企业在国内经济中占据重要位置，能够进行大规模的资源配置，推动产业结构的优化，协调区域发展的不平衡，进一步强化国内循环。具体来说，国有企业在优化资源配置方面的作用主要包括以下四点：

（一）稳定性和长远规划

与私营企业相比，国有企业往往具有更长远的发展视野和计划，这使其在资源配置上更为稳健和有远见。这种稳定性在经济不确定性加剧的时期尤为关键，能够保证资源投向真正有价值的领域，而不是短期的、风险较大的项目。

（二）宏观经济调控工具

作为国家的重要组成部分，国有企业是政府进行宏观经济调控的重要工具。通过国有企业对关键行业和领域的投资和支持，政府可以直接影响和调控国家经济结构和资源配置，优化产业结构，实现经济发展的均衡和持续。这种直接的宏观调控手段能够在必要时迅速、有效地干预和调整国家的经济运行，对冲经济波动，实现经济的平稳运行。

（三）扶持战略性新兴产业

国有企业常常在战略性新兴产业中发挥重要作用，成为这些产业的"领头羊"。国有企业可以获得更多的资源和支持，推动新兴产业的研发、创新和应用，这种支持有助于培育和发展战略性新兴产业，形成新的经济增长点和优势产业，推动经济结构的转型和升级。

（四）协调区域发展差异

国有企业可以成为政府协调和平衡不同地区发展的重要工具。通过对国有企业的指导和支持，政府可以实现资源在不同地区的均衡配置，缓解区域发展不平衡问题，推动经济的均衡发展。与此同时，国有企业在各个地区的投资和发展，可以推动地方经济的发展，促进各个地区的产业升级和经济增长。

四、推动国际合作与竞争

"双循环"是中国提出的一个新的经济发展模式，其中，"国际循环"强调中国与世界各国的经济互动。在这一背景下，国有企业作为我国资本的重要载体，在推动国际合作与竞争中发挥着至关重要的作用。

（一）推动产能合作

随着中国制造业的不断发展和技术的持续进步，很多国有企业已经在某些领域取得了技术和品牌优势，这使它们有能力与其他国家的企业或政府进行产能合作，将先进的技术和经验带到其他国家，同时也为中国自身带来市场份额和经济回报。

（二）维护国家利益

国有企业在开展国际合作与竞争时，不仅仅是为了追求经济利益，更重要的是维护国家的整体利益。这意味着国有企业在对外经济活动中，往往能够为国家赢得更多的话语权。

（三）增强全球供应链的稳定性

在全球经济一体化的背景下，供应链稳定性对于每一个国家都至关重要。国有企业通常有更强的危机应对能力，能够在全球供应链中发挥稳定器的作用，减少供应链中的不确定性。

（四）促进技术和创新的国际合作

国有企业往往与国家级的研发机构有着紧密的合作关系，这使它们在技术和创新方面拥有更多的资源。这种优势使国有企业能够更好地与国际伙伴进行技术合作和交流,推动技术的快速传播和创新。

第三节　国有企业的高质量发展路径

立足双循环背景,国有企业的高质量发展应从深化改革、创新驱动、开放合作三个方面进行思考:

一、深化改革

(一)推进国有企业混合所有制改革

在双循环新发展格局下,混合所有制改革是国有企业实现高质量发展的重要路径。混合所有制改革可以引入民间资本,优化公司治理结构,提高企业效率和竞争力。多元化的所有权结构可以激发企业活力和创新性,推动国有企业实现可持续、高效的发展。混合所有制改革的实施需要明确企业战略定位和发展方向,国有企业应该加强市场研究,找准产业方向,形成与民营企业的互补优势,共同发展。同时,要完善公司法人治理结构,明确权责关系,营造公平竞争的市场环境。在深化国有企业混合所有制改革过程中,国家需遵循市场化原则,以市场需求为导向,实现资源的有效配置;强化风险管理和内控机制,确保国有资产保值增值。

(二)加强国有资本投资、运营公司试点

加强国有资本投资、运营公司试点是深化国有企业改革的重要举措,这一策略的实施有助于国有资本投资、运营公司更好地配置资源,提高国有资本的运营效率和盈利能力。国有资本投资、运营公司通过资本市场运作,可以实现国有资本的保值增值。国家在实施国有资本

投资、运营公司试点时，需要秉持创新和开放的理念；在进行投资决策时，要充分考虑市场趋势、行业发展和公司战略，提高投资项目的成功率。同时，要强化公司内部管理，提升运营效率，确保国有资产安全。国有资本投资、运营公司应推动绿色、可持续发展，通过投资环保、新能源等行业，促进绿色经济发展，为建设生态文明作贡献。在运营过程中，国有资本投资、运营公司要注重环境保护和社会责任，推动企业实现全面、协调、可持续发展。

（三）以人为本，追求可持续、绿色、健康的发展方式

国有企业要坚持以人为本的发展理念，实现企业、员工和社会的和谐发展，通过提升员工福利和职业发展，激发员工创新潜力，推动企业持续发展。以人为本的发展方式需要构建和谐的劳动关系，国有企业要建立完善的人力资源管理制度，加强员工培训和职业发展，提升员工的技能和素养；要实施激励机制，提高员工的工作积极性和满意度，推动企业实现高质量发展。此外，国有企业在追求可持续、绿色、健康的发展过程中，要积极参与社会公益事业，通过环境保护、扶贫帮困等方式，推动社会和谐稳定，实现企业与社会的共同发展。

二、创新驱动

（一）强化科技创新，加大研发投入

科技创新是任何经济体持续增长的关键动力。对于国有企业而言，其在经济结构中的关键地位意味着其在科技创新方面的角色尤为重要。

1. 形成长期研发战略

国有企业应制定清晰的长期科技创新战略，确定关键技术领域和未来产业的发展方向，以此来指导研发资源的配置。

2. 提高研发预算

国有企业应加大研发投入，加强基础研究和应用研究。扩大研发预算能确保科研项目的顺利实施，支持企业在关键领域取得突破，从而形成核心竞争力。通过持续的资金投入，激发科技人员的创新活力，企业能够吸引更多优秀人才，加强技术积累和知识产权保护，使自身不断向高端、高新、高值方向发展。

3. 建立合作网络

与国内外高校、研究机构和其他企业建立合作关系，是国有企业实现科技创新的重要手段。通过构建开放式创新平台，国有企业可以共享资源、汇集智慧，加速科技成果的产出。与此同时，实现横向联合，形成产学研一体化的创新模式，可以使国有企业更快地实现科技成果的转化，加速产品的研发周期和市场推广，提升市场响应速度和竞争优势。

4. 人才引进与培养

人才是科技创新的最重要资源，国有企业需营造有利于创新的环境和氛围，吸引和留住顶尖科研人才。一方面，要提供具有竞争力的薪酬和福利，为企业员工创造良好的工作和生活条件；另一方面，要加强人才培养，建立灵活多样的人才培养机制，培养一支具备国际视野、创新思维和专业技能的高素质研发团队。

5. 成果转化机制

研究成果的转化是科技创新的关键，国有企业应建立健全的成果转化机制，包括成果评估、技术转让、市场化运作等环节。企业要加强与市场、产业的联动，推动科技成果更好地为经济社会发展服务。此外，国有企业还应加强知识产权保护，提升成果的商业价值，通过技术许可、技术转让、股权投资等多种方式，实现科技成果的快速、高效转化。

（二）推动数字化、网络化、智能化转型

在信息化和数字化时代，数字化、网络化、智能化已成为企业发展的必然趋势。国有企业也应跟上这一趋势，进行深度的转型升级。

1. 数字化转型

数字化转型不仅仅是要引入数字技术，更是要重新定义业务流程、组织结构和企业文化。这意味着国有企业需要构建一个数据驱动的决策框架，通过大数据分析来提高运营效率和客户体验。

2. 网络化协同

网络化不仅仅是要与互联网连接，更是要打破传统的组织界限，实现内部和外部的深度协同。国有企业应该利用云计算、物联网等技术，实现资产、数据、人才和资源的全面连接和协同。

3. 智能化应用

智能化是利用人工智能、机器学习等技术，使企业的各个环节都具备自我学习和自我决策的能力。对于国有企业来说，这意味着从产品设计、生产制造到市场营销、客户服务都可以实现智能化，大大提高运营效率和创新能力。

需要注意的是，在推进数字化、网络化、智能化转型的过程中，国有企业也要高度重视数据安全和隐私保护，这不仅是法律和道德的要求，更是确保企业长期稳定发展的必要条件。

三、参与国际竞争与合作

在经济全球化不断发展和深入的今天，国有企业作为国家经济的重要支柱，需要积极参与国际竞争与合作，以实现互利共赢。

（一）制定全球化战略

国有企业在经济全球化的大背景下，需制定和实施全球化战略，其

需要以全球视野深入研究国际市场、国际竞争和国际规则，把握经济全球化发展的趋势和机遇。与此同时，国有企业也需要强化与国际先进企业的合作与交流，以吸收和学习最先进的管理经验和科学技术，加强自身的核心竞争力。全球化战略还涉及国际化人才的引进和培养，通过吸纳国际化人才，企业才能更具国际竞争力。

（二）优化国际市场布局

国有企业应扩大国际市场开发力度，实施区域多元化战略，优化国际市场布局，这是指国有企业要对国际市场进行深入的研究，理解不同市场的消费需求、文化特征和商业环境，以发展更加适应市场需求的产品和服务。优化国际市场布局还要求国有企业加强国际市场风险管理，确保在多样化的国际市场环境中实现稳定、持续的发展。

第七章 总结和展望

本章是全书的尾篇,笔者将对前述内容进行全面总结,归纳其核心要义,并展望我国未来双循环经济发展的机遇与挑战。

第一节 总结

一、新发展格局更强调国内大循环和自主创新

构建新发展格局是党中央立足长远发展大势,基于我国比较优势变化,为把握战略主动而采取的"先手棋"。具体来说,可以从以下方面来理解新发展格局的战略性、思想性和指导性:

(一)超大规模的国内市场决定了我国必须更重视国内大循环

改革开放以来,我国在坚持中国特色社会主义道路的前提下,通过引进和吸收国外先进的技术和经验,再配合国家的产业政策,释放我国的资源潜力,以史无前例的规模和速度实现了经济腾飞。当前,我国已

经拥有全球最大的制造产能和全球最具潜力的市场,这是构建新发展格局的坚实底气。从生产能力看,我国已经连续十几年成为全球第一制造大国,工业品产量位居世界第一,是唯一拥有联合国产业分类中全部工业门类的国家。从居民消费情况看,我国也是全球最大的消费市场。今后,随着我国经济总体规模的不断发展,无论外部环境如何变化,国内大循环的主体地位都将持续增强。因此,构建新发展格局是我国提高经济增长自主性和内生稳定性的必然选择,具有战略意义。

(二)自主自立的科技创新是新发展阶段的关键任务

我国已转向高质量发展阶段。在新阶段,创新,尤其是自主自立的科技创新,是全面建设社会主义现代化国家最关键的任务。在经济总量较小、产业技术水平较低时,我国可以通过开放合作,引入相对先进的技术和标准,与发达经济体形成产业链上的高低搭配,从而带动经济发展。但是,当我国经济规模位居世界前列,各行业开始向产业链价值链的高端环节攀升时,与发达经济体之间的产业纵向合作关系就更多地转为横向竞争关系,技术引进与合作的难度也会不断加大。在我国处于领先位置的5G、人工智能、量子计算等前沿科技领域,我国企业已进入"无人区",只有自主创新才能更上一层楼。因此,我国构建新发展格局需要深入实施创新驱动发展战略,充分发挥体制优势和市场基础性作用,加快产业创新,完善国家创新体系,做实经济发展的科技支撑。

(三)构建新发展格局绝非意味着关起门来自给自足

在经济全球化日益深入的今天,各国经济相互依赖,因此构建开放型经济成为实现可持续发展的必然选择。新发展格局强调的是内外循环相互促进,既要充分挖掘国内市场的潜力,也要积极参与国际市场竞争与合作。内外循环并不是一种闭环,而是一个开放的、动态的、互为依存的系统。在国内循环中,要充分激发国民经济活力,优化资源配置,发展高质量经济；在外部循环中，要积极融入全球产业链、供应链，与各国共享创新成果和市场机会。通过内外循环的有机结合，我国可以实现经济的平稳增长，进而推动经济社会的全面发展。这样的新发展格局，既是对国内外经济发展的实际需要的适应，也是为了更好地应对未来可能出现的各种不确定性和风险，确保国家经济的稳健发展和人民生活的持续改善。

二、加快构建新格局需要各方共同努力

构建新发展格局是具有全局性、长期性和系统性的重大战略部署，需要政府部门、市场主体、金融机构以及行业商会和协会等共同努力，将各项工作落实、落细、落地。

第一，政府部门在这一过程中扮演着领导者和规划者的角色。政府部门通过制定符合国情、适应国际环境的政策，引导和推动整个社会向着新的发展方向前进。政府部门还需落实具体行动，通过立法、监管和服务等方式，确保各项政策能够有效执行，形成有利于构建新发展格局的社会环境。

第二，市场主体是新发展格局的执行者和受益者。企业和其他经济组织需要积极响应政府号召，通过创新、升级和扩展，推动经济增长和产业结构优化升级，要不断提高自身能力，以适应新的发展要求和市场环境。

第三，金融机构作为资本的运营者和管理者，要支持实体经济的发展，通过创新金融产品和服务，为企业和市场提供多元化的融资渠道，满足他们的多样化需求。金融机构也要加强风险管理，确保金融市场的稳定和健康发展。

第四，行业商会和协会等社会组织也是重要的力量，它们能够连接政府和市场，传递和解释政策信息，提供专业和技术支持；还能够协调各方利益，促进公私合作，推动产业发展和创新。

第二节 展望

展望未来，双循环经济发展将带领我国实现高质量、可持续、创新驱动的发展，我国在全球经济中的地位和作用将更加显著，为全球经济发展做出重要贡献。

一、国内市场成为全球领先的经济增长引擎

随着国内消费能力的提升和技术创新的加速，我国不仅将成为全球最大和最具活力的市场之一，还将重塑全球生产链、供应链和价值链。我国的市场需求，特别是在高科技、绿色产品、健康和老龄化相关产品等领域的需求，将极大地影响全球经济的发展方向和趋势。随着我国经济的持续扩张和国内市场的深化发展，全球企业将更加重视我国市场，这不仅为我国经济提供了巨大的发展机会，也促使了全球经济结构和贸易格局的调整。

二、经济结构高度现代化与智能化

未来，以高科技和创新驱动的产业将成为我国经济增长的主导力量。智能制造、绿色能源、数字经济等领域的迅速发展，不仅将推动我国经济的高质量发展，也将促进全球经济的技术进步和产业升级。我国在人工智能、大数据、云计算等技术领域的投入和创新将为全球经济发展提供新的动力。同时，服务业，尤其是高端服务业，将成为我国国民经济的重要支柱。随着人民生活水平的提升和消费需求的升级，高端服务业，如金融服务、教育、医疗健康、文化娱乐等领域将迎来快速发展。这不仅为我国经济增长提供了新的动力，也为全球服务贸易和国际

合作创造了新的机遇。总之，我国国内市场的崛起和经济结构的现代化转型将共同推动我国经济的持续发展，并对全球经济产生深远的影响。

三、自主创新成为常态

未来，自主创新将成为我国经济发展的核心动力。我国企业将更多依赖自主研发的核心技术和产品，实现从"制造"向"创造"的转变。这一转变将深刻影响我国企业的发展路径和竞争策略。随着在人工智能、生物科技、新能源、新材料等领域的持续投入和突破，我国企业将在国内外市场展现出更强的竞争力。这不仅体现在传统制造业的升级，还体现在高科技领域的领先地位。我国的品牌和技术将在全球市场上占据更加重要的位置，我国成为全球创新网络的重要节点和全球技术创新的引领者。此外，自主创新还将推动我国经济的可持续发展，为解决环境问题、提高能源效率、改善民生提供技术支持。

四、国际合作与竞争更加多元化

我国将与更多国家和地区建立更为广泛的经济合作关系，参与全球治理，为解决国际问题贡献中国智慧和方案。在多边贸易体系和国际标准的制定中，我国将发挥更加积极和具有建设性的作用。随着"一带一路"倡议的深入实施和国际合作平台的构建，我国将与全球伙伴共同推动贸易自由化和投资便利化，促进全球经济的共同繁荣。在国际竞争中，我国企业将更加注重知识产权保护和国际规则的遵守，以更加开放和合作的姿态参与全球市场竞争。我国的国际影响力和话语权将显著增强，成为维护多边主义和推动国际合作的重要力量。

五、全面实现绿色可持续发展

未来几十年，我国将全面实现绿色可持续发展，成为全球绿色发展的典范。随着人们环保意识的不断提升和绿色技术的快速发展，我国将在经济发展与生态环境保护之间实现和谐共生。新能源的大规模应用、循环经济的推广、低碳技术的创新将在各个经济领域得到广泛运用。例如，太阳能、风能等可再生能源将替代传统化石能源，成为能源消费的主流；循环经济模式将有效降低资源消耗和环境污染，推动产业向绿色、低碳、循环方向转型。同时，节能减排和环境保护将成为政府和企业的共同目标。通过这些举措，我国将有效缓解资源和环境压力，实现经济社会与自然环境的协调发展，为全球绿色发展树立榜样。

六、社会福利和生活质量显著提高

随着我国经济的持续发展，社会福利和人民生活质量将得到显著提升。经济增长带来的收入增加将使更多人享受到更高质量的生活。我国的社会福利体系也将进一步完善，为全体公民提供更加全面和高效的保障。在教育领域，高质量的教育资源将更加普及，教育公平得到进一步加强；在医疗领域，医疗服务的覆盖面和质量将得到显著提升，人民健康水平得到有效保障；在养老领域，完善的养老服务体系和保障机制将满足老年人的多样化需求。这些领域的变化将使社会更加和谐稳定，人民的幸福感和满意度显著增加，形成一个更加公平、包容和富有活力的社会。

参考文献

[1] 蔡昉. 双循环论纲 [M]. 广州：广东人民出版社, 2021.

[2] 《双循环格局》编写组. 双循环格局：中国经济新布局 [M]. 北京：中华工商联合出版社, 2021.

[3] 郁建兴. 畅通双循环构建新格局 [M]. 杭州：浙江人民出版社, 2021.

[4] 刘元春. 读懂双循环新发展格局 [M]. 北京：中信出版集团, 2021.

[5] 邵宇. 预见未来：双循环与新动能 [M]. 北京：机械工业出版社, 2021.

[6] 赵宏泽. 突围：双循环经济打造经济新格局 [M]. 北京：中国纺织出版社有限公司, 2023.

[7] 国家发展改革委市场与价格研究所. 贯彻落实双循环战略 防范重大市场风险 [M]. 北京：中国市场出版社, 2022.

[8] 雷娜. "双循环"新格局下的国内市场一体化与出口技术复杂度升级 [M]. 北京：中国金融出版社, 2022.

[9] 赵昌文. 从持久战到双循环：适应和引领百年大变局的中国方略 [M]. 北京：中国发展出版社, 2021.

[10] 眭文娟，文晓巍，文丹枫. "十四五"与企业高质量发展："十四五"时期双循环格局下的企业发展路径 [M]. 北京：中国经济出版社, 2022.

[11] 周亚敏. 双循环 [M]. 北京：社会科学文献出版社, 2020.

[12] 师应来. 双循环下产业结构的优化升级 [M]. 北京：中国财政经济出版社, 2023.

[13] 王玉燕. 制造业再定位：双循环与高质量发展 [M]. 北京：社会科学文献出版社, 2023.

[14] 樊纲, 郑宇劼, 曹钟雄. 双循环：构建"十四五"新发展格局 [M]. 北京：中信出版集团, 2021.

[15] 余淼杰. 大变局中的中国经济"双循环" [M]. 北京：科学出版社, 2021.

[16] 陆江源. 国内国际双循环理论框架及实证分析 [M]. 北京：经济科学出版社, 2022.

[17] 刘元春, 海闻, 余永定, 等. 论局：双循环的机遇与前景 [M]. 北京：经济日报出版社, 2021.

[18] 陈劲. 双循环新发展格局下的中国科技创新 [M]. 杭州：浙江大学出版社, 2022.

[19] 林毅夫, 刘遵义, 马晓野, 等. 新发展格局：怎么看 怎么办 [M]. 石家庄：河北教育出版社, 2021.

[20] 全国干部培训教材编审指导委员会办公室. 构建新发展格局干部读本 [M]. 北京：党建读物出版社, 2021.

[21] 中信改革发展研究院. 历史性跨越：构建新发展格局 [M]. 北京：中信出版集团, 2021.

[22] 刘功润. 探寻确定性：新发展格局下的经济趋势 [M]. 上海：东方出版中心, 2022.

[23] 闫敏. 时代选择：新时代构建新发展格局探析 [M]. 北京：中国言实出版社, 2021.

[24] 胡晓鹏. 新发展格局：理论机理与构建思路研究 [M]. 上海：上海人民出版社, 2022.

[25] 刘世锦. 读懂"十四五"：新发展格局下的改革议程 [M]. 北京：中信出

版集团，2021.

[26] 郭晓杰．新发展格局背景下科技资源配置及创新体系构建 [M]．长春：吉林大学出版社，2021.

[27] 张杰，夏正清，荣敦国．"双循环"新发展格局下我国体育消费升级的动因与路径研究 [J]．山东体育科技，2023，45（4）：1-8.

[28] 吴真如，徐乾宇．新发展格局下加强供应链韧性治理研究 [J]．技术经济，2023，42（8）：112-123.

[29] 王媛．新发展格局下自贸试验区促进内外贸一体化发展的思考 [J]．对外经贸，2023（8）：40-43，47.

[30] 万喆．"一带一路"高质量发展关键在于融入构建新发展格局 [J]．现代国企研究，2023（8）：17-19.

[31] 张辉，吴唱唱．"一带一路"高质量发展对加快构建新发展格局的影响与实践路径 [J]．社会科学辑刊，2023（5）：136-147.

[32] 黄增镇．加快构建新发展格局的实践路径研究 [J]．经济师，2023（8）：12-13，15.

[33] 李超，张超，刘志忠．新发展格局下促进消费的机理与路径：以供给侧为主线 [J]．江海学刊，2023（4）：86-93.

[34] 马冉．新发展格局下营商环境优化的内涵与实践路径 [J]．山东社会科学，2023（7）：107-112.

[35] 黄群慧，杨耀武．论新发展格局下的扩大内需战略 [J]．中共中央党校（国家行政学院）学报，2023，27（3）：79-93.

[36] 李文良．构建新安全格局 保障新发展格局 [J]．中国信息安全，2023（4）：31-34.

[37] 钱学锋，向波．"双循环"新发展格局与创新 [J]．北京工商大学学报（社会科学版），2022，37（6）：101-110.

[38] 袁杰，许绍双．"双循环"新发展格局下产业链效能评价指标体系研究 [J]．黑河学院学报，2023，14（8）：42-45，49.

[39] 黄子逸.双循环背景下外贸高质量发展的问题与策略[J].质量与市场，2023（16）：13-15.

[40] 补国苗，赵博，郑世成."双循环"背景下中小科技企业高质量发展研究[J].合作经济与科技，2022（23）：15-17.

[41] 胡博成，朱忆天.双循环新发展格局是马克思世界市场思想的新发展[J].西南大学学报（社会科学版），2022，48（6）：88-98.

[42] 王建冬，李嘉瑜.构建数据要素"双循环"新发展格局的政策思考[J].数字图书馆论坛，2022（10）：13-16.

[43] 金迈平.推动企业链长建设 加快构建现代产业体系[J].现代国企研究，2023（4）：33-37.

[44] 张焕生，孙晓磊，辛晨.双循环新发展格局下河北省现代产业新体系建设路径研究[J].产业创新研究，2023（3）：23-25.

[45] 赵志强.聚焦现代产业体系建设 强化产业科技创新服务[J].群众，2023（3）：35-36.

[46] 李松龄.收入分配制度改革的产权逻辑与中国式现代化[J].消费经济，2023，39（4）：3-10.

[47] 权政义.国家发展视域下改革开放以来我国收入分配制度的演变[J].农村经济与科技，2023，34（3）：224-226.

[48] 杨薇.现代流通体系建设驱动商品交易市场发展的实践探索与经验证据[J].商业经济研究，2023（16）：26-29.

[49] 封永刚.我国现代流通体系建设的行业拉动与就业带动能力[J].中国流通经济，2023，37（8）：39-53.

[50] 陈夏琴，黄林.新发展格局视域下云贵桂物流产业升级研究[J].物流科技，2023，46（13）：78-82.

[51] 徐振宇.新发展格局下高质量推进现代流通体系建设的挑战与方略[J].长沙理工大学学报（社会科学版），2023，38（3）：61-75.

[52] 刘彩霞.基于双循环格局的现代商贸流通产业体系构建路径探讨[J].商

业经济研究，2023（10）：186-188.

[53] 刘荷. 双循环新发展格局下福建省构建现代流通体系研究 [J]. 江苏商论，2023（3）：17-19.

[54] 王廷惠，陈世栋. 空间扩展与效率提升：统一大市场研究的国内进展与未来方向 [J]. 公共治理研究，2023，35（3）：85-96.

[55] 吴永才."一带一路"境外园区建设新途径探索：以印尼为例 [J]. 建设科技，2023（4）：65-68.

[56] 陈文晖，刘雅婷. 推进"一带一路"境外合作园区高质量发展的理论与实践探索 [J]. 价格理论与实践，2021（2）：154-157.

[57] 盛斌. 亚洲区域经济一体化与亚洲增长新动能 [J]. 人民论坛·学术前沿，2023（15）：5-12.

[58] 魏景赋，阴艺轩. 亚太区域经济一体化路径构建及经济效应预测：以RCEP为基础 [J]. 国际商务研究，2023，44（1）：55-69.

[59] 孙忆.CPTPP、RCEP与亚太区域经济一体化的前景 [J]. 东北亚论坛，2022，31（4）：98-113，128.

[60] 金新，翟阔. 统筹发展和安全：中国参与全球治理的路径优化 [J]. 贵州省党校学报，2023（2）：37-45.

[61] 陈静宜. 新时代收入分配制度改革推进共同富裕研究 [D]. 重庆：西南科技大学，2023.

[62] 吴召选. 全国统一大市场对新发展格局形成的影响研究 [D]. 兰州：兰州财经大学，2023.

[63] 姚沣格. 境外产业园区、经济自由度与中国 OFDI[D]. 武汉：中南财经政法大学，2022.

[64] 黄真. 百年未有之大变局背景下全球生态治理的中国参与研究 [D]. 大庆：东北石油大学，2023.

[65] 颜晓龙. 新发展格局下畅通城乡经济循环研究 [D]. 重庆：西南财经大学，2022.

[66] 祁鑫馨. "双循环"新发展格局下促进居民消费升级的税收政策研究[D]. 呼和浩特：内蒙古财经大学，2022.

[67] 那琳琳. 新发展格局下黑龙江自贸试验区发展路径研究[D]. 哈尔滨：哈尔滨师范大学，2022.

[68] 王昊. 经济"双循环"背景下国内消费扩容升级研究[D]. 天津：天津师范大学，2022.

[69] 王艺宣. 新发展格局下中国经济数字化路径研究[D]. 上海：上海财经大学，2021.